どうすれば愛しあえるの

幸せな性愛のヒント

宮台真司
二村ヒトシ

KKベストセラーズ

どうすれば愛しあえるの

幸せな性愛のヒント

目次

第2章 なぜ日本人の性愛は劣化したのか

第3章　性の享楽と社会は両立しないのか　165

第4章　「性愛不全」から脱却する方法

はじめに　あなたなら愛しあえる

二村ヒトシ

相手がいなくてセックスできない人がいる。

相手はいるのだが、どうにもセックスが（あるいは恋愛関係が）楽しくなくて苦痛だという人がいる。

セックスや恋愛で何か悲しい出来事や、つらい出来事があって、そういうこと全般を憎んでしまっている人もいる。

一応セックスはしていて、それなりに楽しんでいるのだが、なぜか、ときおり虚しくなったり、寂しさや嫉妬で苦しくなってしまう人がいる。

ちょこっとセックスしてみて「なんだ、こんなもんか」と思って、まだ若いのに性愛に対する情熱を失ってしまった人もいる。

でも、もしも〈我を忘れるほど、ものすごく楽しいセックス〉とか〈愛しあえていると実感できるセックス〉とか〈した後で幸せな気持ちになれるセックス〉というものがこの世に本当にあって、それが自分にもできる可能性があるのなら、したい。

そう思う人は、男女どっちにも（もちろんセクシャル・マイノリティの人にも）いるだろう。文系の人にも理系の人にも、いるだろう。

できます。

この対談は、セックスについて話すのが好きな（そして「若い人たちに向けてセックスについての知恵や方法を語ることは、人間の性愛が閉塞して感情が劣化している現代社会において、少しでも状況を良くするための自分たちの義務である」と真剣に考えてもいる）おっさん二人が、語りあったものである。

猥談（AVの話や、性癖の話）だけではなく、社会学的な（主知主義と主意主義とか、1万年前から定住して生活するようになった人類がセックスや結婚や恋愛を〝どのように使って〟きたかとか、法と秩序と不倫とか）あるいは哲学的な（生殖のためではないとしたらセックスや恋愛の本質や意味は何なのかとか、ラカンとか、中動態とか、心の穴とか）まじめな話もたくさんしている。

しかし結論はシンプルである。

あなたは、その気になれば（この本で我々が述べるような考えを実践する熱意があるなら）、誰かと愛しあうことができるようになる。

ちゃんと他者と対話ができる、イライラしていない、セクシーで魅力的な人間にもなることができるのです。

第1章
ほんとうの性愛の話をしよう

ナンパ師とAV男優

宮台　今回の対談の目的は、恋愛を含んだ性愛について、AV監督の二村ヒトシさんと一緒に考え、「恋愛不全」の状態から脱け出して幸せになることです。最初に、僕らが性愛遍歴を通して摑んできたポイントを話し、それを切り口に深い領域に踏み込みます。

自己紹介をすると、二村さんよりも4歳年上の58歳（2017年現在）。11歳から4歳まで3人の子がいます。童貞喪失は大学1年の18歳。帰国子女の恋人を相手に年に400回ほどセックスしていましたが、当時はさして珍しくありませんでした。

二村　僕は23歳のときに大学を中退しAV男優になりました。男優になる前に今の妻と結婚していてもう30年、18歳の息子がいます。

宮台さんが90年代にブルセラ&援助交際ブームを分析され、数百人の女子高生ネットワークをマスコミに紹介したことで援交という現象が世の中に知られるようになった。

ちょうどそのころ僕は演劇をやりながらAVメーカーの募集に応じて男優を始めていたのですが、まったく優秀ではなく、女優さんに乳首を舐めてもらわないと役に立たない残念な感じでした。やがて90年代後半になって監督をやらせてもらえるようになります。こちらのほうがどう考えても僕には向いていた。しかし「遠まわりした」ということではなく、まず男優から入ったことに非常に意味があったと思っています。

2000年以降「こういうセックスがエロいでしょう?」と作り手側がユーザーにフェチのジャンルを提案するようなスタイルが一般化していく流れで、僕は女性が男性の乳首を楽しそうに舐める・女性のほうが男性よりもアクティブに動く・男性を犯しながら女性が快楽を味わうといった作品ばかり撮っていました。行為の効果的な見せ方、扇情的な客観映像と犯されている男性の主観映像の切り返しなど、現在では一般的なAVの主軸の一つとなるまで浸透した〈痴女もの〉の手法の確立、いわゆる「抜きやすい映像」の開発に熱中したところ、それがたいへんよく売れまして、ジャンルの第一人者だということになりました。

聖少女として愛するにせよ、犯したり性奴隷として虐待したりするにせよ、男が一方的に女〈美少女〉を対象化する形式に、僕はあまりエロさを感じなかったんですね。むしろ女性の側の欲求、それも受け身の欲望ではなくて「女が、男の肉体に性的な興味を持つ」ということに興奮したんです。また、男性の受け身の性感、つまり「男だって声を出してヨガッていい、そのほうが気持ちいい」というのも僕のAVの重要なテーマです。

女性の能動的な性欲を追求しているうち、レズ行為も描くようになっていきます。なにしろ美しい女性同士というのは圧倒的に美しいですから。また、女優がフェイクの男根を装着して両性具有として演技する〈ふたなり〉ジャンルの実写AV化にも成功しました。男の性感について考えていたら、前立腺で快感を得る文化や、男性が女装して行為に耽る文化にも行き当たり、美しい男性同士というのもタブー感も含めて非常にエロいことに気づきました。現在は美少年出版社という女装子《じょそこ》AV専門のレーベルも主宰しています。そして最近は一周まわって女性の深いオーガズムについて、あれは一体どういうことが起きているのか研究したくなっています。

変態の道ばかり歩いてきたと業界でも思われていますが、自分では王道のつもりというか……。ジェンダー（性的役割）の確信犯的な混乱こそが、むしろセックスの本質じゃないかという感覚が僕にはあるんです。

宮台　僕とAVとの関わりは同世代として平均的です。ビデオデッキ黎明期の80年代前半の元ビニ本メーカー宇宙企画が引っ張っていたころから、80年代末の村西とおる監督率いるクリスタル映像が全盛期だったころまでの「レンタルの時代」を、20歳代で体験しています。

この時代の晩期、代々木忠・村西とおる・カンパニー松尾・バクシーシ山下などのAV監督が「名前で」仕事をし始めます。僕は「援助交際スポークスマン」になった93年からエロ本の仕事をするようになり、いまの各氏やチョコボール向井さんらAV男優と知り合いました。

90年代に入ると「レンタルの時代」から「セルの時代」になります。レンタル価格が数分の一になり、販売価格も2万円が3千円に落ちます。名前で仕事ができる各氏の活動が続く一方、各氏が監督する「女優名がクレジットされた単体もの」とは別に、顔モザが入ったスカトロや肛門など「フェチ系の企画もの」が主流になります。

二村　宮台さん、詳しすぎますね……（笑）。付け加えるならば、二村ヒトシはセル（販売）市場が伸びて内容もフェチの時代になったからこそ売れたAV監督だと自認しているのですが、村西さんや山下さんの作品は商品としてはレンタルのシステムと相性が良かったのだと考えられます。それらはオナニーのためのポルノとしては「面白すぎた」からです。

宮台　僕は70年代後半に大学生になった世代で、AVの前に新東宝や日活のピンク映画を見てきています。新東宝で撮っておられた代々木忠氏の『ドキュメント・ザ・オナニー』シリーズや『ドクター荒井シリーズ』が大好き、延長上で氏のAVを見るようになりました。

バクシーシ山下氏については、90年代にデビューした直後の『女犯』シリーズを見て制作会社V&Rに電話し、1時間後には氏と面会していました。「劣等感を奇形的な性愛を通じて埋め合わせる男たち」が登場する「抜けないAV」を撮る理由を知りたかったからです。

当時は「究極の法悦としての性愛」を描く代々木忠氏のブームで、僕は最初の性愛経験がそうしたものだったのもあって、傾倒していました。ところが、恋人と別れてそうした性愛から見放された代わりに、全く別種の性愛もまた深い眩暈《めまい》を引き起こすことを知るようになります。

ダイヴ（究極的一体化）としての性愛ならぬ、フェチ（神経症的固着）としての性愛。特に男は、トラウマに由来する不安を埋め合わせるべく、自動機械のようにフォルムを反復しがちです。代々木忠ブームの中でフェチ系が過剰に貶《おとし》められていると感じました。

複数プレイなどでいろんな人の性愛を見て、性愛は「単なるゴミクズにすぎない自分」という真実に出逢える貴重な回路だと思うようにもなっていたんですね。代々木忠的な性愛が素晴らしいのは知ってるが、それだけが性愛の真実だという物言いに違和感を覚えました。

ちなみに山下氏との面会で「本物レイプに見える仕掛け」を知ったので、「これは犯罪を撮った作品だ」と思い込んで批判する人々から、山下氏を擁護する役割も演じました。問題をオーバーグラウンドにすべきだとの思いから、山下氏を朝日新聞などに紹介しました。

それとは別に、山下氏にお会いした際、同じV&Rにおられたカンパニー松尾氏を紹介され、「おこぼれゲット」などテレクラのノウハウをお伝えする仲になりました。松尾氏は全国のテレクラを舞台にしたロードムービー的なＡＶを撮る監督として、既に有名でした。

二村　松尾監督は近年、複数の監督たちとのテレクラ行脚・ナンパ勝負のＡＶを再編集し(『劇場版テレクラキャノンボール２０１３』２０１４年公開)、性を描いたドキュメント映画として話題になりました。90年代当時、宮台さんは分析だけでなくフィールドワークで、援交している女子高校生たちに話を聞くことを実践されておられたんですよね？

宮台　はい。不良でも貧困でもない女子高生たちのブルセラや援助交際が水面下で盛り上がりつつある事実を朝日新聞に書きました。「家庭環境の問題だ」「貧乏だからだ」「不良だからだ」「道徳教育の不足だ」といった何も知らない「識者」の頓珍漢《とんちんかん》な意見を粉砕《ふんさい》するためです。

ところが記事を読んだテレビや雑誌が女子高生たちを紹介しろと殺到し、真偽を疑われるのもイヤだから僕のネットワークをつないだら、かつて取材した子たちがモザイク付きではあれ連日連夜テレビ出演し、番組を見た子たちが煽られてどんどん参入する事態になりました。

援交女子高生の存在を知ったのは92年。新宿でナンパしてつきあった子が、しばらくしてカミングアウトしてきた。不良でも貧困でもない頭のいい子だったけど、父親との関係に問題を抱え、精神的復讐と、厳格な父親が与えた劣等感の埋め合わせのために援交していたのです。

その少し後、東大の後に勤務していた東京外大で、ゼミの女子学生が新宿区の援交女子高生グループを紹介してくれ、以降女子高生を多数取材しました。1992年からです。ちなみに、その結果を「NHKスペシャル」で番組化しようとして、最終段階で2度潰されました。

取材方法はナンパみたいに声かけして尋ねます。全国で取材しました。援交してるかと聞かれて「はい」という子はむろんいない。技法が必要です。技法が知りたいという朝日新聞の近藤康太郎記者が、取材に寄り添って記事にしてくれた。そのくらい高度な技法でした。

技法はナンパから学びました。ナンパは83年から少しずつ始め、本格的には85年から11年間ぐらい。ストリートとデパ地下とテレクラを使いました。ナンパと取材とを混同したことはありません（笑）。それをしてたら、取材した子が何百人もいるのでとっくに「終了」です。

ナンパ期間に300人としたけど、96年以降は「社会が変わった」のでつまらなくなってやめます。以前のやり方だと相手が心を開かなくなったのと、テレビで顔バレしたのが理由です。そこから妻と結婚する05年までの10年間は年に数人。全体として大した数じゃない。

二村　たいしたことなくはないというか、十分多いと思います（笑）。

宮台　いや。計算するとナンパ期間の11年は1カ月3人。これだとナンパ師と言えるかどうかギリギリの線です。年を食っているぶん人数が増えただけです。ただし長かったぶん人々の性愛がどう変わってきたかをつぶさに目撃できました。それが仕事にすごく役立っています。

「母への恨み」と〈心の穴〉

二村　僕はAVを撮影する前に、なるべく出演する女優さんに時間をとってもらって、よく話をするようにしています。彼女の生い立ちやコンプレックスなど、外見のスペックだけではない部分まで監督が理解していたほうがAVは確実にエロくなると考えているからなんですが、それを20年ぐらい続けてきて僕なりに見えてきたのは、以下のようなことです。

恋愛やセックスに対する価値観、それに伴う言動や立ち居振る舞いは、その人の精神の根幹をなしていて、それには本人の幼少期の体験や家族との関係が深く関わっている。人は子供のころの愛情の受け方を（それが歪《ゆが》んだものだったとしても、豊かだったとしても、過剰だったとしても、あるいは愛情ゼロで育ったとしても）大人になってからの恋愛とセックスを使って、同じことを自動機械的に繰り返すか、あるいは逆に〝得たかったけれど得られなかったもの〟を得ようとして懸命に〝生き直して〟いる。

それは、たとえば「家庭環境が悪かったから性的な自傷をするようになった」みたいな単純な話ではありません。たとえ理想的な家庭で育てられたとしても、子供の心には必ず何らかの不充足感がめばえます。僕が〈心の穴〉と呼んでいる概念は、一種の欠乏《けつぼう》のことだとは思うのですが、寂しさや欠点だけではなく、論理的には語りきれない「その人の魅力」や「独特な能力」の源《みなもと》でもあり、また、穴が開いているからこそ自我があり、人間たり得ているのだとも言える。それを僕は自著『なぜあなたは「愛してくれない人」を好きになるのか』で、「すべての〈親〉は子どもの心に穴を開ける」と述べました。宮台さんには社会学者にならなければならない、ナンパや援交のフィールドワークをしなければならない心の穴が開いていた。僕にはAV監督にならなければならない形の心の穴が開いていたのでしょう。

ただ、今の社会において〝生きていきやすい〟形の心の穴と、〝生きづらい〟形の心の穴とがある。心の穴が埋まること（根源的な寂しさを感じなくなること）は絶対あり得ませんが、自覚することで穴の形を変えていくことは可能です。

心の穴はトラウマではなく、考え方や感じ方の癖です。何が好きか嫌いか、被害者意識や罪悪感があるかどうか、心の中での男性性と女性性の割合、つまり、その人が無意識に信じさせられてしまっている〈物語〉の形をしていると考えるべきなので、おおむね僕たちの行動は、特に恋愛やセックスに関する行動において顕著に、その心の穴によって決定づけられてしまう。

宮台　二村さんのご発言で話しやすくなりました。結婚して母を亡くした前と後では、僕の性愛的な構えが変わりました。正確に言うと、変わったというより、動機の背後にあるものが自分で見えるようになった結果、動機に直接縛られることがかなり少なくなりました。

二村さんが本でおっしゃるように、まず、母親に対する恨みがあったことに気づきました。母が亡くなるまでは自覚が薄かった。音楽教育を中心に中学に入るまではスパルタ教育でした。母にコントロールされてきた恨みからか、女をコントロールし返そうとしていました。

母が闘病の末に他界したのが10年前。母との関係を振り返りながら心の準備をした闘病の2

年半の間に結婚もした。珊瑚礁の海に潜ってほしくて、闘病する母を沖縄の慶良間《けらま》諸島に連れて行った時もいろいろ話した。それで母への恨みが消え、自動機械的な動機も消えました。

それまでの僕は見かけとは別に心が嫉妬深かったけれど、それも消えた。そして性愛の問題が生い立ちと結びついているのを知りました。結びつきを自覚していなかったころには何も解決できなかった。二村さんの〈心の穴〉と、僕の「親への恨み」は、ほとんど同じ概念です。

二村　まったく同じだと思います。

宮台　読者の中には子育て中の方もおられる。子育てを通じて、性欲とは別次元で、親の心に宿るエロスが伝染します。隠れて夫婦喧嘩をしているつもりでも、敏感な子は「何か変だ」と察知します。「親への恨み」はそんなふうに生じるから、親は意識して制御できません。

そうしたことに母の死を前にして初めて気づきました。母に自覚はなく、まして悪気はなかったけれど、母に話して自覚してもらい、謝ってもらって初めて、心の中の自動機械が止まりました。ことほどさように生い立ちを洗い直さないと、性愛の生き方は改善できません。

二村　植えつけられた異性（他者＝親）への恨みは、宮台さんの場合、能動的な形で出たのでしょうが、憎悪が被害者意識の形をとるケースもあります。それにより、無意識にメンヘラ的、自傷的なセックスに耽《ふけ》るようになって苦しむ人も多いし、被害者としての立場しかとれなくなって性を楽しめなくなり、自分が気に食わないものを〈敵〉だと思ってしまう人も多い。

宮台　気づかないままだと、自分の子にも同じように恨みを刷り込み、心に穴を開ける加害者になります。それを自覚すれば、被害者意識から距離をとれます。僕の経験では男同士でフェチを告白しあうのもいい。フェチの多くは被害者意識＝親への恨みに結びつくからです。

女性が「うっすら病んでいる」世の中

二村　全ての人間に心の穴はあります。ただ、幼少期から現在に至るまでのプロセスにおいて自分自身のことを赦《ゆる》せている、つまり自己受容できている人は、恋愛やセックスにおいても満たされていることが多い。もしくは、ある時期うまくいかなくても、そのことに痛烈なダメージは受けない。

ここで言う自己受容というのは、ナルシシズム（自己愛）が強いというのとは違います。むしろ真逆《まぎゃく》です。ナルシシズムや被害者意識が強い人はガンコです。心の穴によって生まれた〝自分の物語〟に執着します（自己受容できている〝のんきなナルシスト〟も存在します。そういう人は嫌な感じがしません）。ガンコなナルシストやメンヘラは男性でも女性でも、仮に性的魅力があってヤリチンになったりモテたりしたとしても、セックスを楽しめているとは言い難い。

性愛に関して「自らを受容する」ということは、自分に欠けている部分も含めて「あきらめる」ということに近いんじゃないか。これは、みうらじゅんさんのエッセイの受け売りで一種の仏教思想なんですが、あきらめるということは悪いことではなくて、自身の欠乏感を客観視できていて「自分に必要ないものはいらない」と分かっている。それが自己受容、インチキではない自己肯定です。

　これを「だから被害者意識を持ってないで、あきらめて、加害者を許して、さっさと自己受容しろ。そうすれば幸せになれる」という自己責任論だと解釈されてしまうと困るんですが。話はそう単純ではない。〈欠けている部分〉を愛された経験があるかないかが、被害者意識を持たずに生きていけるかどうかに、大いに関係してくるからです。

　踏み込んで言うと、セックスや恋愛に苦しんでいたり、生きづらさを感じたりしている人たちは、自らを受容したくても、なかなかできない状況に置かれています。これは男女に共通するものですが、今の社会においては女性のほうが不利な立場にあるのだろうなと僕は思っています。

　というのも、なんだかんだ言って、男性が「自己肯定できているような気分」になりやすくできているのが、現代の日本の社会だからです。言い方を変えるなら〈インチキ自己肯定〉の方法が男には用意されている。一般論としてですが女性のほうが「こうでなくては幸せとは言えない」という社会的規範が強く、本人もその規範を内面化してしまっていることが多いように思う。

宮台　男の場合、自己像の平衡を保つカウンターバランスが社会のいろんな場所にあります。自己像を保つのに役立つ〈妄想〉のホメオスタシス（恒常性）を調達しやすい。女の場合、そうした誤魔化しの装置が乏しいぶん、苦しむ人が多いのだと二村さんはおっしゃっています。

二村　男には、性愛や恋愛において満たされていなくても、それによって心の底が実は深く傷ついていたとしても、そのことを誤魔化して生きていく逃げ道があり得るんですよ。

しかし、これには逆のことも言えます。女性たちは、みんなそれぞれに生きづらかったりして、恋をすると（程度に個人差はありますが）多くの女性が軽くメンヘラっぽくなる。もしかしたら、そうやって「うっすらと病む」ことによって感情のストレッチをして、うまくガス抜きをしているのかもしれない。病みっぱなしになってしまっては大変ですが。

男の場合は、リストラされて集団から排除されたり、熟年離婚を宣告されたりすると、〈インチキ自己肯定〉を続けることが困難となり、そもそものコミュニケーション力がないと致命傷になります。自殺率は男性のほうが女性の2倍高いという統計（平成29年3月発表の警察庁「平成28年中における自殺の状況」）もあります。

男の〈インチキ自己肯定〉

宮台　〈インチキ自己肯定〉の典型が「ナンパクラスタ」界隈にあります。ナンパ講座は、「自分はダメ」という不全感を、元の原因とは別の「代わりの承認」によって埋め合わせたがる男だらけです。僕は「碇シンジ（『エヴァンゲリオン』シリーズの14歳主人公）的」と言います。
精神分析で言えば、母親の全面的な欲望対象であることをあきらめられない去勢不全。全能感をあきらめて「社会の中の小さな個人」であることを受容できず、不全感を埋める「代わりの承認」を求めて右往左往。そこでは女は、男の全能感を与える道具として〈物格化〉される。

二村　ナンパができるような〝イカした男〟になることが、すなわち「エヴァンゲリオンに乗れる資格を得られた」という……。

宮台　はい。エヴァのテレビ放映が始まる95年秋から「アダルトチルドレン（ＡＣ）」という言葉がはやります。親の前で「良い子」を演じ続けた結果、無条件の承認経験が乏しく、自己と世界への基礎的信頼を獲得しないで育ち、大人になっても承認を求めて右往左往する存在のこと。

普通の大人なら必要としない承認をかき集めようとして、他者を思いやる気持ちもないくせに他者から褒めてもらいたがる、自己中心的存在。思春期的課題を達成できないまま、永久に課題を引きずる「中二病」患者。要は「浅ましく、さもしい存在」ということです。

「普通の」大人なら必要としないと言いましたが、昨今はそうした「浅ましく、さもしい存在」はむしろ普通です。性交の後に「君は素晴らしかった」と言う代わりに「僕はどうだった？」と尋ねるクソ男、と言えば女性はお分かりのはず。今はそういう男が大半でしょうね。

二村　僕は小学校から慶應義塾で、周囲には大企業の経営陣や自民党の政治家、有名な芸能人の子息も多かったんですが、その中で僕は高校でも大学でも、いわゆる「はじける」ことができず、内部進学とは思えないダサいオタクでした。それが大学を中退してＡＶ男優になり、チンポで金を稼ぐ男になれた、そこでナンパクラスタの人たちと同じ、〈インチキ自己肯定〉の感覚を得ていたんだと思います。

宮台　僕も似ています。ナンパ師への取材でよく聞く話だけど、20歳代半ばから11年間営んだナンパ生活の出発点は初恋での失恋でした。自分はダメじゃないと実証したくて、女をコントロールできるようになることに執着したという面が、母への復讐とは別にありました。

でも時間が経つと「何か違う」と感じ始める。ナンパクラスタ界隈の男たちの大半が永久に「卒業」しない中、数人に一人は「何か違う」と感じて「卒業」します。4年前『「絶望の時代」の希望の恋愛学』を出しましたが、共著した元ナンパ師の方々もそういう人たちです。

二村さんの本『すべてはモテるためである』に「金があろうが立派な地位にあろうが、モテなきゃ始まらない」とあります。貧乏でモテない男は「貧乏のせい」にできるけど、金持ちでモテない男は「自分が頓馬だから」に決まっているから、尊厳が大きく傷つきがちです。

ナチを研究したエーリッヒ・フロムが「権威主義的パーソナリティ」を発見します。元から下流だったんじゃなく、上流や中流から下流に転落した人ほど、ダメな自分に「気づきながらも受け容れられず」、劣等感を神経症的に埋め合わせるべく「権威に寄りすがる」のだと。

2014年3月31日号の『週刊プレイボーイ』が、「安倍晋三首相支持者は平均より高収入なのに、平均より妻やステディがいる率が低い」というデータを公表した。フロムは時間軸の凸凹に照準したけど、空間軸の凸凹に照準しても「ダメ意識の埋め合わせ」が見てとれます。

他のことが恵まれてる〝のに〟じゃなく、恵まれてる〝から〟こそ「性愛の幸せから見放された自分」という自己像を受容できない。渡辺淳一『失楽園』が末期の近い男の性愛的記憶への粘着を主題化しますが、女から愛されなかった人生という思いは男を深く傷つけます。

男にもある「女性性」

二村　僕は『すべてはモテるためである』で、あらゆる男性の心の中に一人の女の子が住んでいるはず、と述べました。内なる女性性、ユングが言うところの〈アニマ〉です（女性の内なる男性性は〈アニムス〉と呼ばれる）。女心が分かる男になる、すなわちモテる男になるためには、自分の〈アニマ〉の性質を知る必要がある。そのほうが一般論としての「女とは、こういう生き物だ」などというデータを集めるよりも、よほど実効的です。

宮台　だから二村さんのAVには「女性性」が刻印されています。僕も幼少時から女に生まれたかった。最初の自慰は小5でしたが、『サイボーグ009』のサイボーグ003ことフランソワーズ・アルヌールに、僕がなりきって拷問されているという〈妄想〉がネタでした。

二村　003を拷問する側の、悪の組織・ブラックゴーストに感情移入するのではなく。

宮台　ヤル男側じゃなくヤラれる女側の〈妄想〉という形は僕の思春期に一貫します。女の子になって痴漢に追われている場面を妄想しながら歩くこともありました。ベテラン風俗嬢が、そういう男は見かけはSでも「マゾ的サド」だよ、男の3割がそうだよと教えてくれました。

二村　はい。女性側に感情移入している男性、つまり性的衝動において内面のアニマが力を持っている男性は、けっして少なくないように思います。

宮台　「マゾ的サド」とは「責められる女になりきり、女の心に映るものを自分の心に映し出して興奮する」タチです。30歳代のころ、女の希望で、複数を含めたレイプごっこを時々しましたが、女の欲情が条件で、嫌がっているとか痛がっているとか分かった瞬間、萎えました。

こうしたプレイでは、女側の〈妄想〉を事前に徹底的にリサーチして、ピンポイントでストライクゾーンに投げ込むことが目指されます。そうしたリサーチの過程も僕には享楽的な過程でした。僕のセクシュアリティが「フェチ系ならぬダイヴ系」だとは、そういうことです。

ダイヴ系の営みでは、相手の心に映るものが僕の心に映り、僕の心に映るものが相手の心に映り、そうした相互浸透の挙げ句、〈妄想〉が自分のものか相手のものか不明になるフュージョン状態になります。だから「コントロール系ならぬフュージョン系」だとも言えます。

二村 僕の最初のズリネタは、永井豪のマンガでした。現代日本のあらゆる変態性、フェティシズムの萌芽は手塚治虫の作品に多く見られます。その手塚の弟子であり『サイボーグ009』の作者である石ノ森章太郎の作品も相当エロチックですが、その石ノ森の弟子である永井豪のマンガこそは、あらゆる変態性のオンパレードでした。

永井豪が創造したキューティーハニーは皆さんご存じでしょうか。宮台さんが003に感情移入したように、僕はオナニーしながら心の中で自分がキューティーハニーになっていました。

永井豪は『キューティーハニー』で、徹底して〈強い女〉を描くんです。対立する悪の組織の首領も幹部も怪人も全員、グラマーな女性です。やられキャラの下っ端のザコ戦闘員だけが男性。味方側にも早見くんという、ひ弱な美青年がいます。ハニーは変身するときにいちいち服が飛び散って全裸になったりして、その場面が人気を博していたのですが、一応子供向けに描かれたものなので直裁な男女のセックスシーンは出てこない。しかし、もちろん小学生当時の僕の妄想の中では、キューティーハニーは早見くんを犯すわけです。騎乗位で。脳内の二次創作ですね。そのときに、犯されて快感にあえいでいる美青年も僕なんですが、犯している強く美しいハニーも、女性になった僕自身なんです。

あるいは、吾妻ひでお。ギャグ漫画の絵柄でありながらロリコン的な美少女キャラを魅力的に描く開祖の一人だと日本漫画史の中では位置づけられていますが、『やけくそ天使』という破天荒な痴女が強烈なパワーで非常識な性的活躍をする作品があり、これに僕は思想的な影響を受けています（笑）。ヒロインは外見（肉体）は美女なのに、内面というか魂は作者の吾妻さんそのものなのです。

それらの漫画でオナニーし続けて、いつの間にかAV監督になり果てた。監督になっても撮影中に実際にオナニーをしている。演出しながら実際にシコることで、男優とも女優ともシンクロできるような気がしているんですが、他の監督からは不気味がられたりします。それはまあいいんですが、監督である僕の矜持《きょうじ》として、痴女AVと風俗AVは似て非なるジャンルであるという信念があります。一見どちらも女性が攻めて男性が受け身のスタイルですが、風俗AVというのは、あくまでも風俗嬢（に扮した女優）のテクニックを見せてもらうもの。痴女AVであれば、やっていることが同じでも、そこに「女性の発情」が映っていないといけない。テクニックは多少ぎこちなくても構わない、男を犯すことで自らも興奮しているのが痴女……と、理屈で説明するとそういうことなんですが、要するに僕自身が、女の子が本気になっていないと興奮できないのです。感情の昂《たかぶ》りが映っているAVこそが、もっとも上質のAVだと思う。

痴女＝風俗嬢的なプレイはAVのスタンダードになりました。それに伴って近年、一般の女性が恋人男性の乳首を舐めるというのも、すっかり普通のことになったようです。

男の名刺はペニスと同じ

宮台　さっき初恋で失恋した話に触れましたが、僕がティーンのころからつきあったその初恋の子がよく乳首を舐めてくれました。当時の僕は乳首が異様に敏感で、のたうち回るんですが、そんな僕を見たその子はとても興奮して、自分で性器を触って自慰していました。

二村　それは素晴らしいですね。

宮台　アメリカからの帰国子女で、日本的な習俗が分かっていなかったせいか、他の子がしないことを、思いつくままどんどんしてくれました。今では人に言えない場所でもセックスしました。突然とんでもない場所で「ここでセックスしたい」と言い出す子でしたから。

二村　先進的な女性ですね。進取の気性に富んでいる。30年以上昔の話ですよね？

宮台　40年前です（笑）。30年前にはフランスからの帰国子女とつきあってたけど、夜中に突然「ホテルで乱交してるの、すごい素敵だから今すぐ来て！」とコールしてきたり。欲情する女に引きずられる「受動性の快感」を、僕は早い時期から実践を通じて刷り込まれました。

偶然にも、先ほど「女になりきって発情する」という僕の自慰的な性癖をお話ししましたが、女になりきった〈妄想〉における快感と、欲情する女に引きずられる「受動性の快感」には明らかにシンクロするところがありました。だから自分はラッキーだったと思っています。

まとめると、二村さんと僕との間の共通性は「女性性」です。具体的には、目の前にいる女が〈世界〉をどう体験しているのかに強い関心を寄せる傾向です。自分のフェチ的性癖の達成には関心がない。目の前の女が興奮するような設定であれば、どんな設定でもＯＫです。

二村　相手の女性にシンクロできるか。女が、男（自分）に「こじ開けられて」いることに興奮するのではなく、「彼女が興奮している」という、そのことに自分も興奮できるか。

もう一つは、日本人の男性はそれをなかなか持ち得ないと言われますが、自分の肉体が相手の発情の対象にされている感覚。男って、スポーツを熱心にやっている人以外は、身体感覚がないというか自分の身体に関心が薄いじゃないですか。要はペニス（および、指や舌といったペニスの代替品）しか使わないでセックスしている男が多い。

セックス以外の場面でも、男の子は幼いころから電車や光線銃が好きで、大人になっても腕時計や自動車や、あるいは会社での序列や肩書きにこだわる。あれって全部、象徴としての〝ちんぽこ〟なんだと思います。大人になってからはそこにプライドが関わってくる。収入を他の男と比べられたくない、でもちょっとでも勝っているなら比べたい（笑）みたいな心理って、銭湯で隣の男のサイズをつい見てしまうのと同じですよ。

宮台　そう。精神分析学では「男は、女の欲望対象がペニスに焦点化されているという思い込みのせいで、ペニスによる女の支配を妄想する」とします。ちなみに、ペニスという言葉はいろんなものに置き換えられます。まさしく二村さんのご指摘通りであるのが分かります。

二村　男性は、自分の〈身体〉そのものではなく、外側に付属していてポテンツを自分でコントロールできると思い込んでいる「自分の分身」のようなもの、すなわちペニスでしか快感を得られない。本当は、そんなことないんですよ。男だってアナルでも感じるんです。でも、その認識をゲイのウケやリバではない男たちが共有するのは、ノンケの男社会においてはタブーで恥ずかしいこと。ペニスを穴に突っ込む、その力を使って女性を支配する快感が、すなわち男らしい男の快感であるとされてきた。

男が、アナルに代表される、自分の感じやすいところを女性に委ねてしまうのは、風俗に行って密室でなら可能なんですが、恋人を相手にするとなかなかできない。一般女性が恋人の男の乳首を舐めることは普通になったと述べましたが、あくまでもまだペニスを勃てるための補助として使われていることが多い。

日本人の男性は、女性に自分の性的な弱点を晒すことで、全てにおいてイニシアチブを取られてしまうような気がするんでしょうか。これに関しては、むしろマッチョな欧米の男性のほうが、洋ピンを観るとファンキーな声を出してヨガっていたりする。どうも日本人男性は、好きな女性から性感帯を攻略されるのが苦手なような印象なんですが、どうなんでしょうか？

これはAV監督から社会学者に聞いてみたいことなんですが……。

僕なんかは、お互いの性的な弱点を知りあうことこそが、愛情の深いセックスなんじゃないかと思うんですけどね。

なぜ男は素直にヨガれないのか

宮台 日本の色街は「作法の世界」。男は「作法で守られていた」ので説明責任を一々負わなかった。「日本の男は作法のゲタを履ける環境にいた」とも言えます。そこでの男は能動的に見えても、「作法が発現しただけ」という意味では能動的でも受動的でもなく、中動的でした。

今でも関西とりわけ京都で夜の仕事界隈には「作法の世界」が色濃く残ります。作法を踏まえない男は、関西弁で言う「いけず」になります。不自由に見えるけど、「作法がなければ自由」と言えるでしょうか。やることなすこと自分で選び、説明しなきゃいけないのは、辛い。

二村 かつて結婚市場には「お見合い」というシステムがあって、性的な（この〝性的な〟は〝経済的な〟も含みます）魅力に乏しい男性の多くも、半ば自動的に結婚できていた。そのシステムが現代では崩れたのだとよく言われますが、多くの男女が恋愛に適性がないためにシステムに頼らないと結婚が困難であるのと同じように、個々人のセックスも作法が崩れて自由になったからこそ困難になっている。

宮台 はい。色街に限らず、かつて日本のどこにでもあった「作法の世界」は、ここ40年で――主に80年代に――崩れ、誰もが「自分で選び、説明しなきゃいけない」状態になりました。他方、「ペニスで女を支配したい」という欲望が今も続いています。すると、どうなるか。

「作法の世界」の崩壊で男が能動的であらざるを得なくなると、逆に、負担が重過ぎて欲望が達成しにくくなりました。作法という不自由が男に欲望達成の自由を与えてくれていたのに、作法の消滅による自由で逆に男は欲望達成が不自由になり、男は不全感に苛《さいな》まれています。

不全感を埋め合わせる神経症的な傾きが「自分はマニュアル通りにできたか」というホジクリ主義的達成チェックです。性交の後に「僕はどうだった？」と尋ねる男もそれです（笑）。そこには、女に主導権を握られてズタボロにされたくないという不安が見てとれます。

作法の崩壊が、男が受動的享楽から見放される第一要因です。加えて、先に話したように、母親にコントロールされてきた男が復讐的に女をコントロールしがちなことが、第二要因です。二つの要因が相俟《あいま》って、男は女に委ねて「快楽に声を上げる」ことができなくなります。

「親にコントロールされてきた」との感覚を抱く人が増えたのは、地域や家族の空洞化で、母親が子を抱え込むからでしょう。ただ僕が見るところ、母親の振る舞い方はさして変わっていません。母親による抱え込みを緩和するような横や斜めからの介入がなくなったのです。

「変性意識状態」とは何か

二村　コントロールすることにこだわる男ほど、自分がコントロールされることに必要以上に怯《おび》えます。ペニス以外の性感帯は、男にとって〝自分ではコントロールできないもの〟なんです。本当はペニスだって（いや、ペニスこそ）自分ではコントロールできないものなのに……。そこに、おそらく宮台さんがたびたびおっしゃる「変性意識」というキーワードが出てくると思うんです。

変性意識状態というのは、スポーツでも仕事でも、過度の集中、たとえば文章を書いていて「筆が乗ってきた」とか、いわゆる〈ゾーンに入る〉という状態でもあると思うのですが。さらに〝セックスでの変性意識〟とは、相手と溶け合う、つまり「自我によるコントロールが利かなくなる」ことですよね。

宮台 はい。ちょっとしたトランス状態ですが、自分をコントロールできないので「委ね」の状態になります。洗脳されやすくなるので、女を変性意識状態に持ち込め、と教えるナンパ指南もありますが、僕が教えてきたのは、男が変性意識状態に入って「委ね」ることです。

二村 セックス中に、ドラッグなどを使わずとも、その過剰な快感によって相手と自分が一体化してしまう。ある種の脳内麻薬のなせる業《わざ》なのかもしれませんが。

痴女AVにおいては、監督である僕が、ある意味、女優さんに乗り移らないといけない。そのための手法として撮影中にカットをかけないままで「いまのフェラチオ、すごくいい、あと5分続けて」と女優に向けて叫んだり、カメラマンに対して「いま彼女の目が、すごいエロい目になっているから、その目を撮って！」と、わざと女優に聞こえるように大声で指示を出すことがあります。怒鳴りながら、僕はモニターのこっち側でパンツをおろして自分のちんぽを握っています。

事前にカメラマンと出演者と打ち合わせをして、「用意、スタート！」と言った後は、なるべく監督はセックス中は黙っており、女性が従順なAVであれば男優任せ、痴女モノであれば女優を信頼して、任せるという伝統的なやり方の監督もいる。イメージシーンやドラマ部分の演出、インタビューなど、そして場面作りまでが監督の仕事で、セックスそのものには口を挟まない。ところが、そういう「セックスを一歩引いて見ているAV」だと、僕は抜けないわけです。男優と女優のセックスがよっぽど合わないと、変性意識状態にも入らない。だから僕は本番中に女優と男優に対して、声で関わっていく。後の編集作業で僕の声を消さないといけないのが面倒な作業なんですが。

指示を出すことは、まさにコントロールです。へたにやったら男優も女優も醒めてしまう。なんだか禅問答みたいですが。彼らが我に返らないように、僕の声を聞いていることで交わっている女と男がトランスに入り、それを見ている僕も「引きずりこまれて、指示を出さされている」ような感覚になり、カメラマンも含めて4者が溶けているような状態が理想です。

男性の皆さん、どうでしょう。普通のAVのセックスって、なんだか説明的だなとお感じになることはないでしょうか。男優はカメラの前で、定番のように「パンツ脱がしちゃおうかな〜」とか「ほら、オマンコがぐしょぐしょだよ〜」とか言うじゃないですか。それで、デビューしたばかりの子だと女優が笑っちゃったりして。あれって男優が、次に自分がやることをカメラマンに対して説明するサインを出して、さらに自分でリズムというか能動セックスのテンポを作るために言ってるんです。

説明だから「ぐしょぐしょに濡れてるよ〜」と言って、本気で恥ずかしがってくれる女性であればともかくベテラン女優に向かってそんなこと言ったって予定調和以外の何物でもありません。つまりエロくない。セックスがコミュニケーションになっていないのです。

宮台　代々木忠さんは著作『プラトニック・アニマル』でダーティワードについての誤解を指摘しています。ダーティワードを言われて興奮する女や男はさしておらず、むしろ「そんな言葉を言えてしまう自分」が引き金になって自己防衛の殻が破れるのがポイントだ、と。「普段言えないこと」が言えるのがポイントだから、普段からダーティワードを言うようになれば「そんな言葉を言えてしまう自分」という驚きによる変性意識状態も消えます。人は〈言葉の自動機械〉ではいけません。何がどんな状況で何を引き起こすのかを触知すべきです。

「自分探し」より「自分なくし」

宮台　変性意識状態の話を深めます。最初にそれを意識したのは20年以上前に海に潜ったときです。シュノーケリングでしたが、30分だと思ったら3時間も海中にいた。いわば「ウラシマ効果」。スキューバだったら命が危なかった。だからスキューバは最低2人組なのですね。

調べたら「変性意識状態」と呼ばれるのが分かりました。「普段あり得ない状態」で、「普段あり得る状態」が「通常意識状態」です。誤解しがちなのは、客観的な場面や営みに対応するものじゃないこと。ダーティワードの話で示したように、慣れれば通常意識状態になります。

二村さんは撮影前に女優にインタビューするとおっしゃった。「どんなセックスをしてきた？」「どんなセックスが気持ちいい？」「どんなことが嫌？」「どんな育ち方だった？」とかでしょう。僕も援助交際の取材に際して同じようなことを聞いてきました。なぜか？

催眠術師は催眠直前に催眠誘導状態を作り出します。催眠誘導状態とは変性意識状態と同じ意味で、さっき話した「委ね」をもたらします。それと同じで、「一番嫌だったセックスは？」「親との一番の思い出は？」といった質問も変性意識状態に入るための助走です。

聞かれたことがない質問を聞かれ、答えたことがない質問に答える。そんな「今までにないこと」を立て続けに体験すると、変性意識状態に入ります。カプセルに入ったようにいつもと違う時空間があり、恥ずかしいことも恥ずかしくなくなり、できないことができます。

コントロールへの執着は人を通常意識状態に縛りつけます。コントロールを手放した「委ね」への志向こそが人を変性意識状態に導きます。同じ意味で「自分探し」に実りはなく、未知を求める「世界探し」による「自分なくし」が大切です。二村さんと僕の共通した志向です。

二村　いつも〈自分〉に縛られているからこそ、自分がなくなる、なくすことができる瞬間が気持ちいい。

「法外」の共通感覚が支える性愛

宮台　「共同体感覚」の話につなげます。変性意識状態には一人でも入れるけど、二人で同じ繭《まゆ》に入るような変性意識状態もあるのです。二人一緒に通常的な時空体験を失い、二人で一つの繭に包まれます。すると自分と相手の境界線がフュージョンした時空体験が得られます。

コントロールは制御する自分と制御される相手の分け隔てだから、フュージョンすればコントロールは不可能になります。そこでの渦巻のような眩暈体験は、日常が僕らの「仮の姿」に過ぎないことを教えます。そうした教えを知らない若い人が、ある時期から増えました。

理由は「共同体感覚=仲間感覚」の喪失です。性愛を超えた問題です。冗談ではなく、法は破るためにある。「法外」でのシンクロが「仲間」を証《あかし》するからです。法の出現は1万年前の定住からですが、以降、法を反転する祝祭を定期的に営んで「仲間」を確認するようになる。

法以前とはどんな状態か。中国に長期滞在すると、法ならぬ生存戦略で成り立つ秩序があるのを理解できます。大都市では信号がない10車線道路を歩行者が平気で渡ります。中国人は「大丈夫だから渡れ、ただ立ち止まると轢《ひ》かれるから同じ速度で歩き続けろ」と言われる（笑）。

ハイウェイの合流地点でも車線をキープする車は一つもなく、我先に突っ込んでいるように見えますが、ギリギリでどちらかが譲って事故に至りません。法がなくても、生存戦略だけで構成される秩序があり得ます。そこには高度な共通感覚と共同身体性があります。

書き言葉の獲得による3000年前からの大規模定住化以降、祝祭はだんだん周辺化されてはきたものの、「法は破るためにある」「法外のシンクロが仲間を証する」という感覚は最近まで続いてきました。この感覚が完全に抑圧されるようになったのは日本では20年前からです。

90年代後半から禁煙が盛り上がり、「新しい歴史教科書をつくる会」ができた97年ころを境に、人気のない野外の一角で煙草を吸うだけで、この間まで誰も気にしなかったのに、突然怒鳴り始めるクズが出てきました。これは、煙草の有害さの認知よりも社会的文脈の変化です。

本来は「法があっても、法外の共通感覚が境界を変える」のが当然。タテマエ（法）／ホンネ（「法外」）の二重性のなせるワザです。僕の世代は打上花火の水平撃ちは当たり前。80年代末まで代々木公園の花見では焚火《たきび》が普通でした。お巡りさんも「火が大き過ぎるよ」と言うだけ（笑）。

交通違反もお目こぼしが普通。人んちの庭で遊んでも怒られなかった。試合後の体育会はハメを外し、体罰もシゴキも「仕方ない時もある」と認識された。「法外シンクロが絆を証する」のは性愛も同じで、青姦や複数プレイなど禁忌を超えた性愛が「絆」を深めました。

でも、「法外」の共通感覚が風化すると、これら全てが白眼視され、脱法問題や人権問題へと頽落します。かつては「法外」の共通感覚を確かめて「仲間」を強めたのに、逆に神経症的に法にしがみつき、「法外」に出る人を目敏《めざと》く見つけて一斉に叩き、「インチキ仲間」を捏造《ねつぞう》し始めます。

まさにフロイトが神経症に見出した不安の補償（埋め合わせ）。不安を別の何かで埋め合わせて不安がないことにする。共通感覚を失えば、法を神経症的に遵守《じゅんしゅ》し、少しでも外れたら一斉糾弾《きゅうだん》という「総被害妄想化」が進みます。一般にはこれを「法化社会」化と呼びます。「法化社会」化と「共同体感覚」喪失は表裏一体です。こうした展開は実は予定されていたものです。「法外シンクロによる仲間の確認」は、社会次元では必ずしも計算不可能化を意味しませんが、パーソン（実存）次元では「育ち方によっては」計算不可能化を意味するからです。

政治と性愛は近代の特異点

宮台　これはウェーバーが気づいていた近代化が孕《はら》む矛盾に関係します。彼によれば近代化とは合理化です。合理化とは予測可能化のための計算可能化のための、手続主義化です。だから近代化すると脱呪術化する。宗教の消滅ではなく、決定の手順化で宗教が無関連化するのです。

ここに矛盾がある。近代化は、一方で個人を共同体への埋め込みから解放して主体性を可能にしたのに、他方で手続主義化＝自動機械化＝没人格化によって主体が入替可能化されるからです。彼が言う近代の行政官僚制の「鉄の檻」という概念はこのことを指したものです。

この主体の入替可能化は、ユダヤ人のハナ・アーレントが600万人のユダヤ人をガス室送りにしたアイヒマンを「凡庸な悪」と形容した理由です。システムの中での地位の維持という損得勘定（自発性）の奴隷になることで、道徳的連帯の良心（内発性）を失うことです。

ニーチェの影響が色濃い晩期ウェーバーの処方箋は再人格化。人格が入替不能を意味するなら、主体は、自動機械でも体現できる合理性を超えて、非合理・不条理・理不尽を意志できなければならない。それがあって初めて「主体がシステムを操縦する」と言える事態になります。

でも、没人格化の理由を手当てせずに再人格化を賞揚するのは、カール・シュミットによれば「政治的ロマン主義＝不可能の遠吠え」。不条理を意志できない者に意志せよと言っても仕方ない。彼による代替的な処方箋は「カリスマ指導者への感染による内発性の復興」です。

この処方箋はそれが帰結したナチスの悲劇ゆえにあり得なくなりました。それはともかく、ウェーバーの時代、再人格化の賞揚は必ずしも「不可能の遠吠え」ではなかった。なぜなら、政治と性愛という2領域で、近代社会が現に「不条理な意志＝愛」を調達していたからです。

近代社会は国民国家と近代家族を必要とします。国民国家は、田舎者集団を崇高な精神共同体と見なすが如き、民族ロマン主義に基づく「愛」国を必要とします。近代家族は、クソ男（女）を運命の男（女）と見なすが如き、性愛ロマン主義に基づく恋「愛」を必要とします。田舎者集団を崇高な精神共同体と見なす。クソ女を運命の女と見なす。こうした営みがロマン主義です。ロマン主義とは、俗の聖化＝内在の超越化＝部分の全体化。まさに非合理・不条理・理不尽へのコミット。だから変性意識抜きには無理で、その変性意識が「愛」なのです。

その意味で、人々にはまだロマンチックな「愛」国や恋「愛」が可能でした。非合理・不条理・理不尽を意志できるのが人格的な主体だとすれば、人々はまだ人格的な主体でした。そうであるぶん人々は、損得勘定の自発性を超え、道徳感情の内発性から行動できたと言えます。

それが可能だったのは、「法外」の共通前提があって、「法外シンクロでの仲間の確認」ができたから。「仲間」は国民大である必要はない。家族や幼馴染みや親友や同郷仲間でもいい。「仲間」を守るべく、親しくない〈仲間〉である国民のために戦う営みが、あり得るからです。

ただし、「仲間」へのコミットと〈仲間〉へのコミットとの間に緊張がありました。「仲間」を愛するなら〈仲間〉のための戦争から逃げたほうが合理的、というアリストテレス的問題です。この有名な問題が克服されるには「仲間」と〈仲間〉の関係に関する高い条件が必要です。

享楽を奪われて正義に固執

宮台　今はこの条件が満たされないので、一方で、「仲間」の不在を〈仲間〉への過剰関与で埋め合わせるウヨ豚的な神経症が生じ、他方で、それが「自分御大切」の認知的整合化に過ぎないので、実際に戦争になればウヨ豚が真っ先に遁走《とんそう》するというご都合主義が生じます。三島由紀夫が70年に喝破したように国民が〈仲間〉だとの意識はとっくに怪しかったけれども、「法外」の共通前提で「仲間」を確認する営みは90年代半ばまで辛うじて残っていました。実はそれが80年代から90年代半ばまでのナンパブームや性愛ブームを支えていたのです。

でも90年代後半以降、「仲間」を支える共通感覚や共同身体性が消えて、法にしがみついた上で「法外」への逸脱に炎上して「インチキ仲間」に淫するクズ＝〈遵法厨〉が量産される。〈遵法厨〉の出現は、国民という〈仲間〉はもちろん、「仲間」の不可能化を意味するものでした。

だから時系列を見ると、性愛からの退却と〈遵法厨〉の出現はパーフェクトに平行します。誤解を防ぐために前触れしておくと、共通前提の不在＝「仲間」の不在を、法へのしがみつきで埋め合わせる〈遵法厨〉は、自称リベラルや自称フェミニストの主知主義から生じたもの。たとえばＬＧＢＴ（性的少数者）の権利獲得は大切ですが、ゲイだった三島が喝破したように、権利獲得と「性愛の幸い」は無関係です。「性愛の幸い」の不全感を差別などの権利問題に帰属させるのは、神経症的な埋め合わせです。性愛の不毛や不幸を「公正としての正義」では埋められません。

「性愛の幸い」は、制度問題というよりダイヴ問題やフュージョン問題。要は、主知よりも主意の問題です。そのことを別角度から指摘するのがプラグマティズム哲学者ローティです。彼は、僕が「クソリベ」「クソフェミ」と呼ぶものを、「文化左翼」と呼んで揶揄《やゆ》します。

二村　よくツイッターなどで、神経症的な右翼と神経症的な左翼が、あるいは女性や被差別者を守るためと称する表現規制賛成派と過激な反対派が、ミソジニー（女性嫌悪）派とミサンドリー（男性嫌悪）派が、どっちも相手の言うことに耳を貸さずに口汚く罵《のの》りあってるじゃないですか。あれ、信条が真逆なだけで、両翼の人とも〝心の穴〟の形がソックリだと思うんです。そして、そう言うと、自分をリベラルだと思ってる人から「冷笑的だ」と僕も怒られる。

宮台　リベラルな制度ができあがればリベラルな社会になったと思うのが「文化左翼」の頓馬さ。リベラルな制度ができるのは心がリベラルになったからじゃなく座席に余裕があるからだ。グローバル化で座席がなくなれば叩き出しあいが始まり、克服したはずの差別が復活する。

現実にローティが20年以上前に予告した通りになりました。じゃあリベラルな制度作りを嘲笑していた彼は何を主張していたのか。座席数次第でどうにでもなる制度ではなく、感情の働きを陶冶《とうや》・涵養《かんよう》しろと言っていました。彼は「感情教育」という言葉を使っています。

感情教育があれば制度はついてくる。リベラルな制度を作っても感情はついてこない。彼は一見多様な社会を、サラダボウル（感情バラバラ）とメルティングポッド（感情フュージョン）に区別し、後者を推奨します。コントロールからフュージョンへという僕の考えと同じです。

ここにフロムの「権威主義的パーソナリティ」が関係します。座席が不足すると、自分の座席を奪われたと感じる人々が事態を受け容れられず、排外主義的＝権威主義的に沸騰します。リベラルはバックラッシュだと見ますが、後退ではなく「予定された反復」に過ぎません。

制度よりも感情が重要だ

宮台 ローティが参照されてはいないものの、国民戦線ルペンが大統領候補として台頭したフランスを始め、ＥＵ各国が同じ理屈に気づいています。中間層が疲弊《ひへい》し、郊外が空洞化する時代。サラダボウル的ゾーニングは座席不足を巡る差別的排外主義を加速するだけで終わる、と。

僕の認識はローティとは独立に得たものです。でも、誰が言ったかというより、状況を観察すれば頓馬でない限り気づくのが、「制度よりも感情」という問題なのです。なのに頓馬が跋扈《ばっこ》するのはなぜか。性愛のコミュニケーションを観察してください。答えは明瞭でしょう。

「性愛の幸い」から見放された者が「性愛の正義」に淫することで神経症的に「穴」を埋めようとする。抽象的に言えば、享楽という「言葉以前」を奪われた者が、正義や法という「言葉」に淫してマウンティングすることで、代替的に享楽を得たがる。実にさもしく浅ましい。

２０００年の『サイファ覚醒せよ！』以降「浅ましい」が僕のキーワード。初期ギリシャ哲学が源だと説明してきたけど、実存的には性愛現場での体験が源です。複数プレイの現場で男の佇《たたず》まいを見ると「浅ましい男」とそうでない男に明確に分かれるんです。

「この人について行きたい」という感染を惹起《じゃっき》する人と、まるでムリな人。違いがどこに由来するのかと考えてきて、精神分析家アドラーの言う「共同体感覚」の有無が説明にピッタリだと気づきました。クズもたまにはモテますが、共同体感覚がある男や女は必ずモテます。

原語 Mitmenschlichkeit は「仲間意識」と訳せますが、他の議論との接続を考えて「共通の〈場〉に埋め込まれた感じ」「〈妄想〉共有を信頼しあう状態」とパラフレーズします。共通の〈場〉や〈妄想〉共有を前提にしていない佇まいは「浅ましく」見える。思い当たるでしょう。

それを思い出してください。A氏とB氏が同じ言葉を喋っても、A氏には共同体感覚が感じられるがB氏には感じられないことがあります。たとえば言葉の揚げ足取りをする人には共同体感覚を感じません。相手の心を自分の心に映す力がある人は言葉の揚げ足を取りません。

性愛関係の別れを告げられても、相手に共同体感覚を感じるかどうかで、印象が激変します。共同体感覚を感じなければ、言葉で粉飾するほど「浅ましさ」が見出され、「言われなくても願い下げ」という気分になります。クソリベやクソフェミが与える印象も全く同じです。

女は潮吹きよりハグが好き

二村　女性蔑視的なヤリチンだけでなく童貞にも、勘違いしている人が多いですね。童貞の男の子たちと女優さんとで合コンするAVを15年ほど前に撮ったのですが、冒頭の自己紹介の場面から、一人の童貞くんが「僕は童貞ですが、クンニがうまいに違いありません」と言い出した。「AVを観ながら毎日練習をして、僕はベロをすごく速く動かすことができるようになったんです」とアピールし、女優さんたちに向けてベロを高速で動かし始めた。すると三上翔子さんという女優さんが冷静に「そんなことだから童貞なんだよ」って釘を刺してくれたんです。優しい人です。

感情を動かせて〈場〉を共有しなくともベロを速く動かせさえすれば女性を喜ばせることができて、それが豊かなセックスであると彼は思っていた。こうした状況について、宮台さんはどう思われるでしょうか。まあ、どうもこうもないという話ですが。

宮台　最近、女に潮を吹かせたいと本気で思っている奴が多いので、ヤレヤレという感じ。

二村　多いですね。これは完全に僕たちAV業者の責任ですね。我々が間違った情報を流し続けている。

宮台　潮を吹かせたがる男は、なぜかテレビ局や広告代理店に勤務する奴が多い（笑）。「俺は凄いだろう！　AVみたいに潮を吹かせられるぜ！」という声が聞こえてきそうです。要は典型的なコントロール系で、女が望むフュージョン系の真逆ですね。

二村　男性はオーガズムで、精液を放出します。ところが女性は、頬が紅潮したり全身が痙攣《けいれん》したりすることはありますが、どうも「彼女は確実にイッてる」という確証を男は得られない。不安なんですね。ところが彼が観るAVの中では男優の指技によって女優さんが盛大に潮を吹きながら「イクイクイク」などと叫んでいる。真似をしてみたくなるのでしょう。

風俗店に勤務する女性に聞いても、むやみと潮を吹かせたがる客は増えているそうです。しかも吹かせたがる輩に限ってヘタクソ。女性がケガをしてしまうケースも多い。撮影で潮を吹かせるときに、まともな男優は大量のローションを使用して女優さんの性器の安全に気を配っていますし、初めてAVに出て初めて吹かされた新人の女優さんは自分が吹いたことにビックリしていますが、何本か出演すると慣れてきて「次のシーンでは吹くのね」などと台本を冷静に確認して、休憩時間にスポーツドリンクを大量に飲んでお腹をパンパンにして備えています。みんな努力家です。

結局のところ潮吹きというのは何なのかというと、これで女性はエクスタシーに達したのだとする表現上のお約束、簡単過ぎるフィクション、定型のファンタジーに過ぎないんです。

宮台　話のポイントはですね（笑）、「潮を吹かせるワザはさして大したものじゃない」ということじゃなく——実際に大したことじゃないけど——、潮を吹かせられた経験のある女に聞けばすぐ分かるように、「エクスタシーという言葉に値しない生理的反応だ」ということです。

二村　あれは女性にとって、そんなに気持ちのいいことではないらしいです。気持ちがいいとしたらそれは「もらしてしまった」「やってはいけないことをやってしまった」という心理的な気持ち良さでしょう。ところが水芸のような映像を男性たちは「すごいセックスだ」と思って見ている。僕たち監督も男優も、水をたくさん出させたことで一仕事終えたような気になっている。

宮台　そう。さっきのクンニにしても潮吹きにしても、女に尋ねてみれば分かることだけど、潮吹きよりも、心に沁み込むハグのほうが、ずっと満足感が高い。心を包むように抱きしめることです。女の多くは、潮を吹かさせられると物扱いされた気持ちになると言います。

潮を吹かさせてもいいけど、それがどれだけ意味があるのかを女に聞かないで、「やった！　AVと同じことができたぜ！」と満足する頓馬の気が知れません。ナンパしていた期間が長いから僕も昔はやったけれど、女にとって悦びや幸せに繋がらないのでもうやりません。「女の快感が目に見えないよー」という頓馬な男のために、AV監督や男優が演出上の効果を狙って「目に見える」潮吹きを取り入れているだけの話。ところが「東大卒の電通勤務」みたいな奴に限って、潮を吹かせようと必死になり、「俺は愛人が7人いて」とか威丈高《いたけだか》になる。

二村　肩書きや権力や「潮を吹かせた」という自己満足（それもまた象徴としてのペニスです）に捉われて、それしか見えていない。

AVの蛸壺化と勘違い男

宮台　潮吹きは一例で、似た勘違いがAVを通じて量産されています。最近は男のニーズに応じるAVばかり。結果、勘違い男が増殖しています。いつも同じ台詞を繰り返してるけど、何事につけニーズに応じたら劣化するに決まってる。そこがAV業界のまずい点です。

ニーズなんか無視して、「これは凄いだろう」「こっちはもっと凄い」というふうに提示していくことが必要です。模範はやはり代々木忠監督。彼は、性愛が法を超えるのは、只のタブー破りではなく、「法外の崇高さ」とでも呼ぶべきものが存在するからだと、明らかにしました。

妻や彼女が、モノガミー（一対一）婚やモノガミー恋愛を超えて眩暈に満ちた圧倒的なフュージョンを経験し、それを目撃した夫や彼氏自身が解放されて号泣する、というような、当事者が意識したこともない性のポテンシャリティを、代々木監督は描き続けてきました。

二村　発情した女性たちの体を通して、〈リアルな異常事態〉をありありと表現している。

宮台　「当事者が意識したことがない性のポテンシャリティにダイヴする」という代々木監督のモチーフは、二村監督にも継承されています。でも、ＡＶ業界全体を見渡すと、男のフェチ的なニーズに対応する流れの中で、そういった作品がほとんどなくなってきています。

代々木監督とは何度かトークをさせていただきましたが、同じくトークイベントで繰り返しご一緒させていただいた村西とおる監督も、顔射や駅弁などのフェチ的突出の一方、「当事者が意識したことのない性のポテンシャリティにダイヴする」営みを反復してこられました。

両監督に共通するのは、女自身が体験したことのない女の幸福を強く願うところです。この女を幸せで一杯にしてやるぞという圧倒的な意志です。そうした端的な意志がＡＶ界隈から脱落してきたところに、「性的な退却」も〈感情の劣化〉が象徴されているように感じます。

お話ししてきた通り、こうした退却や劣化は、性を超えた社会の大きな流れだから、マクロには反転できないだろうと腹を括《くく》っていますが、ミクロには、密教のように脈々とポテンシャリティを伝承することはできるので、一緒にそれをやっていこうと皆に呼びかけたいのです。

二村　僕が本格的に監督を始めた２０００年前後に、ザーメンぶっかけ、レイプ等、いろんなフェチのジャンルがセルビデオとして販売され、ソフト・オン・デマンドをはじめとするメーカーは商品の中に感想や意見や苦情を書けるハガキを入れた。業界が少年ジャンプ方式を採用したわけです。ＡＶはユーザーの意見を吸い上げて作られるようになり、視聴者つまり男性の欲望にどんどん寄り添うものになっていった。エンターテイメント性が増した。その反面、宮台さんのおっしゃるような「あらかじめ決められたニーズに応えるのではなく、ただ、そこで起きた〝もの凄いこと〟を見せる」みたいな作品や、性愛の本質を表現している作品が少なくなった。一枚のＤＶＤの中で何回セックスをしているか、どんな女優がどんなことをしているかというのをパッケージの裏に文章で書けるようになってしまった。これはＡＶを撮っている側として、本当に大問題だと思います。

僕自身も、その中で自分自身の欲望である、痴女やレズ、女の男性化、男の女性化、男の性感といったニッチでフェチ的なジャンルを開拓してきました。恋愛の本を書いたりしていることもあって、僕はＡＶ監督としては、女性の心情を分かっているほうだと評価していただくことがあるんですけど、僕自身はまったくフェミニストではなく、女性に寄り添ってきたわけでもなく、単に自分自身の欲望を描いてきたに過ぎないという自覚がある。女性が主体的に動くシーンでも、女体化した僕の欲望を、女優さんに演じてもらっているだけだったんです。

だからこそ、僕が撮ったＡＶが非常に売れていた今から10〜15年前ぐらいの時期には「こういうＡＶが観たかったんだ！　すごくオナニーしやすい！」と男性から言われた。突き詰めていくと、そこに登場していたのは〝僕にとって都合のいい女〟だったのではないか。撮影現場で男が女に支配されているようなモードをとることで、実は自分が女を支配しているんじゃないか、という疑念が湧いてきています。

どこまでいっても、なにか〝自分というもの〟にぶつかってしまうところがあって。先ほど宮台さんが指摘されたことを、少し前から自省するようになっていました。簡単に言うと、一つのフェチを追求する機能的なAVを作り続けることに飽きてきたのです。最近では、わりと手離し運転じゃないですけど、痴女なら痴女、女装子なら女装子というテーマはあるんですが、僕の欲望というより、その出演者の欲望に乗っかっていくようになった。

代々木監督が言い続けてきた「女に委ねろ」ということを、ここ10年くらい僕も男優さんにやっと言えるようになってきた。そうするとプロの男優は嫌がりますね。カメラの前でのセックスの場で自分がコントロールを手放すのを。

ところが、たとえば男性の前立腺オーガズムを追求する撮影で、男優が自我を手放して女性に委ねると（そうしないと男がアナルで〝イク〟ことはできないので）、男優を犯している女優さんが、なぜか犯しながら泣き出したりすることが起きるんです。苦しくて泣いているんじゃなくて、どうやら相手の男と〝つながった〟ことで泣いているようなんです。男の尻を犯しながら感動して泣くという奇妙なことが起きる。

先ほど宮台さんも、お母様が宮台さんと対話をされた後に亡くなられて、ある呪縛《じゅばく》が解け、女性に対するコントロール欲求が薄れたとおっしゃった。僕の母親は昭和3年生まれで、六本木で芸能人や歌舞伎役者御用達のクリニックを経営する医者でした。仕事が異常にできる男性的な女だったのですが、強い女であるがゆえの片親ということで（僕の父は大正生まれの慶應卒で読売新聞社の社会部デスクから人事部長になったエリートで、僕が生まれた後に彼女に家から追い出されました。二村というのは母親の姓です）、母は僕に対して常に罪悪感を抱き、甘やかしながら、しかし支配しようとするタイプの母子関係でした。その母も年をとって、いい感じにボケて自我がなくなり、つい先日他界しました。

おかげで、と言うのも変ですが、僕も自分の中にある女性へのコントロール欲求、それと対《つい》になっている女性たちに対する罪悪感や憎しみ、それらと、この10年やっと向きあえるようになってきた気がしています。もちろん本を何冊か書いて多少は自己分析できたということもあり、撮るAVの質も変わってきたようなんです。

自分についても他者に対しても、コントロールを手放す、罪悪感や恐れを手放す。それは他者であるセックスの相手と、ちゃんと愛しあうために、たいへん重要なことであろうと思えてきました。ただしそれは、手放そうと思って、あるいは修行などをすることで、すぐに簡単にできることではない。人生において、あるタイミングが訪れないと難しかったりもするでしょう。でもタイミングで、ある呪縛がふっと解けたり、ある人と出会ったこと、ある一冊の本を読んだこと、あるセックスをしたことで、ふっと変わることがあるように思います。

快感の構造を侮るな

宮台　関連して、代々木忠スクール的なものは良いが、それしか良いものがないみたいに思い込むのは良くないという話を、二村監督としました。僕や二村監督がそう思うのは当然だとして、ソフト・オン・デマンドの初代社長高橋がなり氏を切口にしてみます。

僕は80年代半ばの宇宙企画時代や代々木監督のアテナ映像時代から見てきたのでAVの歴史に詳しく、ソフト・オン・デマンドの社長をしていた高橋がなり氏から8周年記念イベントで「アダルトビデオファン大賞」を初代でもらいましたが、氏は直後に業界から引退されました。

80年代前半にマーケッター（調査を元に開発戦略と販売戦略を立案する仕事）をしていた僕には、氏のスタンスが腑に落ちます。AVに何のこだわりもないから、マーケティングの標準枠をAV業界に移植して、「こだわりの人々」が求める市場を小指の先で開拓してみせました。氏は元々テレビ業界におられたから、テレビ業界で標準的なシステムを、市場調査や効果測定から、映像の構成や編集にまで持ち込み、大儲けした後、さっさと国立《くにたち》に引っ込んで有機農業と有機食材のレストランを始められた。皆さんはその意味をもっと考えてほしい。

かつての僕が、人格類型と類型毎の世界観を大規模統計でモデル化した際、ナンパ師的に「人々の欲望は言語の自動機械だ」と見切っていたのと同じで、がなり氏も「大概の男はフェチ的な言語の自動機械に過ぎない」と見切っておられた。さて皆さんは見切られていいのか。自動機械として見切られるのが嫌なら、まず為すべきは、自分がどんな自動機械なのかを観察すること。最先端の研究では「意識」とは言語を用いた再帰的観察です。単に悲しいんじゃなく、悲しむ自分を自覚し、自覚に対して反応する。再帰的過程は多層的に積み重ねられます。

この高次化した再帰性こそが意識です。そのことで脊髄反射的反応に比べると遅れますが、その遅れが入替不可能な人格としての主体性を作りなします。これはフェチ的自動機械の否定じゃありません。単なる否定は逆に無意識の自動機械を作動させます。単なる否定は甘い。

二村　男性にとっての性欲のかたちだけではなく、多くの女性たちの生活の中での恋愛観や結婚観、あるいは男性の自動機械的な性欲に怒って悪しざまに罵《ののし》る過激な一部のフェミニストの主張も同じで、みんなが自動機械になっている。右も左も、女も男も、みんな自分の「感情」や「欲望」や「正義」だと思い込んでいるものが自分の心の中の機械に過ぎないことを自覚して、そこから議論を始めないといけない。その姿勢は「相対化」とも「冷笑」とも違う。

宮台　冒頭にお話ししたように、25年前にバクシーシ山下作品を見た1時間後に山下監督に会いにいった理由も、そこに関係します。僕はそこにゲロ嗜好や加虐嗜好の直接性ではなく、そうした〈物格化〉的な嗜好への再帰的観察を見出し、それを確かめたくてお会いしたんです。

自動機械に即して言えば、性には、コントロール指向とフェュージョン指向、フェチ的指向とダイヴ的指向、〈人格化〉的指向と〈物格化〉的指向が、混在します。単に並存するんじゃなく、絡みあって互いに高めあいます。男女ともに「物扱いされる享楽」が確実にあるんです。

二村　あります。それは、侮辱「される」享楽と言ってもいい。

宮台　実はそのことを代々木忠監督自身が熟知しておられる。それは女が「物扱いされる享楽」に浸る『ザ・面接』シリーズを見ればよく分かりますし、トークでも確認させていただいた。僕らの心は万華鏡で、その都度の「現れ」は一回的な「仮の姿」に過ぎないのですよ。

二村　僕は代々木監督のファンでしたが、仕事をするご縁がずっとなかったので、志願して、それも僕が相当いい年になってから男優として使ってもらって撮影現場で学ばせていただいたこともあります。しかし、一つの傾向の偉大な先人が構築したものだけに頼って、それをまるっきり信仰してしまうのはあまりよくない。カンパニー松尾監督の手法だけを上手になぞったAVはエロくも内省的でもないし、バクシーシ山下監督のフェイク・ドキュメントの手法を覚えた監督の作品も面白くなかった。

相手の心の中にダイブするようなセックスで〝つながる〟ことは素晴らしいのですが、その真逆の、フェチの嵐の中から見えてくるものもあると思っています。セックスにおいてコミュニケーションの快楽、二人で一緒に溶けたという境地を目指すのか。相手を自分の快楽のための存在とみなして侮辱して蹂躙《じゅうりん》する、あるいは自分が侮辱され蹂躙される快楽を志向するのか。そこは二者択一できず、快楽は複雑に入り混じっています。

宮台　そう。若い人ほどダイヴ系からフェチ系へとシフトしています。フェチ系は互いにゾーニングで棲み分けるので、多様性の全体からはむしろ閉ざされます。つまり若い人ほど性の多様性を「内側から」触知できません。だから自分の享楽の構造を対比的に観察できません。

観察できれば見えてくるのは、出発点にある抑圧と外傷です。それで未規定なエネルギーに型が刻印され、以降の展開に道が開かれるんです。でも何が何を可能にするのかは後にならないと分かりません。中国の諺《ことわざ》でいう「人間《じんかん》万事塞翁が馬」みたいな感じです。

さっき話したように、僕には〈母親への恨み〉が書き込まれ、それが性愛の型を刻印していました。それが性愛遍歴に向けていろんなものを起爆し、意識（＝再帰的観察）がそれを否定したり肯定したりして新たな実践に乗り出すことで、やがて当初の型から遠く離れました。

そうした展開を辿る自分をさらに意識することで、自分に刻印されている自分ではどうしようもない型ですら、かりそめの姿であることを理解できました。それを理解できれば、社会の中に言語的に提示された自分が〈なりすまし〉に過ぎないことに思い至るのは自然です。

今ではさほどありませんが、元は僕にもいろんなフェチ的欲求がありました。だから95年創業のソフト・オン・デマンド（SOD）も初期から買っていた。がなり氏に呼ばれてお会いできたときは感激でした。僕が僕を観察するときにSODが持つ意味は凄く大きかったんです。

SODの作品群をご覧ください。ここまで欲望の形をパッケージ化してバリエーション展開できるのは凄い。それを通じて多くの男が自分の欲望を映し出せたはずです。鏡に映すみたいにね。しかし他方、パッケージに入らないものがあるという事実が覆い隠されてしまった。

マーケッターだった僕と高橋がなり氏はかなり似ています。がなり氏はそういうことを十分に理解していたと思います。ファン大賞受賞の際、SODの過去8年の作品を一気に見てコメントしましたが、カバー範囲が凄いぶん、時代に帰属される性愛の欠落を観察できました。

若い人はそうした時代的な欠落に無自覚に巻き込まれています。その巻き込みにSOD自体が大きな機能を果たしてきました。二村監督との今回の仕事を通じて、若い人に無自覚な巻き込まれを意識してもらい、自動機械に距離をとる自由を獲得してほしいと思っています。

二村　次章では、さらに日本人の性愛はどのように変化したのか、もっと言えば「日本人の性愛がどうして劣化したのか」を検証していきましょう。

Q 童貞脱出の方法を教えてください……

男性A 20歳の国際系の学部に在籍している大学生です。正直言って、モロ童貞です。だから、どうやってこれを解消すればいいいかを知りたいと思っています。

宮台 昔の話をヒントにしてください。僕が若いころ、社会学でホモソーシャリティと言うけど、体育会やサークルなど同性集団があった。君みたく「童貞です」と後輩がカミングアウトしてきたら、僕がサークルの部長だとすると「二村、お前がなんとかしろ！」と指令する。すると二村先輩がやって来て、「金曜の午前中空いてる？」とか言って、早朝ソープに連れて行かれるという展開がありました。ここには「強制によって自由になる」という図式があるのです。

二村 強制によって自由になれること、ありますね。人間は本当に自由だと何もできない。先輩が後輩に継承していく。そういう社会のつながりが、昔はありました。

宮台 ナンパもそう。僕らのころは最初は二人組でやりました。先輩や同級生が教えてくれるんです。まず「とりあえず、あの子に声を掛けてみろ」ってことになる。でも初めてだからまくいかない。すると「バカ野郎、そんなんじゃダメだぜ、俺が一回やってみせるから、よく見ておけ」という展開になる。これも「強制によって自由になる」という図式です。

性愛は未知の時空だから、童貞や処女が恐がるのは当然です。プールと同じで、泳げない人に「泳ぐかどうか君が決めな」と言われたら「自分は遠慮します」となりがちです。だから、どんな社会にも「強制によって自由になる」という図式を駆動させるホモソーシャリティがありました。

古い日本で言えば若衆宿《わかしゅやど》ですね。若衆宿があって初めて夜這いも無礼講も可能になりました。若衆宿が消えてからは専ら体育会的なものが同じ機能を継承しました。ホモソーシャリティ即ち同性仲間の共同性が空洞化すれば、性的退却が起こります。実際、世界中で起こっていることです。

さて童貞を捨てられたとしても、せいぜい出発点に立ったかどうかです。そこでもホモソーシャリティが機能します。「お前さあ、彼女とどんなセックスしてんの?」と聞いてくる先輩や同級生がいて、一応答えると、「はぁマジで? そんなんで女が満足すると思う? お前ヤバイよ、もうすぐ捨てられるわ」とか言われる。そこでも脅迫を用いた強制が機能します。

ホモソーシャリティが機能しない場合どうなるか想像してください。そこでもプールの喩えです。自分の知恵と経験だけをベースに実践するしかないのなら、結局は自己防衛の機制が勝ってしまい、現状を大きく変更する行動には出られなくなる。だから、敢えてプールに落とす営みを含めた「外力」が必要になります。

フェミニズムが言うように、ホモソーシャリティには女の〈物格化〉——ミソジニーと言います——を触媒する機能が伴いがちです。でも、社会は「いいとこ取り」も「悪いとこ切り」もできない。クソフェミはホモソーシャリティ批判で終了しますが、頓馬です。そうじゃなく、ホモソーシャリティが担ってきた「外力」機能を何で代替するかを考える必要がある。

それを考えたときに問題化するのが動機づけという機能です。僕はバンパイア（吸血鬼）をキーワードにします。僕の映画批評を読まれた方はご存じのように、バンパイアは、等価交換ならぬ「過剰な贈与」や「過剰な剝奪《はくだつ》」を志向する定住以前的（＝法以前的）な存在のメタファーです。

大藪春彦『よみがえる金狼』じゃないが、社会に最も適応しているように見える先輩や同僚が、実は「過剰な贈与」と「過剰な剝奪」を生きる存在だということが分かったときに、人は感染して、リスクを賭した「過剰な贈与」と「過剰な剝奪」に向けて圧倒的に動機づけられます。だから僕があなたにお示しできる処方箋は「バンパイアを探せ！」に尽きます。

二村　まずは、自分のメンターになってくれるかもしれない人を、探す努力をする。

宮台　そして師事する。二村監督がメンターとおっしゃったのは精神的指導者のこと。「君は勘違いしてるぞ」と言ってくれるだけじゃなく、「師匠だったらどうするだろう？」と想像して自らを正せるような師匠。社会学では「準拠他者」と呼びます。意識の中で機能する準拠他者だから、始終会えないでもいい。時々イベントで話をうかがえる二村監督でもいい。

二村　でも、今の若い男の子って、「女の子を口説きたい」って口では言っておきながら、仮にメンターのような存在を見つけることができて、その人に「おい、行けよ」と背中を押されても、なかなか実行に移さないですよね。練習のために「キャバクラ行こう」「ナンパに行こう」と誘われても、「金がない」とか言って断る人が多いようです。

宮台　その通り。性愛ワークショップを4年前にやめた理由がそれです。参加した若い男たちが「自分のどこがダメか分かりました」と言う。僕が「これから人生が変わるね」と言うと、「変わりません」と言う。「どうして?」と尋ねると、「自分には無理だと分かりました」と答える。そうしたケースが続出したからです。

さっきの話を思い出して下さい。「プールで泳ぐ練習をしたら?」と言うと「自分には無理です」と答えるのは自然です。この自然なハードルを超えられるのは、無理矢理泳がされる強制があるか、どうしても泳がなければならない動機づけがあるか、どちらかの場合だけです。

ところが、少しでも無理強いするとキィキィ喚《わめ》き出す〈遵法厨〉だらけ。今はホモソーシャルな強制はできない。同じく、性愛が「法外の享楽」ならぬ「法内の快楽」に頽落《たいらく》して他の快楽と入替可能になったので「どうしても泳がなければならない動機づけ」も存在しない。

辛うじていじれるのは動機づけの部分です。でも構造的な障害を理解する必要があります。僕は性愛は素晴らしいと思うし、経験的にそう思うから強く動機づけられるけど、そもそも経験していないことを素晴らしいと思うことは難しい。ならば経験を代替する装置はあるか。

あり得ます。欧州恋愛史がヒントになります。貴族の既婚者同士の贅沢なゲームだった「恋愛」が大衆化したのは19世紀半ば。大衆化を駆動したのは印刷術の発達に伴う「恋愛小説」です。単なる仮構に、メンターに感染するかの如く感染して現実に乗り出し、「絵葉書のような美しい風景」と同じく「小説のような素敵な恋愛」を経験して自己強化する過程です。

かつて日本で同じ機能を果たしたのが少女漫画です。僕や二村監督みたいなタイプの男は小学生時代から少女漫画マニアです。乙女チックと呼ばれる漫画を通して、「本当の恋愛ってこういうものなのかしら」と妄想を膨《ふく》らませたわけです。単なる仮構なのにね。

ところが、現実に恋愛してみると「あれ？　こんなものだったの？」ってなりがち。でも、この期待外れや違和感が次につながるステップになります。そうなるのは元々の願望水準が高いからです。この高い願望水準自体、恋愛小説や少女漫画によって支えられていました。

高い願望水準を持たずに、単に「セックスしないより、したほうがいいかな？」とか「この齢で処女（童貞）というのは恥ずかしいな」みたいな理由で恋愛に乗り出したところで、手ひどくフラれる経験みたいな期待外れがあれば、二度と御免だというふうに退却しがちです。

二村　現在のＡＶが多様性を失っているのは、ユーザビリティがあり過ぎるからだという話を先ほどしました。簡単に言えば、オナニーしやすく作られ過ぎている。それによって、「もう現実の女はいらないや、面倒くさいし」と思ってしまう若い男性もたくさんいるでしょう。

僕なんか、代々木忠さんの祝祭的な作品や、カンパニー松尾さんの叙情的なハメ撮りを見て「俺もあんなセックスをしてみたい！」と羨《うらや》ましく思ったものです。実際に参考にもしました。

宮台　少女漫画もそうだし、映画も小説もＡＶもそうだけど、古いコンテンツがヒントです。

男性Ａ　自分自身があまり古い少女漫画を読んだことがないのですが、萩尾望都は読んだことがあります。おばさんと少女が入れ替わって、おばさんがものすごく男にがっつくタイプで、少女の体で駆け落ちする作品を読みました。

宮台　男が読む少女漫画というと、萩尾望都や大島弓子や山岸涼子の「24年組」になりがちだけど、彼女たちは基本的に恋愛を描きません。自我の形成過程における不安を描くタイプの作品が多いので、そのぶん同じ問題を抱える思春期的な男にも人気があるわけですね。

１９７３年からの乙女チックに始まる恋愛漫画が重要です。従来「天才的資質を持つバレリーナの少女が、継母やその娘たちのイジメを受けて……」といった絵空事の〈代理体験もの〉が専らだったのが、好きな男子はいるけど自分は好いてもらえないと思っている子が「そんな君が好きだった」と言われて「目がウルウル、ほっぺた真っ赤」の〈これって私もの〉へ。

当初は「恋愛が苦手な私」が主人公だったけど、77年を境に「現実に恋愛に乗り出した私」にシフトします。読んでほしいのはこの時代の少女漫画です。２作品だけ挙げるなら、女子中学生と担任教師との恋愛を描いた、くらもちふさこの『海の天辺』と、くらもちふさこに大きな影響を受けた、紡木たくの『ホットロード』。86〜88年の作品です。

基本的には女性視点の漫画だけれど、女の中に入り込んで、女にとって最高の恋愛ってどういうものなのかを想像する、という訓練を始めるにはいいでしょう。「女心を知る」ための最初のトレーニングになります。恋愛を忌避する深層心理を学ぶことにも役立ちます。

Q　女性がいま何に傷ついているのか分からない……

女性B　20代の女性です。二村さんは「女性は傷つき、苦しんでいる」と繰り返しおっしゃっていますが、世の中の女性たちはいったい何に傷ついているのか？　私はよく分かりません。

二村　実際に性暴力犯罪やハラスメントの被害に遭う女性は多いです。しかし一方で、普通に生きているだけで男性優位社会の構造から被害者意識を持たされてしまう女性もおり、罪悪感を負わされては堪らないから逆襲のつもりで女性をヘイトする、被害者意識の濃い男性もいる。

僕は、自分が女性を傷つけたことはあると思っています。その罪悪感が疼《うず》くことがある。あなたが被害者意識を持たずに生きていけているとしたら、それは、生きやすいでしょう？

女性B　でも、女性も男性も人間って深く傷ついているから気持ちいいってところもあるじゃないですか。それは、性的なところにもつながっていて、相手の傷に深く共感するっていうか。

二村　傷を通じて分かりあうことはある。もっと薄っぺらいレベルでは「俺様はお前のこと、分かってるよ」みたいな、壁ドンのように軽く支配されてみたいお手軽マゾヒズム／ナルシシズムもある。そういう感覚って、何が良くて何が悪いって一筋縄ではいかない。

女性B　私は、相手の傷を癒してあげたいって思うことがあります。

二村　それはメサイア・コンプレックスと言って、誰かを救いたい欲求、誰かの救世主になりたい願望には、実は支配欲求が混じっていることがあり、ヤバいというか、危険を孕《はら》んでいる可能性については常に自問してくださいね。

メンターを探すことは大事なんだけど、自分から誰かの救済者として名乗り出るのは違う。自分から政治家になりたがる奴にろくなのがいないように、「私はお前のことを救えるよ。救いたい」って言い出す者の痛さ、っていうのがある。共依存にならないように。

女性B　それは確かにまずいと思うのですが、女性も男性も過去に傷ついて嫌だったことをふわっと出すことによって、自分自身が解放されるんじゃないかと思ったので。女の人も「私これすごく辛かった」みたいなことを男性に突きつけるんじゃなくて、ふわっと出すことで、そこが超セクシーになったりとかすると思うんです。

二村　怒りや傷を〝ないこと〟にしろと言うつもりもありません。怒りたいときは怒るべきだし、時間が経って傷がその人の自然な魅力になる可能性はある。

僕が『なぜあなたは「愛してくれない人」を好きになるのか』の中で〈心の穴〉と表現したのは、ちょっとマジックワードっぽくて、そんなこと言ったら何でも〈心の穴〉になっちゃうよ、とも言われたんですけど。〈心の穴〉は誰にでもある。発育の過程でどんな子供でも必ず傷つき、それによって人格が形成される。自分自身の傷の形を冷静に客観的に知ることが大事です。傷をアイデンティティというより〝性的な装飾〟として身にまとっていたり、あなたが言うように香りのようにふわっと漂わせている美しい女性や、エロいゲイの男性はいますよね。でも、それをしながら楽しく生きていくには〝強さ〟が必要ではないでしょうか。傷の匂いに誘われて寄ってくるコントロール欲求男には注意したほうがいい。

宮台　ただしメンヘラとは一線を画す必要があります。僕らが言うメンヘラとは、差別用語ではない元々の意味で、AC（アダルトチルドレン）と同義の〈承認厨〉を意味します。僕は90年代半ばにナンパ師をやめてから、メンヘラ女だけは避けようと思い続けてきました。

理由は、自分のことで精一杯で同感能力――相手の心を自分の心に映し出す力――が乏しいからです。仮に映し出せたところで、やはり自分で精一杯なので動機づけられないからです。こういう女を相手にしていると「暖簾《のれん》に腕押し」というか手応えを感じなくて空しいです。

ちなみに、専らメンヘラ女狙いの男の大半は「自称メンター」系、つまりコントロール系であってフュージョン系じゃありません。メンヘラ女とは深いフュージョン状態に入れないからです。僕の感じ方では、メンヘラを相手にするコントロール系の男は、卑怯です。

既にお話ししたことに関連しますが、96年前後から突然メンヘラ女が増えました。以降、メンヘラではない女の割合がどんどん減っています。男にアドバイスしたいのは、メンヘラではない女を見つけ出せということ。表面上は明るいメンヘラが多数いるので、難しいですがね。

二村　要するに「傷はその人の魅力になり得るんだけど、自分の傷に酔ってしまうのはヤバい」ということです。

Q　彼女とのセックスでトランス状態にならない……

男性C　自分は彼女とのセックスでトランスに入りたいと思っているのですが、まったく手がかりがありません。セックスのときは、相手の心に注意してやるのがいいのか、それとも自分のことをモニタリングすることに集中したほうがいいのか？　ヒントをいただければと思っています。

二村　セックスの最中に、相手の目を見てやっていますか？

男性C　僕は目を見てやるのが大好きです。

二村　そのとき、相手はどんな反応をしていますか？

男性C　目を閉じていることもあるけど、見つめ返してくれることもあります。

二村　見つめあうことで変性意識に入れる場合もあるけど、女性の場合、目を閉じて自分の感覚に集中したがる人も多いよね。いわゆるスローセックスはどうですか？　試してみたことはある？

男性C　やってみようと思ったことはあるのですが、挿入してしまうと、スローセックスにはなりませんね。挿れるとフィジカルに走ってしまいます。

二村　腰が激しく動いてしまうんだ？

男性C　自分のちんこばかり考えてしまって。

宮台　それは良くないね。相手の感覚を自分の中で再現してほしい。そうしないと自動機械をやめられないよ。

二村　腰が激しく動いてしまうのは、なぜだと思う？　挿れたまま動かないでハグだけしていても萎えてしまうから、こすってしまうのかな？

男性C　自分のちんこの具合が悪くなると、「ヤバイ。もうちょっと耐えてくれ」って考えてしまいます。

二村　そこで「自分」に意識が向いてしまうんだよね。

男性C　あとはイカせることに関しては、しばらく相手はイカないんですけど。すぐにイカせようと思ってもイカないので、あまり相手のことを意識しないようにしています。

二村　こっちがイカせようと思ったら女の人の体はイカないよね。相手から前戯で気持ち良くされるのは好き？

男性C　そうですね。タマタマに関しては、握り潰されるのが好きだったりします。

二村　そっちの嗜好か……。まな板の上で釘を玉の皮に打たれてみたいとか？

男性C　それはさすがにありません！

二村　ギューっと強めに握られていたい？

男性C　そうですね。それはいつもお願いしています。

二村　寝バックとか側位で、挿れた状態のままで腰を動かさず、それで女性に手を伸ばしてもらって握ってもらうのはどうかな？

男性C　それは試したことないんで、今度やってもらいます。

二村　挿入しながら乳首を触ってもらいたがる男は、俺もそうだけど、多いと思うんだけど、挿入しながらタマを握ってもらうのも新しいフェチのトレンドになるかもしれない。ただ、君の場合は、挿入することと勃て続けることと射精することに、こだわり過ぎじゃないのかなって気もするんだよね。

男性C　あんまり気持ちが良くないときは、そのまま出さずに終わったりして、それはそのまま今日は体調が悪かったなとあきらめもつくんですけど、ただそれが毎回だと自分が惨めな気持ちになるので、精力剤とかサプリメントも飲んだりしています。気休め程度なのかもしれないけど、飲まないより、飲んだほうがいいかなと思って。

宮台　なるほど。いくつかヒントがあると感じました。セックスしない期間が長く続くと、どんな女の子が相手でも、セックスと自分の距離が遠いというか、セックスにうまく乗れない自分を感じてしまい、変性意識状態に入りにくいという経験をすることがありがちです。

逆に、定期的にセックスをしているときは、ウィンドサーフィンで言えば風を掴みやすい感じになります。自分だけじゃなく相手の体や心をモニタリングでき、それを自分の感覚にスムーズにフィードバックできて、セックスを大いに楽しめる感じになります。

その意味では、セックスは、やり過ぎてもダメだけど、やらな過ぎるのもダメだというふうに思います。自分や相手の感覚を敏感にモニタリングし続けられる頻度でセックスをするのが大事でしょう。Cさんは、不特定多数のセフレではなくて、彼女さんとしていますか？

男性C　今はそうですね。

宮台　誰でも多数のセンサー群を持っていますが、たいていは一部しか作動していません。長い間刺激を受けないと、そのセンサーが働かなくなるからです。彼女さんを相手にしているうちに、一部以外のセンサーが錆《さ》びついた可能性があります。

それを踏まえて、あなたへのアドバイスを単刀直入に言うと、彼女に対して全てのセンサーを働かせられるようにするためにも、旅をしてみることです。回復したセンサー群を持ち帰って、彼女さんのためにセンサーをフル回転させるのが、一番じゃないでしょうか。

男性C　いや、実は旅をしてみたことはあったんですが、僕はダメでした。

二村　一通り旅に出た結果、今の彼女さんに落ち着いて、それで愛を深めていきたいと思っているところなの？

男性C　そうですね。

二村　ところが、なかなかうまくいかない。

男性C　彼女に対して、すごく不満があるとかじゃないんだけど、数年先を考えると、セックスを通じて深い信頼関係を構築しておかないと、長続きはしないのかなって思っています。宮台さんに「旅をしろ」と言われたので、もう一度トライしてみようとは思っています。

二村　僕は、挿入にこだわらなくてもいいんじゃないかなって思います。要はペニス以外、ファルス以外の部分で受け入れてみる。これまでとは違う悦びを発見するための旅であるなら意味があるのかもしれないけど……。

男性C　ちなみになんですけど、僕はセックスするとき、自分のアナルに器具を挿れると、すごく感度が良くなるので、それはやっています。二村さんが言っているのは、そういう意味ではない？

二村　それも含めて。ていうか、それ重要です。すみません、宣伝しますが、「プロステート・ギア」で検索していただけるとアマゾンでも買えるんですが、僕は初心者向けの前立腺用の器具、いわゆるエネマグラ（米国の泌尿器科医によって開発された器具の名称）の日本版を、大人のおもちゃメーカーと共同で開発したんです。エネマグラだとサイズがでかすぎて、受けに慣れているゲイやマゾヒスト男性じゃないと恐怖心が宿るんじゃないかと思って、その道の専門家に監修していただいて、手頃で的確な大きさにしました。電動です。

男性C　僕はバイセクシャルではないし、マゾとかの性癖もまったくないのですが、ただアナルに器具を挿れていると、挿れてないときに比べて1・1倍、1・2倍くらい射精の瞬間の快感がアップするんです。

二村　それだけ前立腺が敏感に、感度が発達したんですよ。いいことです。

Q　女性をリスペクトすればするほど勃起しない……

男性Ｄ　相手の女の子に対するリスペクトが高ければ高いほど、勃起しなくなります。なぜなのでしょうか？

宮台　相手へのリスペクトが高いほど勃起しづらい悩み。僕は若いころにこれを悩んだ経験があります。処方箋を抽象的に言えば「身体性の回復」になります。リスペクトが緊張を招いて呼吸が合わないのかもしれない。ならば、性交以前に、互いの息がだんだんと合うような活動をすればいい。僕はいつも長時間の散歩を勧めます。

男性Ｄ　相手に対するリスペクトの強度を相対的に下げるということでしょうか？

宮台　そうではなくて、リスペクトした状態で性交できるように息を合わせるんです。

男性Ｄ　うーん。それがうまくいかないのですが……。

二村　湯山玲子さんと僕の共著『日本人はもうセックスしなくなるのかもしれない』の中で、

多くの男にとって勃起・興奮のスイッチとなるのは相手に対する侮辱や支配欲求である、と指摘しました。宮台さんの言う「物格化」ともつながる。

男性D　相手にダイブしたいって気持ちにはなるのですが……。

二村　頭でそう思ってても、体が言うことをきかなくなるんだよね。中村うさぎさんと枡野浩一さんの対談でも「あらゆる恋愛感情は、差別感情である」と指摘されていました。つまり、どちらかがどちらかを支配する関係じゃないと発情は生まれにくい。愛は生まれるんですよ。でも愛と発情（恋）は、むしろ真逆のところにある……。現代の恋愛には、そもそもそういう矛盾があるんです。ただしそれも、愛とか発情というものを一面的にしか捉えられていないのかもしれない。「リスペクトしちゃうと勃たない」という、自分自身で決め込んでしまった物語に支配されちゃっているのかもしれない。

男性D　自分でもそうかもしれないと思って、僕は代々木忠さんの作品を全部見ているんですね。それで分かったことが、代々木さんの作品にはリスペクトも勃起もあるんですよ。ただ、僕の場合は、相手にリスペクトはあるけれど、この人と添い遂げられたら、それはものすごく幸せな人生になるだろうっていう予感を感じると、心地よく勃たないんです。

二村　恋に悩む女性の中にも、まったく同じことを言う人がいる。結婚して幸せになれるであろう相手と、恋をしてしまう相手（女性はなかなかそうは言わないけど、はっきり言うと「発情できる」相手）とは違う、と。

男性D　似ているかもしれません。だから、もしもその彼女と結婚することになって、家庭を築くことになったら、素晴らしく息のあった共同経営者にはなれるけど、愛人的な関係にはなれないことを心配しているんです。

二村　もしもそれが、あなただけの問題じゃなく、多くの人間の恋愛と発情の本質として隠されている〝不都合な真実〟だとしたら、一夫一婦制の社会を脅かすことになりかねないよね。むしろ前近代とか、封建社会では、それでうまくいっていたのかもしれないけど。

多くの男性は侮辱・支配できないような、尊敬できるような女性に対しては勃たない。多くの女性も、自分を尊敬してくれる男性には濡れない。虐待されるのはイヤだけど、自分を下に見て少しだけ侮辱してくれる男性に対して女性は発情する（少数の人は逆で、自分を支配してくれる女性に勃つ男性、自分より下に見ることができる男性に濡れる女性もいる。いずれにせよ「立場の不均衡」が発情スイッチになる）。しかし、まったく立場が同等・公平になって、友愛的な男女関係になってしまうと、そこには興奮が入り込まなくなる……。

でも、それも所詮は〝社会によって信じ込まされている物語〟、つまり一つのフェチに過ぎないという気もするんだよね。別の物語を再インストールすることも可能なのではないか。

宮台　「4回セックスをリロードしろ」というセオリーがあります。

二村　同じ相手と4回セックスして、飽きなければ本物ということですか。

宮台　そう。1回目は目新しいから刺激がある。2回目も1回目の続きみたいなもの。3回目以降は盛り下がりがち。でも盛り下がらない女もいます。それをもう一度確認するために4回目をする。それで盛り下がらなければ本物です。これをセックスしないで事前に摑むのは難しい。その意味で、言語化できない相性がやはりあります。

二村　リスペクトはしているんだから、それをさらに推し進め、女性の前にひれ伏すことに性的興奮は覚えないの？

男性D　まだ、僕はそこまでのステージには到達できていません。エゴの問題だと思うんですけど。

二村　確かに代々木さんは「エゴを捨てて〝自分をなくす〟ことこそがオーガズムだ」とはおっしゃってるけど、僕が言っているのはもっと単純な話で、マゾヒストの男性たちは楽しそうにしていますよ。

男性D　それで言うと、エヴァでいうところの生命のスープ状態。

二村　自他の境界が分からない状態のことだよね。

男性D　その場合、SMプレイで良好な関係を築いているカップルのSの側は変性意識状態に入れるのかという疑問があるんですが。

二村　サディストは冷静でないと責めるプレイは危険だからできないという部分もある。ただしSMの場においては、実はマゾヒスト側がイニシアティブをとっているということも、よくある。「もっと、もっと」あるいは「やめて、やめて」と泣き叫ぶことでサディストを興奮させ、自分がしてほしいことをさせるべく的確にコントロールしている。そういうMの人もいて、その場合はSのほうが術にかけられている。でもMの人もコントロールしながら同時にトランスできているのかもしれない。であれば、それは二人でともに変性意識に入れて、自他の境界が分からない生命のスープに溶けることができているのかもしれない。

さっきの〝物語を信じている〟って話だけど、君の場合は「リードする側の人は醒めていて、段取りを追わなければならない」という先入観が先にあるのかもしれないよ？

30分間、挿入しないまま何も考えずエロいキスだけをし続けてみるとか。そういう実験をしてみると、日常生活でのリスペクトとは別の世界に、彼女と二人でともにいけるのではないか。

宮台　二村さんみたいに、挿入主義を捨てればいいんじゃないかと思う。

Q　セックスし続けても飽きない女性とは……

女性E　十何年も抱いているけれども、決して飽きないと思う女性はいますか？

宮台　僕と妻の関係は10年ですが、飽きません。言語化できない相性の問題をクリアした上で、工夫するかしないかという問題も重要だと思います。いろんな既婚者の話を聞いてきて思うのは、皆さん工夫しないんだなぁということです。工夫と言っても単純なことです。たとえば僕と妻には子供が3人います。3人もいると生活にまみれがちです。生活にまみれた時空ではセックスに駆り立てられにくい。だから月に一度「夫婦の日」を作る。子供を預け、朝から昔みたいにデートをする。昔みたいに散歩し、食事し、ラブホに入ったり……。それができれば、飽きないということも決して難しくない。簡単な答えですがね。

第2章

なぜ日本人の性愛は劣化したのか

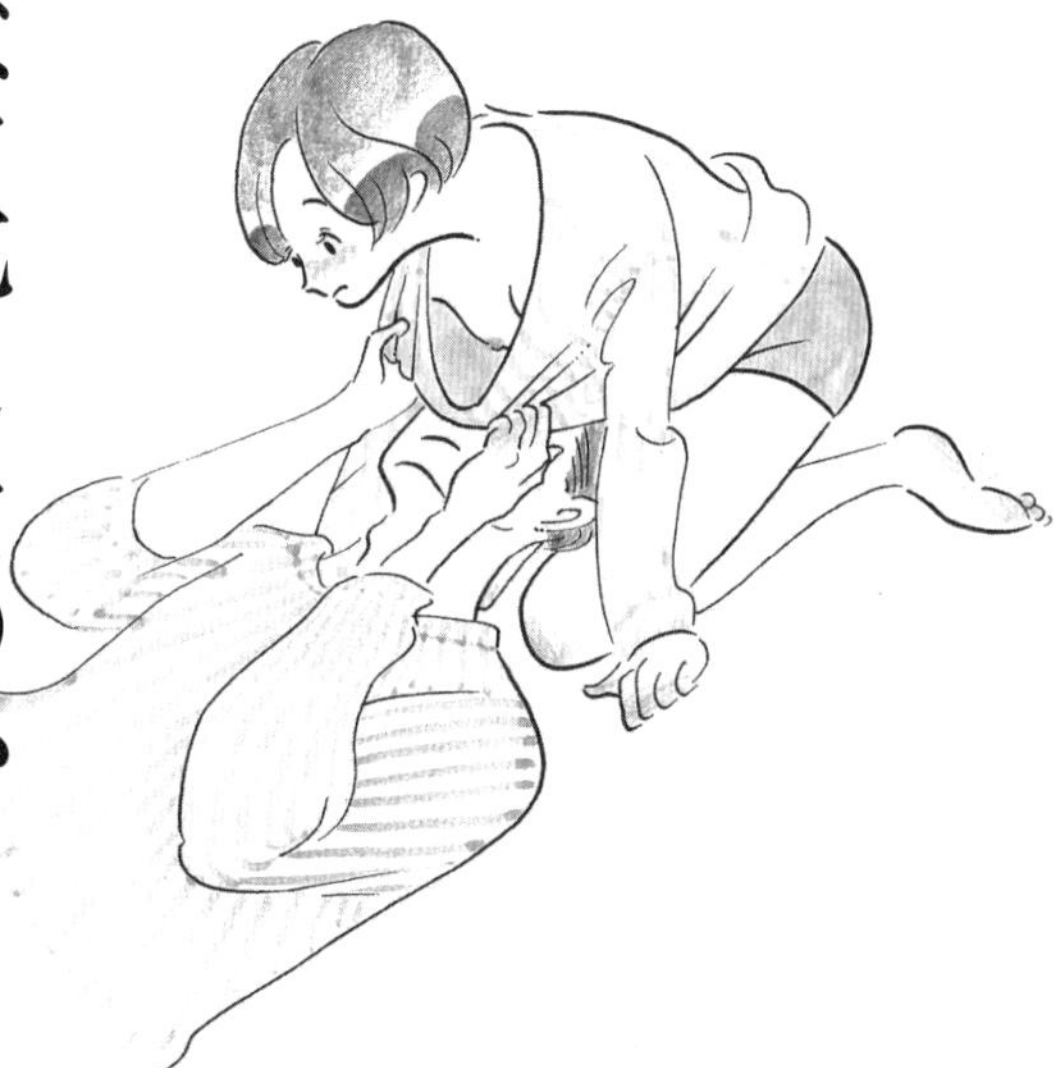

「セックスレスの増加」と「精子の減少」

宮台　若い世代の性愛が最も盛んだったのは援交ブーム以降の10年間です。日本性教育協会が74年以来ほぼ6年毎に実施してきた「青少年の性行動全国調査」によれば、男子大学生の性体験率は99年に63％とピークを迎えた後、２０１１年には54％と9ポイント減ります。

他方、女子大学生は２００５年に61％とピークを迎えた後、２０１１年には47％と14ポイント減る。男の性体験率は90年代後半に、女の性体験率は5年ほど遅れてゼロ年代前半に、ピークアウトした感じ。若い男の性的退却は20年前から。女は15年ほど前からでしょうか。

明治安田生活福祉研究所の２０１６年６月公表のデータを見ると、20代未婚男の交際率は、２０１３年の33・３％から、２０１６年の22・３％へと激減します。20代未婚女の交際率も、42・６％から、33・７％へと激減します。わずか3年で男女ともに10％ずつ激減した勘定です。

同じリサーチデータで、30代未婚男の交際率を見ると、２０１３年の17・１％が、２０１６年は18・０％と、ほぼ変わっていませんが、30代未婚女の交際率は、２０１３年の36・８％から、２０１６年の26・７％へと、やはり10％以上も減っています。

日本家族計画協会が２０１６年の「第8回　男女の生活と意識に関する調査」で、１カ月以上セックスしていない状態を「セックスレス」と定義した上で、既婚者を調べたところ、セックスレス夫婦の割合が47・２％に上りました。10年前の31・９％から大幅な増加です。

これらを僕は「目に見える性的退却」と呼びます。交際率の男女差に見たように、性的退却は男に顕著です。なぜなのでしょう。個人的な経験も踏まえていろいろ考えてみると、大きな問題が浮かび上がってきます。これから二村さんと一緒に考えていきましょう。

要は、90年代後半から性的退却が急速に進んでいるのです。僕が今の大学に赴任したのは93年ですが、90年代の半ばには交際相手がいる学生が4割近くにも及んだのに、今は1割台前半の学生にしか交際相手がいません。

性的退却は、交際率だけでなく、交際の仕方にも及びます。交際相手がいる学生に話を聞くと、「セックスは2カ月に一度くらい」と答えるカップルが珍しくない。セックスレスに近い状態です。僕が大学生の時代の標準的なカップルは週に2回はしていた。驚くべき変化です。

夫婦のセックスレスの割合は、いろんな人の話を聞く限り、実際には47・2%という数字よりも多いだろうと思われます。いずれにせよ、夫婦の半分がセックスレスというのは国際比較をすると異常ですが、それも過去10年でセックスレス夫婦が増えた結果なのですね。

二村　そのような「性愛からの退却」が進行しているにもかかわらず、宮台さんも僕も、もういい年だというのに、どうしてこんなにセックスの話やセックスそのものが好きなんですかね。

宮台　国際データ的には僕らがむしろ標準なので、若い世代の退却理由を考えたほうがいい。複数の要因が考えられます。生物学的要因もあるでしょう。50代男性だと精液1ccあたりの精子数は1億ですが、20代前半だと5000万前後。どの国でも若くなるほど精子が少ない。

北欧では4400万に減り、4人に1人は体外受精で生まれます。最近では精子数減少が哺乳類全体に及ぶことも分かりました。ダイオキシンなど化学物質の世代をまたぐ影響を指摘する声がある一方、遺伝的にプログラムされた哺乳類全体の寿命だとする見方もあります。

二村 それがもう全地球規模で起きていることだとすれば、男性の個々人が亜鉛のサプリを飲んでなんとかなる段階の話じゃないですね……。しかし「生物としての繁殖欲」と「享楽や快楽への欲望」とは、実は関係ないのでは、という考え方もあるでしょう。

宮台 小中学校での性教育の悪影響を指摘する声もある。20年前の援交全盛期以降、性教育の場で性感染症や妊娠のリスクを強調し、「性愛に関わると自分をコントロールできなくなって受験や就職活動を棒に振る」と脅してきたことが、学生たちからの聴き取りで分かっています。

こうして、性愛に関わるのは踏み外しだとの意識が拡がる一方、それを背景に、性愛にハマると教室でのスクールカーストを急降下するようにもなる。その延長線上で、２０１０年ころから大学生女子の間で、性愛にコミットすると「ビッチ」と陰口を叩かれるようになります。

大学生時代の僕らは、彼女や彼氏がいないことを本当に寂しいと思っていて、友達とよくそういう話もしました。寂しさから抜け出すために、必死で女とつながろうと努力したし、一人ぼっちの後輩がいたら、なんとか助けてあげたいと思ってあれこれ伝授したりしました。

ところが今は孤独の埋め合わせツールがいろいろあります。インターネットもそう。ＡＶもそう。だから現実に寂しさを感じないで済む。それで、誰もヘルプミーとは言わないし、周りが助けてあげようと思うほど困った表情も見せない。だから知恵もシェアされない。

僕ら世代は、寂しいのは嫌だと思ったから必死で恋人を作ろうとしたし、寂しくて困っている仲間がいたら助けてあげようと女を紹介してあげた。でも今はかつてほど寂しいと思わず、助け合う仲間もいなくなって、伝承線が切れました。性的退却の背景の一つですね。

二村　逆に言えば、僕らが若いころの「恋愛やセックスができない男」は明らかに地位が低かった。そういう意識の傾向は皆に内面化され、今も残っているかもしれません。

かつて自分が地位の低い側の青年だったからか、僕は必ずしも「全ての男女が恋愛やセックス（や結婚）をしなければならない」ということが必修課目だとは思っていません。むしろ恋愛もセックスも、相手に依存する可能性が高いぶん非常に危険なものなのだと。これからの時代は、恋愛もセックスも結婚も、それが危険物であることを承知して、乗りこなす技術を理解している者だけが敢えて手を出す〈趣味〉になっていくのだろうなと。

自著『僕たちは愛されることを教わってきたはずだったのに』で、少女マンガの古典でありエロＢＬの濫觴《らんしょう》である竹宮惠子の『風と木の詩』を分析しました。二人の主人公のうち、セックスでしか他人に触れられず、しかも暴力的で被支配的でフェチ的な、相手のことを心の底では軽蔑しているようなセックスに耽溺《たんでき》してしまうメンヘラ美少年ジルベールは、悲劇的な最期をとげます。もう一人の主人公セルジュは、ジルベールとの性愛以外にピアノの演奏でも変性意識を得ることができたから生き延びられたのだ、というのが僕の解釈なのですが。

なぜ下ネタは話されなくなったのか

宮台　90年代半ばに大阪のアメリカ村近辺でスケボー少年たちにドキュメンタリー番組の取材であれこれ尋ねました。スター的な少年にはスポンサーが付き、追っかけの女子もたくさん付いています。中にはカワイイ子もいるけれど、彼らは一向に関心を示さないんですね。「食っちゃったりしないの？」と尋ねると、「やったこともあるけど、やっぱ、滑っているのが一番楽しいです」って異口同音に答えるんですね。僕も若いころローラースケートしていたから分かるんだけど、猛スピードで滑って危険が高まると変性意識状態に飛べるんです。サーフィンも含めて「滑りもの」でエクスタシーを極めると、セックスなんてどうでもいい気分になる。キャスリン・ビグロー監督、キアヌ・リーヴス主演『ハートブルー』（１９９１年）もそんな境地を描いていました。当時の僕は番組で彼らを好意的に紹介していました。

今は違います。当時は、「おせちもいいけどカレーもね、ククレカレー」だと思っていたけど、やがて「おせちを極めずに、カレーのほうがいい」と言ってるだけだと気づきました。「彼らがやっているお粗末なフェチ系セックス」ならそうかもしれないという程度の話に過ぎない。

では、なぜ、ダイヴ的フュージョン系セックスから見放され、フェチ的コントロール系オンリーになったのか。なぜ、「本当に素晴らしかった」じゃなく、「僕ってどうだった？」みたいな事後発言になったのか。なぜ、絶対の「享楽」じゃなく、相対の「快楽」へと劣化したのか。

フェチ的コントロール系がいけないんじゃない。でも「フェチのツボを押して酩酊《めいてい》した相手の感覚を、更に自分に映し出して酩酊する」といった反射を用いたダイヴ的フュージョン系に織り込めば、もっと凄い体験ができます。快楽を享楽へと昇華してトランスできるんです。

そうした相互浸透のために、相手の女や男のフェチのツボを探るのは、いいやり方です。男である僕であれば、女が自慰するときにどんなシチュエーションでのどんなセックスを妄想するかをリサーチするわけです。そのときに実はAV（アダルト映像）がかなり使えます。

僕が25年前に専任講師として赴任していた東京外国語大学の社会学ゼミで、AVについて討論しました。ゼミには男女6人ずついましたが、同一のAVを視聴した際の、男の体験の仕方と、女の体験の仕方との間に、どんな違いがあるのかを明らかにするのが目的でした。

案の定、性別の非対称性が浮かび上がりました。最も興味深かったことは、男がAVの中の女優を見て「男として」興奮し、女は男優に興奮する代わりに専ら女優に同一化して「女として」興奮する、という傾向です。ところが僕を含めた少数の男が微妙な違いを表明しました。

第1章で初めてのズリネタの話をしました。「サイボーグ003」つまり女になりきった話。そこには、女を見て興奮するより、女が興奮していると、女になりきった（つもりの）僕にそれが伝染するという構造がありました。ゼミにもそういうタイプの男が若干名いたのです。

フランス書院などのエロ小説についても、享受の男女差を議論しましたが、そこでも興味深い男女差が分かりました。女は、女性向けの（多くは女性視線の）ソフトポルノも、男性向けの（多くは男性視線の）ハードポルノも両方享受できましたが、男は専ら後者だけでした。

やりとりを通じて、フェチ系のアイテム的妄想や、ダイヴ系の関係的妄想が、男女でどう違い、また個人でもどう違い、それをどうマッチングできるのか、できないのか、といった議論を学生同士で交わすことができました。１９９1年ごろにはまだそういう営みが可能でした。最近の学生同士では不可能です。やれば確実に大学事務にクレームが届くこともさることながら、そんな話自体がそもそもできない。男女を問わず、自己防衛のシェル——いわゆるATフィールド——が強過ぎたり、それもあって嫌悪感を強く抱いたりしてしまうんですね。

最近の若い女は、バイブプレイとか複数プレイとか露出プレイとかを経験済みの割合は25年前より多いけど、フェチ的趣味のある彼氏やセフレがやりたいと言うから、「男が喜ぶなら」とやるだけ。自分の性的妄想に関わる「やりたいこと」を男に伝えることがありません。

二村　つまり、セックスを多くしている女の子たちも、享楽そのものを求めるというより「寂しさを感じることへの恐怖、好いた男から嫌われたくないという感情」のほうが強いからセックスをしている。

宮台　僕が若いころに出会った女の多くは、自分から「あれをしてみたいけどできるかな？」「これってやったことある？」「ここでしてみない？」と尋ねてきた。だから僕も「こないだやったのと今日やったのとどちらがビンゴだった？」と聞いた。当時の男女間では普通です。

つまり、昨今の女は、自分が望むことを男に伝えず、男に合わせているだけ。過去にいろんなプレイ経験がある女も、彼氏どころかヤリ友にさえそれを伝えていない場合が多い。昔のように女同士で体験をシェアするかといえば、「ビッチ扱い」を恐れるからできないんです。

二村　女の子同士で自分の性体験や欲求についての直截な話をしあう機会が、あまりないようですね。

宮台　2010年ごろからなくなりました。その前の2005年ごろから大学生男子が飲み会で下ネタを避けるようになりました。それでも当時の女子は下ネタを続けていたけど、2010年ぐらいから同じようになりました。理由は双方同じで「誰もが乗れる話題ではないから」。

二村　聞きたくない話を聞かない権利は守られるべきでしょう。しかし教育だけじゃなくフランクな情報が共有されないことからも〝見えざる〟性経験の格差が生じるのかもしれない。

宮台　2005年ごろまでは男女混成の飲み会で下ネタが普通に展開していたから、今はそれができなくなったぶん、男が女を理解する機会も、女が男を理解する機会もなくなりました。加えて、90年代半ばまでは、男女混成の飲み会で、女がいろんな性愛の経験を話しました。

今は、軽いSMプレイや複数プレイなんかを経験済みの女が多く、「歳の差恋愛中」の女もさして減っていませんが、2010年ごろまでと違って、女同士の飲み会ですら——特に「肉食系飲み会」と称しない限りは——情報としてシェアすることがなくなってしまいました。

そのくらいだから、プレイ云々を横に置いても、恋愛の経験的知恵もシェアされにくい。だから、容姿だけじゃなくオツムも悪くないのに、女を粗末にする——〈物格化〉する——クズのような男に引っかかる女が大勢いて、失敗が続くから恋愛はコリゴリとなってしまう。

女が男を見極める3つの基準

二村　女性同士で自分の身を守るためのセックスの知識や、こういうのが楽しいセックスで、こういう相手が望ましい相手だという情報が共有されていないとしたら……。

宮台　女から女への同性間の伝承がないせいで、まともなセックスやまともな恋愛をしてくれる男を見分けることができなくなりました。失われた伝承線を埋め合わせるために、僕は自分が行っていた性愛ワークショップでは、女たちに3つの基準を挙げています。

第一に、女が過去の性体験を喋ったときに耳を塞《ふさ》ぐ男は「同感能力を欠く」ので除外せよ。10人のうち7人の男を切り捨てられる。第二に、「君にはその髪型は似合わない」「君に似合いの服はこれだ」と言ってくる男は「女を似合いのアクセサリーとして見る男」だから除外せよ。第三に、「そろそろ母親に会わせたいと言う男」や「母親役をさせたがる男」は「母親の価値観を無自覚に内面化したマザコン」だから切り捨てよ。この3基準で残るのは10人のうち1人です。ちなみにこうした知恵は少し前まで女性の間で伝承され、シェアされてきたものです。

でも、それがシェアされなくなったので、とても残念なことに若い女のセンスも頭も悪くなり、学習の土台がないので学習できずに失敗を繰り返し、程なく女子会で「性愛ってコストばかりがかかって無駄」とか「あの子はビッチだね」などとほざくクズ女になり果てます。

それで仕事や資格取得や習い事などに逃避するようになった女たちに、一生独身を通すつもりなのかを尋ねると、「30歳になったら結婚します」などと答えます。バカ丸出しで呆れます。そんな無能力者の結婚は続きません。ほどなく家庭内離婚に移行することが確実です。

社会は、法など言葉のプログラムで成り立つけど、性は、言葉を超えた匂いや体温や触感に支えられたオーラや雰囲気がコアです。象徴界（言語プログラム）に媒介された想像界（世界体験）が織り成す社会に対し、象徴界未然の想像界が大きな機能を果たすのが性愛なのです。

だから、他の人が相手ならキャッチできない何かを「動物的に」摑めるかどうか、他の人が相手ならキャッチしてくれない何かを「動物的に」摑んでくれるどうかが、性愛の入口です。なのに今は若い男も女も言葉を頼り過ぎ。「相手がそれを嫌だというからやらない」とか。

その点、子供に好かれる男はこうした条件をクリアしているから、女にモテます。でも逆が成り立たないのは、こうした条件をクリアせずに口がウマイだけというクズ男に、以前よりずっと多くの女が引っ掛かるからです。言葉を頼り過ぎる間は、彼女らは失敗から学べません。

女から聞いた実話ですが、男が「これ使ったことある」とバイブを出してきて、女が「うん、もっと大きなやつ」と答えたら、衝撃を受けた男がバイブを封印した（笑）。露出プレイや複数プレイについても似た話を聞きました。そんなことで衝撃を受ける男の気が知れない。

〇〇プレイを体験したかどうかじゃなく、〇〇プレイを通じて何を体験したかだけがポイントです。昨今の女は相手の男が喜ぶから〇〇プレイをするだけで、自分がしたいからするケースが少ないと言いましたが、女が「したことある」と答えたときがむしろチャンスなのです。

これも、女の心に映ったものを自分の心に映し出さず、言葉にだけ反応するから生じる愚昧《ぐまい》です。「ゆきずりの人々と複数プレイした」といった言葉に過剰反応して拒否の身振りを示す男はダメです。女から何も聞き出せないだけじゃなく、女の心を自分の心に映し出せません。

なぜ若い人はセックスが下手なのか

二村　男も傷つくことを恐れ過ぎており、さらには享楽への欲望より嫉妬の感情のほうが強くなってしまった。男も女も、いま目の前にいる人のリアルを相手にできておらず、言葉だけが行き交っている。

宮台　そうです。大切なのは、バイブで「何を」体験したか、複数プレイで「何を」体験したか、ゆきずりで「何を」体験したかです。その点、セックス歴40年で「人数を稼いだ男」に言わせれば、昨今ではいろんなプレイをしてきた女ほど「経験値が低い」のですね。

実際、気絶したり前後不覚の眩暈を経験したりという女は殆どいない。昔との違いです。男に合わせているだけ。女が密かに抱いてきた妄想の現実化じゃない。だからハマれないで、やり過ごしちゃってる。なのに、クズ男が「憧れの女と○○プレイしたぜ」と達成感に浸る。

そうしたクズ男ほど、自分がしたことのないプレイを相手があれこれしてきたと聞くと、「○○をしたことがある／ない」という言葉の二値的な割振りに振り回されて萎縮しちゃう。そのことについては、僕はＡＶが歴史的に果たしてきた悪い役割もあるように思います。

ＡＶの黎明期といえば宇宙企画だけど、ストーリーベースでした。当時、ストーリーがなくてフェチ的モチーフだけという作品はなかった。そのぶん今よりも「言葉ではないものを頼る」部分が大きかった。でも今はすぐに「○○プレイ」とか名前がつく。何とかなりませんか。

二村　僕は、勝手に敗北宣言をするようで同業者たちに対しても申し訳ないんですが「AV女優という職業は法律で弾圧されない限り絶対に滅びない、社会から必要とされている。しかし〝AVという（宮台さんが愛したような）カルチャー〟は近いうちに滅びる」もしくは「もう、すでに滅んでいる」と実感しています。もちろん10年後くらいに、また社会から必要とされて復活することも考えられますが。

近年のAVを「サプリメント的」と呼びたいんですが、このDVDにはこういうタイプの女優の、こんなふうな性的プレイが収録されている、セックスを何回やっている、そういう「効能書」がパッケージにご丁寧に書いてあります。タイトルが長文で内容そのものになってる商品も目につく。業界全体が、まず企画書ありきのAVを求めている。「こういうセックスが観たい。じゃあ、それで数字がとれる女優はどんな人か」ということを会議室で考えて、最適化したものを世に送り出している。コンテンツ化と呼ばれる仕組みが、あまりにも進んでしまっている。

もちろんAVとは、そもそもセックスの、正確に言えば男性の欲望の〝分かりやすいコンテンツ化〟なわけですから、そのように進化していくのは仕方がないことだったのかもしれない。しかし、それにしても寂しく感じるのは、表現の中からノイズのようなものが排除されてしまう傾向があることです。たとえば女性がおしっこをしているAV。近年のおしっこAV

は、女性のおしっこが見たいという男性の欲望のリクエストに応え過ぎていて、おしっこをする女優さんがどのように振る舞うべきなのか（どのように恥ずかしがるべきなのか）、おしっこの水滴のハネ具合はどうなるのが理想で、それをどうカメラに収めるのか、撮影の前から〝正解〟が出てしまっている。普通のセックスのAVだと思って観ていたら突然おしっこを浴びたがるおじさんが出てきて女優も視聴者もビックリした、なんてことがなくなっている。観たくないものを観せられてがっかりするという事故は減っているのかもしれませんが、予想していなかった変なものと出くわしてしまう面白味も減っている。性的な体験というものが、体験する前から「それが、どのような体験なのか」分かってしまう。しかし商品として内容にも制作過程にも安全性が求められる以上、それはやむを得ないことです。

今、AVの市場は完全に飽和状態になって、その中で1枚でも多く売らないといけない競争原理が苛烈です。だから作る側も〝説明しやすいもの〟を提供し、ユーザーも失敗したくないから〝分かりやすいもの〟を求める。そうすると、おそらくオナニーしながら「あっ！　自分は、こんなことにも興奮できるのか」という驚きは得られにくくなっている。これから何が起こるか分かっている前提でオナニーをしている。

そしてインターネットの普及と景気の悪さによって、あまりにも性的コンテンツが〝手に入りやすく〟なり過ぎてもいる。

AVのコンテンツ化・最適化は「性的退却」の一因かもしれません。予想外の事態が起こる可能性に対して、みんなビクビクしているというか、相手の〝言葉〟を真に受け過ぎて、匂いを嗅いだり触ったり、言葉以外のものを感じようとしなくなっている。若い人だけでなく、年配の人たちすら、そういうことをあまり欲しない。自分自身の欲望が意外なものを求めていた、というような体験をしたがらない。

ヤリチン・ヤリマンという人種が、性の求道者ではなく、ただヤるだけ、ただ体験した異性の数を増やすことだけに神経症的に熱中するようになってしまった。一人の女の子とやると、それから何が起こるかがだいたい分かってしまって面白くないから、一回ヤッたらすぐ次の人に行く。

そうしてヤリチンとヤリマンはセックス回数だけが増えていき、やり捨てられた相手は傷つき、捨てたほうも捨てられたほうもセックスが上達しない。童貞は童貞で、処女は処女で、セックスしている人たちと交わる機会がなく、ずっと童貞や処女のまま。状況は、実は非常に貧しいことになっているんじゃないかと。

宮台　二村監督のおっしゃったことを分かりやすく言うと、今の若い人はセックスが下手(笑)。AVが描くプレイを模倣して達成感に浸るのを含めて、全体として女の心を自分の心に映し出さないから、女を変性意識状態に導けず、女が基本的に冷めた状態で関わっています。

二村　と決めつけて、セックス好きのおっさん二人が下の世代に喧嘩を売っているわけですが……(笑)。「それでも、とろけるようなセックスがしたい」と願う若い男女には、ぜひ有効な努力をしていただきたい。

宮台　所詮は確率問題で、二村監督や僕に匹敵する若い人も当然います。そういう人はヤリチンは卒業します。女と継続してつきあう醍醐味は、相手も自分も変わることとです。以前は貞淑だった女がここまで変わるのか、昔はあれほど嫉妬深かった自分がここまで変わるのか、と。二人であれこれ乗り越えることでここまで変わった――。ヒトは記憶の動物だからそのことに反応して、相手が愛おしくなります。女の闇や業の深さが男の愛を強めるという性愛の神秘を見出して、二人でどこまで行けるかを見たいとも思うようになります。

そうした記憶は入替不可能だから、相手と別れたから他の相手で埋め合わせるなんてこともできません。「二人の間で戦ってきた」という感覚が、「二人が一緒に何かと戦ってきた」という感覚に変わります。一回きりのセックスでは絶対に得られないとても深い感動です。

若い男女の性愛活動が90年代後半からゼロ年代前半にかけてピークアウトし、以降は性的退却が進んできたと言いました。理由の一つはコミュニケーションの波風を立てないように気遣うようになったから。過剰に性的だと友人に引かれてしまうからそれを避けるのが、典型です。

性愛に限らず、何事においてもコミュニケーションの共通前提をハミ出すような過剰なこだわりはイタイと思われるので、枠内で戯れるようになりました。オタクも、ジャンルやキャラクターにこだわり過ぎるとイタイから、場と相手を選んで振る舞うようになりました。

そのぶん場の雰囲気に応じて役割やキャラを演じて、座を和ませたり盛り上げたりすることは、上手になりました。反比例的に、性的劣化が進みました。それがここ20年で顕著になった現象です。性的退却と、表層的コミュニケーションの上達は、皮肉にも表裏一体なのですね。

メンヘラ女性とのセックス

二村 その一方、メンヘラと呼ばれる、恋愛に依存する傾向が強く、時に非常に不安定な精神状態になりがちな人々は、それこそ周囲から「痛い」と思われながらも劇的なセックスを繰り返している場合がある。

メンヘラは女性だけじゃない。ヤリチン男性の中にも隠れメンヘラが相当数、潜んでいます。それは共依存型のメンヘラではなく、女性を執着させておいて逃げる回避依存型メンヘラ。

メンヘラ女性の中には、草食系男女に比べると一見豊かな、ぶっ飛んだセックスライフを送っている人がいる。セックスによっていわゆるトランス状態、宮台さんの言うところの変性意識に近い状態に入っているようにも見える。しかしそのセックスは、いかんせん自傷的あるいは暴力的なのです。そしてセックスの相手のことを〝見て〟いない。自分の内面の世界だけを見ている。回避型ヤリチンと同じです。「メンヘラ女性たちのセックスがエロいのは、彼女たちが相手とではなく、宇宙とセックスしてるからだ」と評したのは僕の知り合いのノンフィクション作家・渋井哲也です。なにしろ人の心の宇宙は広くて神秘的ですから、それはエロいと言えばエロいのでしょうが、どんなに劇的にエロいセックスであってもコミュニケーションになっていない。やっているうちに相手はだんだん寒くなってくるのでしょう。

どちらかがどちらかを一方的に消費してオナニーの道具にしているようなメンヘラ的〝激し

いセックス〟の流行は、先に述べた「フェチ化によるAV企画のサプリメント化、徹底したコンテンツ化」と通底しています。今のAV女優さんたちは性的なスキルという意味でも優秀で、何よりも職業人としての意識が高い。がんばり屋さんです。ところが、サプリメント的に過激なセックスは、過激であればあるほど、がんばればがんばるほど寒くなっていくことがあります、残念なことに。

今目の前にいるメンヘラ女子は、あるいは映像の中にいるAV女優は、いったい何のためにセックスをしているのか。セックスとはそもそも、自分のどんな欲望に根づいたものだったのか。それが分からなくなってしまっている。

宮台 まったくそう。いいか悪いかは横に置くと、相手がトランスに入るための入替可能な道具として自分を扱っていないかどうか。自分がトランスに入るための入替可能な道具として相手を扱っていないかどうか。これを見極める力がないと、持続可能な「関係」は不可能です。

性交時にトランスに入るメンヘラを初心者は勘違いしやすい。変性意識状態は繭に入った状態ですが、二人で一つの繭に入る場合と、一人だけで入る場合があります。メンヘラは後者で、彼ら彼女らは「自分が見たいように世界を見るための引金」を自分の中に持っています。

メンヘラが一人きりで繭に入るクセを身につけているのは自己防衛のためです。典型が性に対してトラウマがある女。トラウマに微妙な角度から触るようなセックスをすると、瞬時に変性意識状態に入ってトランスになりがちです。実際それを用いた治療的営みもあります。

そのこと自体は直ちに悪くはない。二村監督がおっしゃるように、トランスが彼女らの内面事情に過ぎないという事実を弁《わきま》えていればいい。彼女らは、変性意識状態に入るためのスムーズな最短ルートをとるべく、男を選びます。選ばれた男が勘違いしなければ、問題ないでしょう。ただ、最近はAVを見本にした達成を自信の糧《かて》にする男が多いから、「俺はこの女をイカせたぜ、イエーイ！」と思い上がるケースが少なくない。「そんなことで喜んでるのか。お前じゃなくたって誰でも良かったんだよ」と忠告してくれる先輩や友人が、いるかどうかです。

若い男が今の話を含めてひたすら劣化する背景には、そうした指摘をしてくれる先輩や同輩や後輩の同性集団――社会学では「ホモソーシャリティ」と言います――がなくなったことがあります。ただし、後で言うように、ホモソーシャリティには重大な裏面もありますがね。

二村　親からは〝悪いこと〟は学べない。ところが先輩や友達のお兄さん、たまにしか会えない親戚のおじさんから、ちょっとヤバいこと、両親は絶対に教えてくれないけれど豊かに生きていくためには必要な、性的な知見や知恵を吸収するシステムがなくなってしまった。

宮台　そう。だから、二村監督みたいな方が先輩にいて「お前はそんなことで喜んでるのか」と一喝されれば、直ちに目が覚めるというだけの話です。なのに、その「だけの話」が昨今は簡単に調達できません。そういう存在を見つけられるかどうかが、男子の最初の課題です。

アラサー以下の女性がメンヘラ化する理由

二村　メンヘラまではいかなくても、自意識や女性性に肯定感が持てないタイプ、〝こじらせ系〟と呼ばれる女性も増えている。雨宮まみさんがそう自称したことで自分も居場所を得られたという女性は多いんじゃないでしょうか。彼女たちは、恋愛体験やセックス経験が多い人でも少ない人でも、共通して「どうせ私なんか女として不合格」と（おそらくこれも親やクソ男から言われた言葉を内面化してしまった結果）自分を許していない。

　彼女たちは、いつごろから目立って増えてきたんでしょうか。

宮台　80年代の後半からでしょう。85年に世界初の出会い系であるテレクラが誕生し、若い女の性体験率が急上昇します。特に高校生女子は80年代を通じて倍増です（日本教育協会「青少年の性行動全国調査」）。男からすれば、かつてより簡単に性交できるようになりました。

　その結果、若い女の〈性に乗り出せないがゆえの悩み〉が、〈性に乗り出したがゆえの悩み〉に変わりました。86年にナンバーワンアイドル岡田有希子が自殺します。30以上も歳の離れた俳優への失恋が理由だと報じられましたが、そのことの真偽はここでの問題ではない。

　当時はテレクラとデパ地下でナンパしていましたが、彼女と同世代の若い女の多くが強い共感を示していました。彼女たちは年上の男との失恋にではなく、年上の男——それも父親以上に歳の離れた男——に向かわざるを得なかった〈性愛の不毛〉にシンクロしていました。

　70年代末から〈性と舞台装置の時代〉——ナンパ・コンパ・紹介の時代——が始まり、単なるメディア上の妄想に留まらない性解放が始まりました。その延長線上で80年代前半は専門学生女子や大学生女子が働く「ニュー風俗」のブームになり、メディアが性で席巻されます。

　それに煽られた中高生女子の間で80年代前半は『マイバースデイ』がブームになります。79

年創刊の占いとマジナイの雑誌です。性の情報に煽られたものの、自分は容姿などのリソースに恵まれないと思う女子が、補償ないし埋め合わせとして占いとマジナイを頼ったのです。

それが86年のアイドル自殺を境に『ムー』のブームに取って代わられます。同じ79年創刊のオカルト雑誌です。お便り欄でムー大陸などでの前世の名を名乗り、「覚えがある人は手紙を下さい」と呼びかけ、実際に女子同士が会って一緒に飛び降り自殺する営みが多発しました。飛び降りの手法は、アイドル岡田有希子への共感を示します。当時出会った若い子の多くが岡田有希子に共感し、岡田有希子に共感して自殺した子たちに共感していました。テレクラなどで性体験を重ねた彼女たちの、フワフワしたつかみどころのない暗さを忘れられません。

80年代前半の『マイバースデイ』は〈性に乗り出せないがゆえの悩み〉を、80年代後半の『ムー』は〈性に乗り出したがゆえの悩み〉を象徴します。80年代前半くらいまでは多くの女の子が、自分はセックスできるのかな、そんな相手が見つかるのかな、という感じでした。それが80年代後半にはテレクラや伝言ダイヤルのブームで、セックスしたければ1時間後に知らない人とできるようになります。前者の悩みは、マジナイや占いで補償可能な輪郭を持つけど、後者は「こんなはずじゃなかった感」とでも言うべき漠たる不全感をもたらしました。

この漠たる——でも強力な——不全感を背景に、1992年の連載『サブカルチャー神話解体』で書いた通り、80年代後半には「性から宗教へ」のシフトが生じます。「そんな君だから好き」から、「そんなあなただから救われる」への、〈包括的承認〉ツールの変化でした。

そこからも窺《うかが》える通り、見知らぬ人とのセックスの地平にフワフワと漂い出てきたのは、少女漫画を読んで育ったロマンチックな子たちでした。ロマンチックとは只の男（女）を運命の男（女）と思い込む——内在に超越を見出す——営みです。だからこそ不全感は強烈でした。

少女漫画でロマンを育ててきた子たちは、あれほど思い焦がれていたセックスってこんなにショボいのかと「こんなはずじゃなかった感」に打ちのめされたのです。僕はご存じの通り「少女漫画読み」でしたから、彼女たちの恋愛漫画の遍歴からいろんなことが分かりました。

87年ごろになると「デートといっても、ハチ公前で会って、ファストフードでテイクアウトして、ラブホでセックスして終わり、みたいのばっかりでツマンナイ」という話を多くの子から聞くようになります。実は、こうした80年代後半の風景に、性的退却の出発点があります。

この性的退却を僕の本では〈自己関与化〉と呼んでいます。黒木香らの「素人AV出演」ブーム、『an・an』誌上での「読者ヌード」ブーム、ジュリアナ東京など「お立ち台ディスコ」ブームが、それです。一見、性的なものの爆発だと感じられがちです。

でも違います。

共通する特徴は、男の視線の無関連化です。「男相手になんか、やってらんねえよ」という感じ。挙げ句に出てきたのが「ブルセラ&援助交際」ブーム。だからこれを92年に見つけたときも驚きはなく、「とうとうそうなっちゃったわけね」という感想でした。

全然驚いてなかったから、僕の質問が下世話な好奇心によるものじゃないと安心した子らが僕にあれこれ話してくれたんです。こうして95年夏から96年夏にかけて援交ブームはピークを迎えます。それを支えた第一世代の子らの共通課題は「ツマラナサをどうするか」でした。

普通に男とセックスしても期待外れでツマラナイという感覚が蔓延していたのです。だから性愛を、男とのフュージョンすなわち相互浸透から完全に切り離して、ある種の全能感を生きるためのツールにする動きが生じたわけです。それが性愛の〈自己関与化〉の実態でした。

ピークの96年までに高校生になっていた第一世代の援交は祝祭ツールでしたが、96年以降に高校生になった第二世代の援交は自傷ツールに変じました。第一世代は、取材で喋りまくり、友達と援交体験をシェアしてたのに、第二世代は、沈黙し、親友にもシェアしなくなった。

同じころ、過剰な喫煙バッシングに象徴されるように「法化」が徹底し、街の微熱感＝「法外の共通感覚」も消えます。ナンパしたときに女というより街とまぐわうような感覚があったのに、それも消滅した。それで僕は援交取材からもナンパからも撤退、やがて鬱になります。

二村　心を閉ざしたままの不自然な形の恋愛でもセックスでも、刺激だけは得られていた……。

宮台　そう。援交第一世代は、現実には男との相互浸透を「期待」しなくなっていたけど、しかし「こんなはずじゃなかった感」を支える「願望」が残っていました。僕が言う「期待水準と願望水準の差異」の問題です。この差異を突けば、豊かなコミュニケーションができました。

だから92年夏から96年夏まで援交していた第一世代（77～82年生まれ）は話しやすかったし、取材をして収穫があったし、楽しかった。それが第二世代（83～86年生まれ）になると、「本当はこれを望んでいたのに」という願望も風化した。期待もしないけど願望もしないわけ。

乱交とスワッピングの違い

二村　世相的に言えば、その当時よりも、現在のほうが遥かに性についてのモラルが強い。その一方でAVなどのポルノコンテンツとインターネットを媒介にしたコミュニケーションの中では、セックスは空疎に過激化している。

いまの女子高校生の間では、かつての援助交際みたいなブームにはならず、お金が欲しい子、家から脱出した子はJKリフレなどの「風俗店ではない」というタテマエになっている店で働きます（ただし愛知県では2015年から、東京都では2017年から制定された条例で18歳未満の者はJK店で働くことが禁止された）。女子大生やOLは〝パパ活〟という名の援交を、友人には黙ってやる。若い女の子たちの間で、一時的に社会の外に出てみるための情報が共有されておらず、全体的に性愛が内面化している。そして「彼氏・彼女を作って、いつか結婚はしないといけない」という固定観念に捉われている若者たちが圧倒的に多い。

「セックスというのは、こういうふうにするものだ」と決めつけている人も多い。先ほども述べましたが、セックスをやる前から、それをしたことで何が起こるのか、ある程度予想がついてしまう。セックスしている人たちは形骸的なことをしているし、していない人たちは「やったって、どうせ大したことないだろ」と思っている。

宮台　僕がナンパ師としてアクティブだった85年からの11年間、だんだん高揚も興奮もしなくなっていきました。それで高揚したくて、露出プレイやSMプレイや複数プレイとかにチャレンジするんだけれど、かえって刺激が刺激でなくなっていくという悪循環に陥りました。

二村　AVで、女優Aにザーメン100発ぶっかけたから、次は女優Bに150発だ、というインフレ状況に似ていますね。

宮台　（笑）。非日常的な刺激を追求するアッパー系には、インフレーションによる鈍磨化がつきものです。だから、頻度を厳格にコントロールできないのなら、賢明な選択肢じゃない。そんなことは当時も分かっていたけど、どうしたらいいのか分からず、無間地獄でした。

でも、ナンパをやらなくなった96年ごろから、鬱化しつつも、アッパー系からエモーション系へとシフトします。典型が複数プレイで、オージー（乱交）からスワッピングにシフトした。その経験から、『ダ・ヴィンチ』誌でスワッピング特集を企画し、2000年に実現しました。

乱交の1回目は誰でも興奮します。でも2回目以降は白けます。正確に言えば1回目でも射精後は白けます。賢者モードの面もあるけど少し違います。射精してスーッと冷め、ふと周囲がヤリまくっている風景を見て、はっと目が覚めてしまう。ちょっと嫌な感じですね。

それに比べると、スワッピングは、愛しあっているカップルと夫婦だけが参加する感情の営みで、2回目以降は気が乗らないとか、1回目でも射精後に嫌な気持ちがするとかはありません。乱交が尊厳値を下げるとすれば、スワッピングはむしろ尊厳値を上げます。

二村　そこに感情があるからですか？

宮台　まさにそう。尊厳とはコミュニケーションに媒介された自己価値の感覚です。単なる自己価値の感覚じゃない。コミュニケーション的に恵まれない環境に育つと、コミュニケーションに媒介されない自己価値の感覚を育てます。僕はそれを〈脱社会化〉と呼びます。

乱交後の嫌な感じは、量産型自動機械になった感覚に由来します。スワッピングは逆に、相手の複雑な感情を自分の心に映しあう能力を通じて、相手が取替不能だという確信を享受するものです。相手がそう思ってくれているという感覚が自らのかけがえのなさを感じさせます。

そうした感情の要素があるかないかで、未経験者には外見的に同じプレイに見えても、まったく別の営みになります。相手の心を自分の心に映しあうことで、嫉妬で興奮しているのが自分なのか相手なのか分からなくなります。スワッピングにだけ許されたフュージョンです。

オージーは鈍磨するだけですが、スワッピングは感情の働きが時間とともに移り変わります。いま生じている感情は半年前だったら生じなかったはずだと、その一回性を相手とシェアできます。そうすることで自分たちを時間軸上に位置づけて、あらためて感動できます。

繰り返し言うけど、若い人はフュージョンを目指してほしい。相手の心に生じた感情を自分の心に映す営みを相互に展開する〈相互浸透〉を経験してほしい。「以前できなかった過激なプレイができた、やったぜ！」という達成感で不安を埋め合わせるのは、浅ましく下品です。

性愛は自己承認のツールなのか

二村 宮台さんが言うところの〝社会がスーパーフラット化する〟中で、性愛に過剰な人たちは、コミュニティから「イタイ奴」と思われるようになっていった。その一方で、インチキ自己肯定する男、こじらせ女子やメンヘラちゃんが増えていき、本来なら〝社会の外側〟に存在すべき性愛を内側に留めることで、性愛が単なる自己承認ツールになり下がった。

現代の若い人たちの大半は、自分の心の穴を埋めるために相手の存在を使って、それを恋愛と呼んでいるに過ぎません。そんな恋愛もどきをしていると、必ず「しっぺがえし」をくらいます。なぜなら「心の穴を埋める」というのは、自分が自分を受容していないのをごまかして、その苦しみを相手のせいにすることだからです。

宮台 目に見える〈感情の劣化〉ですね。相手の感情を自分の心に映して同じ感情に感染する能力が落ちた。これが劣化すると「仲間」や「絆」の感覚が薄くなります。すると「仲間のため」「絆のため」に戦うという「正しさ」や「情熱」も冷め、利害損得が肥大してしまう。

その結果、性愛や政治や教育の営みを評価するときに、「コスト的に見合わない」「リスクが読めない」と、シタリ顔でビジネスマインド（笑）を持ち込むクズが増えます。性愛や政治や教育はそもそも、コストやリスクをいつの間にか乗り越えるような情熱や正しさに関わります。

二村 宮台さんは、再三にわたり「劣化」について指摘されています。自分の〈感情の劣化〉

は、どうすれば改善できるんでしょう?

宮台　一口で言えば〈妄想〉の共有を信頼しあえるのが「仲間」です。この信頼は、伝統的には「法外でのシンクロ」によって与えられてきました。「法外」のシンクロをパラフレーズすれば、「相手の心に映っているものを自分の心に映し出す営みが双方向になされる」ことです。

アダム・スミスは『国富論』で、人々が「同感 sympathy」能力を持つ場合に、市場は「神の見えざる手」を働かせるとします。同感とは相手の悲しみや苦しみや喜びを自らの悲しみや苦しみや喜びとして体験する営み。僕が相手の心を自分の心に映し出すというのは、それです。

ルソーが『社会契約論』などで「憫れみ pitié」と呼ぶのも同じです。彼によれば、民主政の条件とは、政治的決定がなされる場合に、互いに異なる社会成員の各々にとって決定が何を意味するのかを想像でき、なおかつそれが気に掛かること。それが「憫れみ」の内容です。

〈感情の劣化〉とは sympathy や pitié の営みが乏しくなることです。この〈感情の劣化〉を、僕は「正義から享楽へ」とも呼びます。〈感情の劣化〉と「正義から享楽へ」の結びつきを説明すれば、〈感情の劣化〉を避ける方法についてのヒントが得られます。説明を試みます。

〈社会の劣化〉への鈍感さをもたらす〈感情の劣化〉

宮台　2016年の衆院選から18歳選挙権が実現しました。新たに選挙権を得た18〜19歳世代は当初からどの年齢層よりも現政権を支持しています。森友学園や加計学園での「総理の意向」問題で官邸側の説明や反論がウソだと明らかになっても、この世代の支持は減りません。

彼らは「安倍政権のおかげで就職状況が好転したから」「政権が長く続くのは安心できるから」と言います。失業率や株価など一部経済指標は好転したものの、この好転は、他の先進国と違い、実質所得が10年変わっていないことや正社員率の激減を引き替えにしています。

僕は大学のゼミや高校生へのレクチャーの機会に、親が現安倍内閣を支持しているか否かを尋ねました。あくまでプライベートなリサーチですが、両親とも安倍内閣を支持すると答える学生と、両親とも安倍内閣を支持しないと答える学生は、明らかにオーラが違います。

どんな違いかは、これから紹介する一連のデータから想像していただきましょう。一言断っておけば、親が現内閣を支持することは、正しさより損得勘定を尊重するという「理念的ならぬ実利的な親の態度」「超越的ならぬ内在的な親の態度」を示唆するものだと分析できます。

他方、2017年6月にユニセフが公表した『レポートカード14』によれば子供の経済格差は先進41カ国中ワースト10位。再配分による子供貧困率削減幅は37カ国中ワースト7位。経済階層による学力格差は39カ国中ワースト14位。若者自殺率は37カ国中ワースト12位。

男性育児休業取得率は直近調査で3%台になりましたが、既に米国20%、ドイツ34%、スウェーデン74%、ノルウェー89%という具合で、他の先進国の足元にも及ばない。日本の大学はアジアのトップというイメージも遺物で、東大のランクは世界39位、アジア4位です。

このように、一部の経済指標は良くても、社会指標はボロボロ。日本の「三流国化」を示しています。僕の言葉では「経済回って社会回らず」。それも、「社会の穴を経済で埋める」状態から「社会を削って経済に盛る」状態に移りつつあります。それが上の各指標が示すことです。「就職状況が好転したから」と語る若者らは、こうした社会指標の惨状を知らない。でも彼らの「無知ぶり」を嘆いたり、都合のいい部分だけを喧伝する安倍内閣の情報戦にしてやられているのだと「リテラシー欠如」を嘆いたり、といった巷に見られる反応は的外れでしょう。

社会がどんな状況にあるかは、ネットやマスコミ情報以前に、日常での sympathy や pitié の営みがあれば実感できます。むしろそうした営みを欠いた「見せたいところだけを見せ、見たいところだけを見る、若者の『いいね！』ボタン的コミュニケーション」こそが、鈍感さの背景です。

〈家族の劣化〉による〈感情の劣化〉

宮台　コストやリスクにばかり固執する若い人々の、sympathy や pitié の圧倒的劣化の背景は何か。僕は家族の空洞化だと推測します。データを見ると、日本の親は正しさよりも利害損得に敏感なので尊敬されず、家族が楽しくなく、自尊感情が著しく低い傾向が分かります。

2015年国勢調査によれば、年収が低い男ほど未婚率が高く、生涯未婚率（50歳時点未婚率）は正規雇用が17%なのに非正規では51%です。逆に年収が高い女ほど未婚率が高く、生涯未婚率は正規雇用が22%なのに非正規は8%です。年収1250万円以上の女はなんと6割が未婚なのです。

女は、お金のために結婚しがちで、お金に余裕があれば結婚しない。これに対応して、男は、お金の余裕がないと結婚してもらえないので、お金の余裕があれば結婚する。「女は上昇婚・男は下降婚」という日本独特の傾向は、結婚が「愛よりお金」である事実を示しています。

そんな家族で育った日本の子供ならではの傾きがあります。千石保が設立した日本青少年研究所の2016年公表の調査では、何を大事にするかという質問で、「家族と仲良くする」と「親に理解してもらう」を挙げる高校生の比率は、米中韓に比べて半分以下という惨状です。

同研究所の2014年公表の調査では「どんなことをしてでも親の世話をしたい」と答える高校生の割合は、中国88％、米国52％ですが、日本は38％。2004年公表の調査でも、中国84％、米国68％なのに、日本は43％に留まります。日本の親子は圧倒的に絆が薄いのです。

同じ調査では、「親をとても尊敬している」と答える高校生の割合は、米国71％、中国60％なのに、日本は37％に留まります。1998年公表のデータでは、「親に反抗してはいけない」と答える高校生の割合は、米国82％、中国84％に対して、日本はなんと15％です。

同じく2014年公表の調査で「家族との生活に満足」と答える高校生の割合は、米国50％、中国51％なのに、日本は39％。2011年公表の調査でも「家族との生活に満足」な高校生は、米国45％、中国47％なのに、日本は27％。利害損得的な家族が楽しくないのは当然です。

同研究所の2011年公表の調査では、「私は価値のある人間だ」に「そう思う」と答える高校生は、米国57％、中国42％、韓国20％なのに、日本はなんと8％に留まります。「自分を肯定的に評価する」だと、米国41％、中国38％、韓国19％のところ、日本はなんと6％です。

逆に、同じ調査において、「自分はダメな人間だと思うことがある」に対して「そう思う」と「まあそう思う」と答えた高校生の割合は、米国45％、中国56％、韓国35％に対して、日本は73％に及びます。自分に自信がなくて右顧左眄《うこさべん》するヘニャヘニャした姿が浮かびます。

全てを関連づけるとこう解釈できます。お金のために結婚しがちな日本の両親のもとに生まれた子は、親から「正しさ」よりも「損得勘定」のメッセージを受け取り、それゆえ親を尊敬できず、従って反抗は自由自在である一方、損得で結びついた家族ゆえに幸せ感が乏しい。

そうした家族環境で育った子は、「損得勘定」に敏感でも「正しさ」には鈍感になりがちで、それゆえに——規範的な生き方をしていないので——自尊感情が著しく低く、自信が乏しくてヘニャヘニャした印象を与えます。こうした解釈を支える僕自身のリサーチを紹介します。

〈空洞的家族〉の再生産と〈性的退却〉

宮台　2000年にZ会の会員名簿を使って、高校時代にZ会に在籍した大学生を対象に調査しました。「両親は愛しあっている」にイエスと答える大学生とノーと答える大学生はほぼ半々でした。ところが、この半々ずつのグループでは、性愛に対する態度が異なります。

「両親は愛しあっている」グループはステディがいる割合が相対的に高く、性体験人数が相対的に低いのに、「両親は愛しあっていない」グループは逆に、ステディがいる割合が相対的に低く、性体験人数が相対的に多いのです。これは僕のフィールドワークの感触に合います。

このデータは、性愛に関する態度を超えて、愛の関係が親から子へと伝承される可能性、言い換えれば、愛の関係の不在（単なる損得でしかつながれない）が親から子へと伝承される可能性を示しているだろうと考えられます。ここに〈感情の劣化〉を理解する鍵があります。

僕の考えでは、日本の若い人々にとって相対的に「家族が楽しくない」のではないかと思われます。親が愛しあっていると感じられず、親から規範よりも損得のメッセージしか受け取れず、それゆえ親を尊敬できない事態を想像してみて下さい。そんな家族は楽しくありません。

その場合、他の家族が楽しそうなら、「不満を抱く」という態度になりますが、どこの家族も同じように楽しくなさそうなら、「そんなものだ」と願望水準を下げることになります。こうした「家族のロマン」の社会的空洞化が、さまざまな領域に前提を供給すると推測できます。

まず、家族とはそんなものという見切りが、結婚したいという内発性を弱めます。すると相対的に金銭的な損得が結婚の条件になります。すると結婚できない男女が増えるだけでなく、結婚できても愛が薄い家族になります。こうして子々孫々に〈空洞的家族〉が再生産されます。

87年から30年間大学教員をしている僕は、こうした再生産の機制は若い人々の多くに既に意識されているだろうと、ゼミでの「定点観測」から睨《にら》んでいます。家族形成に向けた「損得を超えた内発性」は、性愛に向けた「損得を超えた内発性」と密接に結びついているはずです。

Z会調査で紹介したように、愛に満ちた家族は、「子供世代の愛に満ちた性愛を可能にする」のですが、加えて「それゆえに子供世代の愛に満ちた家族をも可能にする」と読むべきです。その意味で〈空洞的家族〉による〈空洞的家族〉の再生産は、性的退却と強く結びつきます。

処方箋の鍵は〈空洞的家族〉を潰すこと

宮台　長くなりました（笑）。〈感情の劣化〉をどう避けるかという質問に答えるには、〈感情の劣化〉が生じるメカニズムを理解する必要があるので、多数のデータから立てられる仮説を話しました。仮説が正しいとすれば、〈空洞的家族＝損得家族〉をどうするかがポイントです。

比喩的に言えば、「美しい国・日本」を標榜する安倍内閣を支持しがちな「美しくない家族」が、「美しい国・日本」を台無しにしていく（笑）。この進行中の事態に抗《あらが》うには、「美しくない家族」を手当てする必要があります。それで僕はこの2年、親業講座を重ねてきています。〈空洞化家族〉つまり「美しくない家族」は、性愛にも政治にも教育にも「ビジネスマインド（笑）」を持ち込む「美しくない子供」を量産します。「美しくない子供」は「美しくない家族」を再生産するか、そもそもモテないので家族形成そのものから見放されることになります。

時々高校でレクチャーする機会があるのですが、先日も東京の女子高の3年生150人に、「正しさに敏感な男子」と「損得に敏感な男子」とどちらを彼氏にしたいか尋ねました。答えを想像できますか。全員が「正しさに敏感な男子」を彼氏にしたいと答えました。

僕が恋愛ワークショップで繰り返してきた通りです。モテたければ立派な人間になれ。「恋愛工学」みたいに「押しボタンを適切な順番で押す」類のナンパはある。でもそれは「性交まで」の前半プロセスを可能にしても、「性交以降」の後半プロセスをむしろ不可能にします。

本で書いてきたように、「性交以降」の後半プロセスを可能にするのは、スミスの「同感能力」つまり「相手の心に映る感情を自分の心に映し出す力」＝「相手の心にダイヴする力」です。「恋愛」工学にハマった〈フェチ系〉には後半プロセスは無理。〈タイヴ系〉が必要です。「まともな男」を見分ける条件を一つだけ挙げるならということで、「女が過去の恋愛体験や性体験を話したときに耳を塞いだり怒り出したりする男を排除せよ」と言い続けてきました。女の過去の喜怒哀楽を男が自分の喜怒哀楽として共体験する力の欠如を指し示すからです。

女の過去の苦しみは自分の苦しみ。女の過去の喜びは自分の喜び。僕にはそうした感情の働き以外のものを想像できません。ところが過去の女の体験を聞かされて耳を塞ぐ「クズ男」が明白に増えてきました。〈感情の劣化〉です。二村さんと僕は4歳違いますよね。

二村　僕は昭和39年生まれです。

宮台　繰り返すと、こうした〈感情の劣化〉が顕著になったのは、「禁煙ヒステリー」と「つくる会」が記憶上でリンクする90年代後半以降。同時期、援交ブームがピークを過ぎ、オタクがコミュニカティブになり、「AC」と「碇シンジ」に象徴される自傷系ブームが起こります。『希望の恋愛学』などに書いたように、これらは全て「過剰さの回避」に関係します。過剰さが自傷的なイタさに結び付けられてディスられる。それを恐れて、「性的な過剰さ」の回避が起きて援交ブームが終わり、「蘊蓄《うんちく》競争の過剰さ」の回避が起きてオタクが愛想良くなります。

これらは「コミュニケーションの前提確保のための過剰さの回避」としてまとめられます。こうしたかつてない神経質さは、むしろコミュニケーションの共通前提——共同身体性・共通感覚・共有された〈妄想〉——への信頼が危うくなったがゆえの不安を証《あかし》するものです。ちなみに「つくる会」結成と禁煙運動の記憶上のリンクを説明しておくと、それまではパーキングエリアでも人気《ひとけ》のない場所ならば吸って良かったのに、突如「禁煙だろ！」と誰もいないのにいきり立つクズが出てきます。97年にできた「つくる会」が僕には同じに見えました。10年後には在特会などネトウヨにつながりますが、全て〈新住民的なもの〉です。自虐史観だろうが在日特権だろうが、旧住民的には「そんなの知ってる」で終了です。「手打ち」を巡る「法と法外」「タテマエとホンネ」の問題に過ぎないからです。

何事もやり過ぎはダメで、そこに問題があったけれど、共通感覚の中で細かいことを包摂するのが、頭山満じゃないが戦前の右翼です。過去にやり過ぎちゃったから埋め合わせのオマケね……みたいな感じ。細かい輩はクズです。ところが昨今はクズが保守や右を自称します。

社会の中を生きるべく社会の外に出る

宮台 96年で援交取材もナンパもやめたのは、共通感覚の消滅のせいです。先ほどは「街から微熱感やフィーバー感が失われたから」と言いました。禁煙ヒステリー、つくる会、援交ブーム終焉、オタクのパンピー化、性的退却、ストーカー顕在化……は「同一の現象」です。

二村 それらは、ある時期に突然、同時多発的に起きたんですか？

宮台 当時の僕自身には突然に起きたように感じられました。だから何が起こったのかと困惑し、どうすればいいのか分からず混迷し、世紀末には鬱的になって沈みました。それが援交第一世代のメンヘラ化と時期がシンクロしています。年齢的に二村監督はご記憶のはずです。

二村　なんらかの予兆というか、下準備はあったんでしょうか。

宮台　後から振り返ると予兆がありました。確認すると、抽象水準を上げて反省すれば、法化の席巻、「法外」の忌避、過剰さの回避、内発性の減衰、損得勘定の優位、〈ダイヴ系〉減少、〈フェチ系〉増大……は全て、家族・地域・教室・街の、共通前提の空洞化に由来します。

　共通前提の空洞化と言えば、まさに80年代に急進したものなのですね。85年に誕生したテレクラは匿名メディアではなく、記名性と匿名性の織り成す綾を享受するものでした。80年代バブルの性愛過剰を側面から支えていたのも、体育会的な同性集団の「ナンパの強制」でした。失われゆく闇と現れ出づる光が交錯し、眩《まぶ》しくも不気味な綾が織り成される――それが80年代前半から90年代半ばまでの「微熱感の十余年」。以降、性愛も政治も教育も、ビジネスパーソン的なコストパフォーマンス&リスクマネージメントの一辺倒になる。まさに〈クソ社会〉。

二村　宮台さんはよく、クソ右翼、クソ左翼と、いろんなものにクソをつけて批判されますが、あれは向こうの感情を揺り動かすみたいな意図もあるんですか？

宮台　いいえ。誤解されやすいけど、クソじゃない社会を目差せという意味じゃありません。人類学的に言えば、1万年前以降の「法を樹立した定住社会」もクソだし、とりわけ3000年前以降の「書記言語を用いて眩暈を禁圧する大規模定住社会（＝文明）」も文句なくクソです。

　それを皆が知るからこそ定期的な祝祭と性愛に勤しみました。共同体の「法外」が祝祭。個体にとっての「法外」が性愛。日本の無礼講に見るように両者はときどき重なりあいます。要は「法外」ならぬ法（言語プログラム）によって駆動される集団が「社会」。だから社会は所詮クソです。

二村 クソ人間でなくなるために性や恋の衝動をエンジンにして、ときに社会の外に出て愛を感じなければならないと。

宮台 そう。バタイユ的にもニーチェ的にもヒトは過剰。最初に言語化したのは初期ギリシャです。そもそも出鱈目な〈世界〉を、変性意識状態で突き進めと。そんなヒトが法（言語プログラム）の拘束具を着け、ストックを抱えた定住社会を営み始める──。無理を孕むのです。「法外」は眩暈がベースで、法はシラフがベースです。「法外」には享楽があるけど、法にはない。だから、「法外」の享楽を抹消すれば、動機づけのリソースが枯渇する。そこで、「法外」のシンクロで互いを「仲間」だと確認した上、「仲間」を守るべく法に従う、という形式をとったわけです。

抽象的には「社会の中を生きるべく、社会の外に出る」という形式。動機づけを調達するべく、大規模定住社会でさえ「社会の中を生きるべく、社会の外に出る」という形式を反復してきました。身体が社会の外にハミ出しているのに、ワザと社会の中に押し込めてきたからです。

この言い方に擬《なぞら》えれば、「社会の外にハミ出した身体」を互いに確認する営みが、共同体にとっての祝祭や、個体にとっての性愛に当たります。因みに、「ワザと社会の中に押し込められた身体」から見たとき、「社会の外にハミ出した身体」がわいせつなものだと体験されます。

つまり、古来ヒトは、「社会の外にハミ出した身体」を生きる時空と、「ワザと社会の中に押し込めた身体」を生きる時空とを、往復する存在です。「社会の外にハミ出した身体」を互いに確認しあうことがなければ、「仲間」の営みも、「仲間を守るための法」の営みもないのです。

結論を言えば、社会──法に従う定住集団──はそもそも〈クソ社会〉でしかありません。問題は、社会の外にハミ出すことが許容されているかどうか。それが許容されている場合にだけ、そこで確認された「仲間」を守るべく、社会を生きることが動機づけられるのです。

女性の性的ポテンシャリティ

二村　クソな人たちとは、右にしても左にしても、フェミにしてもアンチフェミにしても、その人にとっての〝社会〟と完全にシンクロしてしまい、他者の言うことにまったく耳を貸さなくなってしまった人？

宮台　はい。社会としかシンクロできず、社会の外とシンクロできない。社会とその外を往還できない。法が定める人間関係とは整合しない性愛関係も、昔ならこっそり結ばれ、しかし「仲間」の共通感覚の中で許容されました。今はマジガチで忌避され、炎上のネタになります。

性愛にコミットする女が出てくると、女集団が「ビッチだ」と陰口を叩きあい、それを恐れて女が性愛にコミットしなくなるのも同じです。性愛に限りません。SEALDs（自由と民主主義のための学生緊急行動）にコミットする者が出てくると陰でディスるのも、同じです。

政治と性愛には共通性があります。合理性の枠内に収まらない過剰さです。つまりコストパフォーマンスやリスクマネジメントの観点からは擁護できない動機づけです。でもその動機づけこそが、近代においてさえ、政治へのコミットと性愛へのコミットを支えてきました。

政治と性愛へのコミットを支える過剰さが忌避されれば、国民共同体や家族的絆への、損得を超えた貢献はなくなり、資本主義と主権国家と民主主義のトリアーデである近代社会も不可能になります。近代化とは合理化ですが、政治と性愛についてだけは過剰さが不可欠なのです。

国民共同体も家族も「仲間＝損得を超えた内発性で結ばれた集団」でなければ成り立ちません。現に成り立たなくなりました。そして一般に、家族や地域を含めたミクロな「仲間」が成り立たなくなれば、国民共同体のようなマクロな「仲間」も自動的に成り立たなくなります。

なぜならマクロな「仲間」はミクロな「仲間」の想像的な延長——まさに「想像の共同体」——としてしかあり得ないからです。たとえば明治5年の学制改革以降の維新政府は天皇を父のメタファー＝想像的な延長とすることで、それまでなかった国民共同体を作ろうとしました。

ミクロな「仲間」の不可能性は家族だけじゃない。昨今の同性仲間集団（ホモソーシャリティ）は「仲間」じゃない。同性仲間集団が承認する相手じゃないと恋愛できない傾向は、恋愛関係をクズ化させるだけでなく、外を許容できない同性仲間集団自体のクズぶりを示します。

二村　女子会的な場において女性同士で陰険に傷つけあってるマウンティングも、話に聞くだにクズですね。一方、女性の解放された性欲を、こっそり受け止められる男性はモテます。

宮台　90年代後半にスワッピングを取材した話をしました。これは一夫一婦制を前提にした営みですが、背後にあるのはそれとバッティングするバンパイア的感受性です。バンパイアとは〈交換〉のバランスならぬ〈贈与〉と〈剝奪〉の過剰を生きる存在の喩えです。

最近著『正義から享楽へ』にも書きましたが、スワッピングとは性愛相手のバンパイア的な変貌を「崇高なるもの」の顕現として受け止める回復の営みです。代々木忠作品に登場する、変性意識状態に陥った妻や恋人の変貌を「崇高さ」として体験する男の姿に象徴されます。

昨今のＮＴＲ（寝取られ）的な〈フェチ系〉の営みとは違う。「崇高なるもの」の顕現に感染（ミメーシス）することで、「法内」の日常生活的バランスの中で失われゆく「法外」の非日常的な過剰を呼び戻し、自らの身体を再活性化する営みです。つまり〈ダイヴ系〉の営みなのですね。

二村　嫉妬することで勃つ？

宮台　代々木作品が示すように嫉妬は入口です。その入口から中に進むとやがて「敵わないな」というあきらめを伴う驚きが待っています。出口は「崇高なるもの」への感染です。寝取られフェチと違い、妻や恋人が隠し持つ人称性を超えた「崇高さ」への根本的なリスペクトです。

寝取られフェチが「奪われる快楽」だとすると、スワッピングが示すのは「与えられる享楽」です。男は剝奪感を上回る圧倒的な贈与感を体験します。代々木監督は「女たちからのこうした圧倒的な〈贈与〉を受け止められる男がどれだけいるか」と男たちを挑発するのですね。

代々木監督とは何度か対談しましたが、そこで監督が言っておられたのは、女の圧倒的な〈贈与〉のポテンシャリティに薄々勘づいているからこそ、〈交換〉バランスから成り立つ「法内」のコントロール感が失われるのを恐れる男が、女の性愛を抑圧するのだということです。

〈感情の劣化〉から〈性的退却〉へ

宮台　処方箋を〈空洞的家族〉の撲滅《ぼくめつ》とは別の角度から考えてみます。さっきから話に出ている変性意識状態が手がかりです。昨今の若い人々は変性意識状態を経験する機会が乏しい。地域の祭りにせよ、学園祭や運動会にせよ、クソリベのせいで強度が下がりました。

昔は地域の祭りに的屋《てきや》が出店して〈贈与〉を体現しました。女に射的をやらせると的に当たるまで弾を補給してくれたり、子供が風船ヨーヨーが取れなくて泣くと景品よりずっと大きな縫いぐるみをくれたり。ところが「ヤクザだから」と地域の祭りから的屋が一掃された。

昔は、頭は悪いけど運動神経抜群の子が運動会で大活躍しましたが、「順位づけは差別だ」「競争より参加が大切」といった喧伝で、極端なケースでは皆が手をつないでゴールインというのを含めて運動会から強度が失われ、リレーや徒競走でも昔ほど子供が一所懸命走らなくなりました。

こうした動きを主導したクソリベをどうしてくれよう（笑）。祝祭の基本は「逆転」です。タブーとノンタブーの逆転、頭がいいのが偉いと運動できるのが偉いの逆転……。逆転が変性意識状態を呼び込み、「法外」のシンクロをもたらし、「仲間」を醸成するというのに。

僕は祭り好きだから全国の祭りを回っています。岸和田のだんじり祭や諏訪の御柱《おんばしら》祭はとりわけ勇壮でしばしば死者が出ました。今日ではあり得ないけど、昔は祭りだから仕方ないという空気がありました。僕はそこまでは要求しないけど、耐えられない出来事がありました。十数年前の話ですが、だんじり祭で岸和田市役所の職員が大半出払っていたことに市民が抗議したのがきっかけで職員が処分されました。僕はTBS「デイキャッチ」というラジオ番組で「処分するんじゃない、だんじりの最中に市役所の窓口に行く市民がクズだ」と吠えました。

昔は地域が「仲間」だったからそうした市民はクズだと名指しされた。集合的な「変性意識状態」の眩暈の中で、一人だけシラフの奴がいるのって何（笑）。あり得ません。同調圧力批判は的外れ。クズのせいで「仲間」が空洞化するから、「インチキ仲間」の同調圧力が働く。

伝統が空洞化したから伝統主義が跋扈《ばっこ》する。共同体が空洞化したから共同体主義が跋扈する。これは戦間期に社会学者マンハイムが指摘した図式です。こうした伝統主義や共同体主義が醸し出す「インチキ仲間」は、森友学園騒動や加計学園騒動に象徴されています。

その意味でクソリベとウヨ豚は同一地平上にあります。この同一地平上のクズは、たとえば2002年日韓ワールドカップサッカーにおけるハチ公前交差点での「ハイタッチ」的な盛り上がりや、昨今のハロウィーンにおける同様な盛り上がりを、祝祭だと勘違いしがちです。祝祭の条件は［共同身体性→共通感覚→共有〈妄想〉］という具合に階層性をなす共通前提への信頼です。それが崩れて、ミクロにもマクロにも祝祭が不可能になりました。それによる不全感を埋め合わせるべく、最大公約数の口実を設けて動員したのが「ハイタッチ祭り」。

そこには伝統的な祝祭につきものの「仲間」意識の継続がない。しかし仮にこの種の疑似的営みによって「仲間」意識の醸成に成功するなら、それこそレニ・リーフェンシュタール的なナチス五輪における全体主義的動員になります。僕はそこに漂うインチキ臭が耐えられない。ハナ・アーレントが指摘したように「仲間」と「インチキ仲間」を分けるのが同調圧力。インチキ仲間には同調圧力がつきものです。そこではインチキ仲間の中で座席を維持するために同調圧力に負けて行動や表現をしがち。背後に仲間外れを恐れる神経症的不安があります。

構図は「鍋パーティ問題」。上京した不安な新入生が鍋パーティに誘われ、そこに居場所を見つけて安心する。すると「週末に研修会があるんだけど」と誘われ、当然断れずに参加して……。最初にどの鍋パーティに誘われたかで、どのセクトやカルトに所属するかが決まる。

これらは全てフロイトやフランクフルト学派（フロイト左派）が言う「不安の埋め合わせ」で、「仲間がいなくても大丈夫、ネットで仲間が見つかるから」「恋人がいなくても大丈夫、アキバ系キャラに性的対象が見つかるから」という具合に共通の形式を神経症的に反復します。

ならばAVじゃないが「疑似を見分ける（笑）」ために「正しさ」にこだわれよ。

二村　いまのAVって、擬似〝中出し〟を採用する作品が多過ぎるんですよ。多過ぎるから視聴者もいちいちクレームをつけなくなっていて、作る側も擬似ザーメンを本物っぽく作る努力などを怠るようになっている……。すみません、話が逸《そ》れました。

宮台　話を戻すと（笑）、元々「正しさ」は抽象概念ではなく、「仲間」のための貢献を肯定する感情です。小さな「仲間」より大きな「仲間」への貢献のほうが「正しさ」が上になる。進化生物学的にはそうした感情を持つ成員を多く含む集団の生存確率が高かったのです。

「正しさ」を感情と呼ぶことに違和感を抱く方もいるでしょう。「正しさ」を理性の判断だと見なす主知主義の伝統もあります。でも哲学者リチャード・ローティは「それが正義であるのは知っているが、そんなことはどうでもいい」という構えがあり得ることを問題にしました。

主意主義者の彼に従えば、「正しさ」とは単なる理性の判断ではなく、自分を超えたもの──他者や神──への意志なのです。その意志は感情的な動機づけを不可欠とします。その意味で、僕は「正しさ」とは自分を超えたものに身を投じたいと思う感情だと思います。

「正しさ」とは、「仲間」のための自己犠牲に向けた感情です。「仲間」には狭い範囲から広い範囲まであります。イエスは最大限の広い範囲を「仲間」と感じることが神の御心に適うと考えました。そして「正しさ」は、「仲間」によって呼び掛けられ、修正される感情です。

ウヨ豚には、河野洋平と河野太郎の区別もつかずに「河野談話を出した河野太郎は許せない」とほざく類の頓馬が目立ちます。昔なら「恥ずかしいこと言っているんじゃねーよ」と「仲間」から忠告されたはず。なぜ頓馬がのさばるのか。

ネットの関係が「仲間」ではないからです。そこにあるのは、見たいものだけを見て、見たくないものは見ない、「いいね！ボタン」を押しあう関係です。「仲間」の存在に呼び掛けられるがゆえに「正しい」存在であろうとする動機づけがない以上、「仲間」とは言えません。

激しく「正しい」存在であろうとすると──とりわけできるだけ広い範囲の「仲間」に通じる正しさを追求しようとすると──、単に適応して「法内」に留まろうとする構えとは違い、人は自動的に「法外」へと押し出されます。そこでも再び「法外でのシンクロ」が問題になる。

祝祭が共同体にとっての、性愛が個体にとっての、「法外でのシンクロ」だと言いました。そして、激しく「正しい」存在たらんと欲すると、「法外」に押し出されるということを話しました。ならば、「損得に敏感な男」よりも「正しくあろうとする男」が性愛の絆を作れて当然です。

だから、〈感情の劣化〉が進んで「正しくあろうとする男」が減り、「損得に敏感な男」だらけになれば、性的退却が進むのです。出会いの機会を作って婚活を支援したところで、紙切れとしての結婚に漕ぎ着けられても、家族の絆は作れません。それを示すのが先のデータ群です。

なぜヒトラーはモテたのか

宮台　ヒトラーが1933年に政権を取った際に、CIA（中央情報局）の前身（OSS）が「ヒトラーに吸引される心理」を分析したレポートを公開しました。彼は今風に言えば「キモい奴」ですが、レポートは「キモい奴」だから人気があったとします。

自分はキモいと自覚する人は「ヒトラーはキモい」と誹謗されるほど「ヒトラーは自分の味方だ」と思うようになると言います。僕らはブッシュJr.大統領の選挙で同じ現象を目撃しました。ブッシュの知能指数はゴアの半分だと喧伝されたら、ブッシュの人気が上がったのです。

日本に引きつければ、安倍首相の人気を挫《くじ》く目的で「安倍首相は無教養で反知性主義的だ」と批判しても、逆効果になりがちなのです。安倍ちゃんをショボイ奴だとクサすほど、「それは俺だ」と思う人々が「ならば俺には安倍ちゃんしかいない」となります。「誰某は劣化している」と批判すると、「自分は劣化している」と思う人々が、その誰某に肩入れしこそすれ、劣化を批判する側には回らない。この逆説は本書にも付いて回ります。劣化批判に該当することを自覚する若い人々が、批判された若い人々の側に立って反発するのです。

だから、本書のような情報発信がマクロに社会を変える事態はそもそも考えられません。だから僕も二村監督もそうした企図を抱いてはいません。恋愛ワークショップの経験から言えば、本書を手にとった人の10人に1人の生き方に影響を与えられれば御の字だと思っています。

実際、僕の恋愛ワークショップ本などの若者関連本を読み、当初は僕の構えに共感的だった読者が、僕の指南をまったく現実化できない自分に落胆した後、「悪いのは自分じゃなくて宮台だ」という具合に反転したパターンを幾つも知っています。認知的整合化の典型的事例です。

本書のような試みがあろうがなかろうが、社会のマクロな〈感情の劣化〉は自己強化的に進みます。〈感情の劣化〉は家族を含めた「仲間」の形成を妨げるので、「仲間」の存在で初めて可能になる「感情の陶冶」がなくなり、ますます〈感情の劣化〉が進むことになります。

にもかかわらず、主題が性愛に関わるから本書に取り組んでいます。性愛の能力は劣化しつつあるとはいえ、個体毎に千差万別。その点は他と同じですが、〈性愛の営み〉は尊厳（コミュニケーションに媒介された自己価値）に直結するので10人に1人を強く動機づけるのです。

他の問題であれば、10人に1人に高度な達成の可能性があっても、可能性の現実化に向けて動機づけるには手間がかかりますが、問題が性愛であれば、高度な達成の可能性がある10人に

1人が、ほんの少しのきっかけを与えるだけで、自己推進的に達成に向かえるのです。

加えて、性愛の能力は、先に幾つかデータを示したような「家族の絆」の如何に直結するので、本人の問題であると同時に子孫の問題でもあるという公共的な性格を帯びます。僕がナンパ師だったことで学べた最も大切な真実は、性愛の能力が家族形成の能力だということです。

たとえば、LINEのやりとりに注意を促すだけでパートナーとの関係を変えられます。SNS的なコミュニケーションが広がったことでコミュニケーションの自動機械化が進みました。LINEのスタンプベースのやりとりを見ると、高速度の自動機械になり下がっています。

実際、大学生や高校生の男女が「恋人」と交わすLINEのやりとりはスタンプと絵文字で埋め尽くされ、写真つきの「〜なう」的メッセージで溢れている。名前を伏せれば、誰と誰のやりとりかを言い当てられません。つまりコミュニケーションが入替可能なのです。

だから相手を失っても取り換えが利く。というか、大抵はその程度の相手だから「つきあうだけ時間の無駄」。失っても取り換える必要はない。その意味で、性愛に限らず「主体の抹消」に向けて強迫されています。逆に主体が露出していると、周囲から叩かれてしまうのですね。

しかし経験的には、こと性愛関係に限っては「そうしたやりとりをやめれば二人の関係が変わるぞ」とアドバイスすると、一部の学生はすぐに従ってくれて、実際にステディとの関係を変えます。だから、僕が性の問題に関わることの意味は小さくないと思っています。

セックスはビフォア・アンド・アフター

宮台 少しだけAV業界の現状を整理しておきたいのですが、昨年28年ぶりに「日活ロマンポルノ」が復活しました。かつてと同じようにストーリーベースですが、本番あり。昔は本番はありませんでした。この違いは重要です。

これがAV業界に刺激を与えればいいなと思います。というのは、かつての日活ロマンポルノはほとんど全て同じ図式でした。通過儀礼の図式です。平凡なOLや主婦が、カオスを経験した後、平凡な生活に戻ったように見えて、実は新しいステージへと成長している、という。

今村昌平『赤い殺意』に遡るモチーフで、以降の昼メロの基調になります。時間的な展開が受け手に自分でも意外な感情を抱かせるのがポイントで、「聖なる娼婦」の伝統に連なります。清楚に見えて既に娼婦だが、「汚れても汚れない聖性」を獲得した……。

ピンクや日活ロマンポルノからAVになって失われたのはこの「ビフォア・アンド・アフター」です。とはいえピンク時代から監督をしていた代々木忠さんが撮る映像は、ドキュメンタリーの形をとりながらも、完全に「ビフォア・アンド・アフター」のモチーフなのですね。

女向けAVが作られて10年になりますが、女たちが同好会みたいな形で代々木監督のAVを見るようになったのが20年以上前。理由は「ビフォア・アンド・アフター」。女向けメディアを遡れば、1970年に創刊した『an・an』のワンランク・アップのモチーフです。

女が、それまでになかった経験をして、成長するという。代々木作品は、女の「翻身《ほんしん》」を目撃した恋人や夫が、女に潜在していた「聖性」に感動して号泣する、という変形パターンが特徴です。それを含めて「ビフォア・アンド・アフター」は人類学的リソースだと言えます。

二村 セックスや恋愛だけに限った話ではなくて、あらゆる物語は、そういう構造ですよね。往きて還りし物語。異界に行って戻ってくる。帰ってきたときに、何も変わっていないように見えるけど、主人公の精神世界は変化している。

宮台 そう。現実の性愛的な営みでも、僕ら年長者が目指すように奨励されていたのは、性愛を通過儀礼とした成長、つまり「ビフォア・アンド・アフター」でした。それによって、現実を耐えられなかった存在が、〈なりすまし〉を獲得して、耐えられるようになるからです。

二村 AVにドラマ部分は必要ない、いや熟女ものはドラマ仕立てがいい、なんていう浅い議論もあるけれど、台本があるかないか、ストーリーがあるかないかというのは本質論ではなくて、ただセックスしているだけの映像だとしても、そこに言葉では表せない物語があって、この男優とこの女優がやったことで、女優はセックスの昂りによって、今まで住んでいたのとは別世界である〝あちら側〟に行って、そして生きて帰ってきた。帰ってきたら、さっきまでの彼女ではなくなっていた。そういうAVが、やっぱりエロい。

宮台 そう。にもかかわらず、僕は、90年代半ばの代々木忠ブームの只中で、バクシーシ山下さんを応援していました。性愛を「ありそうもない深いコミュニケーション」だとするのが代々木監督だとすると、性愛を「ありそうもない自動機械的反復だ」とするのが山下監督です。

二村　物語性もクソもない、ただ突っ込んでピストンして「射出する／される」だけのことだと。それ以上でも以下でもないと。

宮台　そう。代々木監督的なセックスを追い求めてきた男でも、時折、単なる「汁男《しるだん》」に堕《だ》したいと思うことがあります。女も同じです。SF作家バラードの長編小説『クラッシュ』が描くように、調子の狂った機械になることで解放されるということが、確かにあるからです。

二村　僕も「代々木AVと山下AVが北極と南極であって、もしかしたら、あらゆるセックスや愛がその二者の〝あいだ〟に収まるのではないか」と思ったことがあって、20年くらい前に面白半分ですが山下さんに直接「代々木さんの撮影現場をドキュメントで撮影してみては」とか「代々木監督のAVに男優で出てみては」と進言したことが……。それは実現しませんでしたが、山下監督は15年くらい前に村西とおる監督を男優として起用し（笑）、代々木監督の現場では僕が男優をやらせてもらいました。

宮台　定住によって言語プログラムへの服従としての「法」が始まり、同時に、「法外」を定期的に露出させる営みとしての「祝祭」が始まったと言いました。それに関係して、言語プログラムが駆動する社会でちゃんと生きる「人格的存在」から解放されたいという意欲も生じる。

その解放には代々木監督モードと山下監督モードがあり、解放は解放でも時々モードを取り替えたいと思う男女が珍しくないのですね。解放に「ありそうもないコミュニカティヴィティ＝崇高さ」と「ありそうもない自動機械的反復＝下劣さ」の二つの方向があるのですね。

「ありそうもない自動機械的反復＝下劣さ」は、乱交が目的とする〈フェチ系〉のアッパー

（刺激昂進）型で、「ありそうもないコミュニカテヴィティ＝崇高さ」は、スワッピングが目的とする〈ダイヴ系〉のエモーション（感情享受）型ですが、前者はすぐに飽きてしまう。

二村　最初は刺激にトランスするけれど、やがて脳が刺激に慣れてしまう。

宮台　はい。だから「もっと強い刺激を」となって、「ハードSM」的な犯罪方向に傾きます。こちら方向に過剰になるのは神経症的固着です。ただし一時的には誰もが経験するものです。たとえばバイアグラを最初に飲んだ時は「こんなに凄い力が湧いてくるのか」と思います。

二村　自分じゃなくなったような感じは確かにしますよね、下半身が。

宮台　そうです。その自分じゃなくなったような「未知の」感覚に再帰的に興奮して、ボルテージが自己増殖状態に入ります。けれども、2回目からは「既知の」感覚になるから、自己増殖分の効果がなくなり、単に身体的な増大効果だけになります。それとよく似ています。

でも、「法外」と結合してきた性愛の性質からして、「あれはやめろ」「これはやめろ」と伝えたところで逆方向に反発しがちです。だから入口としてなら性愛はあれこれ経験したほうがいい。SMもフェチ系の風俗も経験すればいい。経験から学んで「やめておこう」となるのがいい。

二村　今の若い人たちは、セックスが自分の心の形成に重大な関係があるヤバいものだとは認識せず、単なる欲望か、恋愛や結婚におけるアリバイ証明というか人質のようなもの、「やりたい／やらせない」という力関係に使われるもの、そうでなければ単純に不健康な〝自分を傷つけるもの〟として捉えている。

宮台さんがおっしゃったように、セックスしているときにその人の心は感動したり、びっくりしたり、恐れたり、うまくいかなくてしょげたりしているはずなんです。自分の心が動いていることを、もっと見つめていいはずですよね。

だけど多くの人たちは、ヤリチン男性であれば、ただ人数を稼ぐ。女性であれば、彼は私のことを愛してくれているのかしら、この人と結婚していいのかしら、そんなことを心配しながら、要するに〝セックスそのもの〟に没頭していない。だから魂が揺れない。セックスで受けてしまう精神的な傷（被害者意識や罪悪感）だったり「コスパ悪かったな～」みたいな面倒さだったり、そんな意識ばかりを増幅させている。

宮台　まさに時間性が欠けた構えです。歴史が積み重ならない状態です。時間性を呼び込むためにこそ言語を使うべきなのです。「本当にこんなものでいいのか」と言葉にして自問自答し、それを元に次を探索して観察し、また自問自答し……と積み重ねる。

二村　みんな、もうちょっとマジメにセックスしたほうがいい。セックスを〝何かのため〟に使うんじゃなく、セックスそのものを味わえ。難しい顔をしてやれと言いたいんじゃなく、真剣にやったほうがセックスは楽しい。

宮台　そうした真剣な積み重ねに資することがないような相手は、「ただのヤリ友に過ぎない」という具合に、ポジションの格下げを自問自答的に言語化しておくべきです。もちろん、それを相手に伝えるのも当然「あり」ですね。

二村　つまらない相手との無駄なセックスは、しないほうがいいんじゃないですか。

宮台　そうかもしれない。でも「相手はクズだけど、ちょっとムラムラして」という場合もあるでしょう（笑）。

二村　それは、まったく、そうですね。

宮台　「下劣な自動機械的反復に堕したい」と思うこともあるのが人間です。「この相手ならば、気晴らしにやるのはいいが、それ以上のものにはならないから、勘違いしないように」ということでいいんじゃないかと思います。

「激しいセックスが好き」の意味

二村　女体を拘束・緊縛して、電マやポルチオ刺激による快楽を与え続け、連続オーガズム状態にさせるというジャンルのAVがあります。そのジャンルだけに特化したベイビーエンターテイメントというレーベルもあり、また溜池ゴロー監督や僕やビーバップ・みのる監督の師匠であるTOHJIRO監督は、ドグマというレーベルで『拘束椅子トランス』というシリーズを、加藤鷹さんを起用してずっと撮っていました。

ただ、鷹さんには悪いけれど、いま、そういう強制オーガズムのAVを好んで観る男性は、あまり男優や監督には感情移入していない。どちらかというと観ている男性たちは、加藤鷹になりたいのではなく〝イカされまくっている女の子〟になりたいのです。

宮台　お話ししてきた僕の「性癖」はまさにその方向です。女の性的興奮が僕に感染して初めて僕のスイッチが入るという。

二村　それと、既に話しましたが近年僕は女装子（男の娘）のＡＶをよく撮っています。これはニューハーフさんたちのように普段から女性として生活している男性ではなく、あくまでも日常は男性として過ごし、撮影の時だけ女装して、撮影の時だけ女になって男に抱かれる、カメラの前で男が女になっていく。そういう精神状態にこだわって演出しています。

長い間ＡＶ監督をしてきて、男の中の女性性、女の中の男性性というものが見えてきた。男性の肉体的オーガズム、それもペニスで得られる従来の性感ではなく、前立腺や乳首での快楽も研究していきたいと思ってるんです。今ここで宮台さんの乳首や肛門に触らせろとは言い出しませんが……。

宮台　僕も10代の若い時分には、女子になったつもりで、電車に乗り、街を歩き、しゃがんで排尿して……と一人ロールプレイをしていました。だから一時的な「男の娘」にはシンクロできます。とはいえ、今は妻子もおり、大学組織のシニア世代でもあるので……すみません。

二村　30年前の宮台さんにだったら触っていたかな。ともあれ男女間のカップルであっても、ゲイやレズビアンの人が言う〝リバーシブル〟を目指すべきだと思うんですよ。男だから攻め、女だから受け、あるいはサディストだから攻め、などと決めつけてセックスしているのはもったいない。いつでも入れ替わり可能なんです。

受け身になってヨガりまくることを知っていれば、こちらが能動的に振る舞い女性が感じている瞬間でも、その女性の快感にシンクロしやすくなる。だから、相手がどんなことをされているか知るためにも、全ての男性はアナルを掘られるくらいの経験を一度はしておくべきだと思う。器具もしくは指で、女性からやってもらえばいいんです。

宮台 そうです。なので、ちょっと建設的な話をすると、最近はポルチオ性感という言葉が出てきたりもするけれど、男はあんまりガンガンやることをやめたほうがよい。女の感じ方を知るためにも「女になってみる」のを勧めます。前立腺マッサージを入口にするといいですね。

二村 これはAV監督の立場としても、僕はよく撮影で男優さんに「君はちんこがデカくて、腰がパワフルなのは分かったから、それを誇示するようなピストンじゃなく、ちんこを指のように繊細に使ってよ」と頼みます。「ちんこで膣の内側を愛撫するように」と。

宮台 そう。ちんこがデカい男であればあるほど、さして動かす必要はありません。女の「中を満たす」と、女は自分が必要なだけ自由に動き始めるからです。たとえば、言葉攻めをすると、ある言葉に反応して女が動いたりします。

二村 反応しますね。膣の内側が動くのが分かる。

宮台 そう。その場合、膣内の動きと、腰の動きの、組み合わせのバリエーションがあり得るので、膣内の動きをちゃんとモニターして、リアルタイムに反応を返せるようにしてほしいんです。

二村 宮台さんは、まんこの話をするとき本当にうれしそうな顔で話されますね（感心）。

宮台 はい。若いころには知らなかったことだからです。そうやって女が感じると、そのことで男も感じます。感じないなら、感じられるように訓練しましょう。すると途端に「男が能動、女が受動」という関係が消えて、能動と受動が渾然《こんぜん》とした中動感覚が得られます。

女から見ても同じですが、これは凄く具体的な現実です。女が「変性意識状態」に入っていれば、むしろガンガンせずにじーっとして微妙な動きを感じあうだけで、容易にイキますし、それに触発されて男もイキます。そうやって、イク瞬間を揃えることも容易にできます。

「どんなセックスが好き？」と尋ねて「激しいの」って答える女は、だいたい性的経験値が低い。フュージョンの能力が低いダメ男とだけつきあってきた女とか。人数という意味じゃなく「いいセックス」の経験値が上がると「激しいのも好きだけど……」と必ず言うようになります。

読者の中にも「激しくされるのが好き」って思っている女性もいるはずですが、そんな女性の皆さんは「まだ次のステージがあるんだよ」ということで、楽しみにしてほしいと思います。今までよりもずっと凄いステージですから。

二村　激しいセックスをする関係に飽きたとしても、まだ先がある。希望が持てますね。

〈祭りのセックス〉から〈愛のセックス〉へ

二村　激しいだけのセックスは痛かったりするから、痛みを我慢するための脳内麻薬が出て、それをオーガズムだと勘違いしてしまっている場合がある。あらためてうかがいたいのですが、我々が目指すべきエクスタシー、「変性意識」とはどういう状態なんでしょう？

宮台　英語では「altered state of consciousness」。「altered」は「普段と違う」という意味で

す。「普段と違う」とは何か。「前催眠状態」と呼ばれるものと同じ状態であることがヒントです。催眠術師は術をかける前に必ず「前催眠状態」に導きます。さもないとかかりません。「前催眠状態」とはどんな状態か。「委ねの状態」です。「この人、怪しいな」と思っていたら術はかかりません。「この人、なんか不思議」と思った瞬間、スイッチが入って「委ねの状態」になります。「前催眠状態」を導く催眠フックには、催眠以前的な仕掛けを用います。

相手の呼吸や心拍から心の状態を言い当てるのもそう。「目を瞑って。私が揺れてきましたと言うと体が揺れてきます」というホメオスタティック・メカニズムを使うのもそう。なんでもいいから「ありそうもないことが起こった」と思わせられれば、「前催眠状態」に入ります。「前催眠状態＝変性意識状態」を別の言葉で言うと、普段注意が行く部分に注意が行かなくなり、普段注意が行かない部分に注意が行く状態です。「繭の中に入ったような状態」とも言います。すると、後は自己増殖的に「通常意識状態」から離れていくことになるんですね。

これは、かつてのアウェアネス・トレーニング（自己改造訓練）で学べた洗脳法にも関連します。洗脳とは、変性意識状態下でフレームを書き換えること。スクリプトともストーリーともプログラムともゲシュタルトとも呼ばれますが、自分のフレームも書き換えられます。

抽象的には「委ねの状態」を入口にして「トランスした状態」へと導くための方法ということですが、セックスだけじゃなく何にでも応用できます。初心者にとって大切なのは「委ねの状態」に自分や相手をどうエントリーさせるかで、極端な話、後はどうにでもなります。

二村　トランス状態って、セックスだけではなく、祭りとかダンスとか、身体を動かすことでも十分なりますよね。しかもそれは、誰か好ましい相手と共有しあうことで起こりやすくなる。

宮台　たとえば〈ただのセックス〉と〈祭りのセックス〉と〈愛のセックス〉があります。〈祭りのセックス〉は先ほど紹介した「アッパー型」。ハレとケでいうハレ（非日常）。経験のない人にとって乱交は〈祭りのセックス〉ですが、繰り返すと〈ただのセックス〉に堕します。

二村　また祭りかよ、こないだやったばっかりじゃないか、みたいになりますよね。

宮台　だから〈祭りのセックス〉は、頻度をコントロールしないといけない。単なるエスカレーションに向かう傾向を回避するためにも、頻度のコントロールは大切です。これは変性意識状態を手放さないための工夫です。

二村　ただエスカレーションしていると、インフレを起こして興奮も麻痺する。そこで出ている脳内麻薬はドーパミン系のものなのかもしれない。愛情のホルモンであるオキシトシンやセロトニンは分泌されていないのでは。

宮台　その通りですね。ドーパミン中毒になると刺激に反応しにくくなります。それが〈祭りのセックス〉の頭打ち感です。中毒を回避するのが頻度のコントロールです。それに対してオキシトシンを分泌させるのが〈愛のセックス〉です。これには頭打ち感がありません。

頭打ち感が出てきて、エスカレーションして、また頭打ち感が出てきて、と繰り返しになったら、犯罪的段階になる前に〈祭りのセックス〉から〈愛のセックス〉へとステージを移すべきです。幸い〈祭りのセックス〉と〈愛のセックス〉は両立します。スワッピングが実例です。

これは規範的な準則というよりも経験的な知恵です。実際「どうでもいい相手」と〈祭りのセックス〉をするのと「愛している相手」と〈祭りのセックス〉をするのでは強度が違います。「愛している相手」との〈祭りのセックス〉の「頻度を管理」できれば、最高です（笑）。

「瞬間恋愛」とは何か

二村　ただ、この「愛」という言葉が非常に難しく、また面倒くさい言葉です。すごく手軽に使うこともできる。恋愛市場（というのもおかしな言葉ですが）においては「この人は一生愛するに足る相手かしら」とか「この人は本当に私を愛してくれるのか」とか、どうしても損得勘定を持ち込んでしまう人が多い。あるいは「私は、この人を本当に愛せているのか」と悩み、苦しんだり。どちらにせよ、頭で考えてしまう傾向がある。

宮台　そう。頭で考えるだけの「言葉の自動機械」になることは、なんとしても避けなきゃいけません。

二村　セックスで溶けあえたときは「愛とは何か」などと規定できるような余裕のある状態ではなく、ただ愛のほうに引っぱり込まれてしまう。

変性意識状態が訪れたら、じたばたしないで、それに委ねる。AV監督や男優が「いい仕事できたな、エロかったな」と思えるのって、やっぱり女優さんが〝委ねてくれた〟ときなんです。翻《ひるがえ》って、先ほどの男も尻を掘られようという話につながるんですが、男が完全にオーガズムに自分を委ねられるかというと、これは非常に難しい。最後まで腰をふり続けなければならないことが多い男は、自我を手放すことがなかなかできない。「受け入れる」ということに慣れていないからです。しかし射精ごときをエクスタシーの終点だと思ってはいけない。

ただし、これは「女のほうが優秀だ」という話には必ずしもならない。女性のオーガズムは男性の何百倍という説も聞きますが、実際にはクリトリス・オーガズムは経験済みでも膣オーガズムは未経験で「中でイクのは怖い」と言う女性がAV女優にも非常に多いわけです。クリトリス・オーガズムは男にとっての射精と同じです。現代人は女も男も、体の内側でトランスすることが、できにくくなっているのかもしれない。

宮台　ならばどうするべきか。少し前に戻ると、知りあいだったAVライターの東ノボル氏（故人）が書いたテレクラ黎明期のルポルタージュ『瞬間恋愛』を読んだとき、凄いなと思うと同時に心から共感しました。「瞬間恋愛」とは、行きずりなのに〈愛のセックス〉ということ。

実際、ナンパでゆきずりのセックスでも互いが深いトランス状態に入ることが、かなり稀にですが、あります。完全なトランス状態に入ったセックスを「fusion sex」と言います。特徴は、上限がなく何回でも射精できることと、時間の見当識（時間感覚）が狂うことです。

それが見知らぬ相手とのセックスで生じる理由は何か。やはり「委ね」です。「変性意識状態」が可能にする「委ね」が、可能にする「見立て」が、「瞬間恋愛」を可能にする。「見立て」とは、「実部と虚部の結合からなる複素数として何かを体験すること」です。

ロマンチシズムの話で、「内在に超越を見る」「俗に聖を見る」という本来不可能な「崇高なものの体験」を追求するなら「見立て」が不可欠で、それは複素数的な体験に当たります。とするなら、「瞬間恋愛」の構造は、性愛の全てに通用することになります。
男も女も長く生きてきたからこそ「本当はこんな人と出会って、こんな恋をして、こんなセックスがしたかった」という思いがあります。現実化したことがないからこそ願望が強くなる。そんな男女が奇跡のシンクロで互いを見立てられたときに「瞬間恋愛」が成り立ちます。
東ノボル氏は、「本当はこんな人と出会い……」という女の痛切な思いに寄り添って素晴らしい本を書きました。そこには今は珍しくなった期待水準と願望水準の著しい乖離《かいり》が、むしろ「瞬間恋愛」のような奇蹟を成り立たせるという逆説が、見事に描き出されていましたよね。

二村　東さんとは何度かお会いしたことがあります。いろんな心の問題を抱えている女優さんたちを、ずっと追いかけて真摯なルポを書かれて、多くのケースで取材対象の女優さんの面倒を親身になって見ておられました。東さんが残されたメッセージだからなのか、その「瞬間恋愛」という言葉に代々木忠監督はこだわります。撮影のセックスなのに「いま、この瞬間だけ、目の前の相手を真剣に好きになれ！」と、男優と女優に本気で命じます。

宮台　代々木監督が「瞬間恋愛」を再現できるのは、アウェアネス・トレーニングの達人だからです。出演女性がもはや思い出すこともなくなった折り畳まれた願望水準に火を付けられるのです。素人に真似は難しいけど、潜在的には今も「瞬間恋愛」が可能だと教えてくれます。

セックスとミラーニューロンの働き

二村　僕の演出も、そのへんは完全に代々木メソッドのパクリです。痴女的なセックスであってもカメラ目線の主観映像ではない場合は「目と目を見て、相手の心に入っていけ」と必ず言います。そのときに女優さんが心を委ねてくれないと「何を言ってるんだ、この監督は？　これは仕事だろう？」という気持ちに女優さんはなってしまう。

宮台　でも、それが通用するときがあるんですよね。

二村　あります。ジェットコースターに乗ってくれたときは、僕の言葉が相手の心になっている感じがします。こんなおっさんがモニターを見ながら、ちんこをしごきながら「愛しあえ」と言っている。客観的に見たらバカ丸出しなのですが、女優さんも男優さんも委ねてくれる。さっきまでと違った目をしてくれているんです。瞬間恋愛ができる男優さんは、ただちんこを勃てているだけじゃない、イメージする力が強い男優さんです。

宮台　先ほど「本当はこんな人とこんなセックスを……」という思いについて話しましたが、〈愛のセックス〉を、実体験に裏打ちされなくてもいいから——映画や小説のイメージでもいいから——どれだけ心の中に具体的になまなましく思い浮かべられるかが大事だと思います。

15年以上前に『ダ・ヴィンチ』誌の特集取材で、都内で最も濃密なスワッピング・サークル「女神の唇」を見聞しました。そこで気づきましたが、自らが性交に参加することではなく、むしろパートナーの女が他の男とする姿を見て「何か」を感じることが重要なのですね。「何か」とは嫉妬を含みますが、単なる嫉妬じゃない。もう少し深いニュアンスがあります。それは妻や恋人が発するオーラの中に、「本当はこんな××を……」という思いを見出して、そういう場でなければ気づけないそれに出会い、自分を責める、みたいな感じです。

僕はこのとき初めて、他の夫婦が体験しているスワッピングを横からゆっくり観察する経験をしたおかげで、過去の複数プレイ経験がなぜダルイ感触を残したのかが分かりました。言葉で表現しにくいのですが、一口で言えば「人間はやはり人間なのだな……」という感覚です。性欲の自動機械になる〈フェチ系〉から距離をとり、時間軸上の蓄積が与える複雑性ゆえに取り替え不能な感情の綾を自他未分的にシェアする〈ダイヴ系〉。その営みをじっと眺めていると「ああ、僕らはこうして生きていくしかないんだな……」という気持ちになるのです。

そうした深いダルさは、代々木作品を見ても感受できます。比類ない崇高さと深いダルさの二重性。この二重性に打ちのめされる体験は、人を〈社会〉から〈世界〉に導きます。「〈世界〉――〈社会〉ではなく――はそもそもそうなっているのだ」という暗喩的な寓意です。

二村　今宮台さんがおっしゃったのは脳のミラーニューロンによる現象なんでしょうか。

泣いたり笑ったりしている他人の感情に近くで接することで、自分も同じように感情が動いてしまうことが人間にはある。代々木監督は、今の主流の主観的AVのセックスではなく、「愛しあえ！」と言いながら男優と女優がヤッているのを横から見つめています。代々木さんの映像はドキュメントなのに、見ている側は男優に対して嫉妬の感情は湧かず、むしろ興奮する。

ドラマ物もそうです。たとえばヘンリー塚本監督が撮るFAプロの作品。主観カットを使わず、ただセックスを見つめているだけなのに情念がエグくて、すごく乗れる。そこに類型的ではあっても〝物語〟があるからです。

それらの〝セックス＝ダイヴ〟系のAVを見ると、僕らが追求してきた、観ている人がオナニーしやすいように先鋭化してきた痴女AVは、やはり〝セックス＝フェチ〟系であり、コンピューターゲームの世界に近いことが分かる。脳のミラーニューロンを働かせなくても、主観カットや女優のカメラ目線の効果で、男優のちんちんが俺のちんちんだと思える。観る人の脳をサボらせているんです。その潮流を作ったのがソフト・オン・デマンド。日本のAV業界に地殻変動をもたらしたメーカーだと評価されるべきだけど、功罪はあります。

宮台　本当に「功罪」両面です。ソフト・オン・デマンドの貢献は創業者の高橋がなり氏の経歴から分かるけど、テレビ的手法を、テレビの人材を集めて、実現することでした。テレビ的とは、ショートスパンで、ピンポイントで、フック（釣り針）に満ちていることを言います。

それまでのAVは、中途半端な物語をだらだら描きがちでした。がなり氏は「どうせ早送りで〝エロい場面〟だけ見てるんだから」とおっしゃっていたけど、冒頭数分以内に〝エロい場面〟に入り、節目のある〝エロい場面〟を多数積み重ねて、尺を埋める形になっています。

個々の〝エロい場面〟には、個々の〈フェチ系〉のフックが配置され、どこから見てもすぐに「抜き所」に到れます。映画ファンならご存じですが、最近の日本映画も、「性欲の」フックが「感情の」フックに置換されただけで、まったく同様にテレビ化しています。

そんな分析が評価されて、お話ししたようにソフト・オン・デマンド8周年記念イベントで初代「アダルトビデオファン大賞」をいただきましたが、短時間で「抜き」たいときにはソフト・オン・デマンド系を選択する、という自分の傾向を言葉にしただけです（笑）。

その意味で「古い劇画を映像化しただけ」みたいな従来の流れを変えることに貢献しましたが、ここで二村監督とお話しさせていただいているような、生身の性愛にしかない享楽の可能性からかけ離れていきました。それが〈フェチ系〉による〈ダイヴ系〉の周辺化に当たります。

二村監督と僕は今、生身の性愛にしかない享楽の可能性の話だけをしています。今はこのレベルの話になるのは珍しいけど、昔は体育会的な同性仲間集団（ホモソーシャリティ）の中でかなり深いレベルまで話せました。「お前は女のことが分かっていないぜ」と批判されたり。

二村　めちゃめちゃ簡単に言うと「セックスってのはエロいんだよ！」と共有するみたいなことですよね。

宮台　そう。同性仲間集団としての体育会的なものは、古くからあった若衆宿の代替的機会です。昔から男女共に「そういうコミュニケーション」があったということ。「そういうコミュニケーション」の機会がない今、皆さんはスタートラインから既にハンディを負っています。

その結果「ここまで行ける」という最終目標への願望がセットされないから、動機づけが薄く、向上心も育たず、「どうせ恋愛なんて、セックスなんて、こんなもの」というところに留まり、やがて退却する。逆に、僕らみたいな話を毎日聞いていれば、皆さんもエロくなります。

二村　「性的退却」の時代であるとしても、ミラーニューロンの働きを生かせば、愛しあえる可能性を探ることもできるわけですね。

第2章質疑応答編

Q かけがえのない幸せを手に入れるのは困難……

男性F　21歳の大学生です。宮台さんは『いま、幸福について語ろう』という本の中で、「かけがえのない幸せを得ることが本当の幸せにつながる」と、おっしゃっていますが、実際の恋愛を経験すると期待外れが生じて、入替可能とか物格化とか、そういうものが生じて、かけがえのない幸せを得ることが困難な方向に社会はどんどん向かっている気がします。その中で、どうすれば、かけがえのない幸せを手に入れられるのでしょうか？

宮台　ヒトの欲望は元々「対象a」に向かうもので、固有名を持つ対象に向かうものじゃない。血を吸いたいと思うバンパイアは、血を吸うことができれば誰でもいい。代々木忠監督作品に登場するバンパイア化した女たちも、固有名詞に関係しないポテンシャリティを示します。「対象a」とは精神分析家ジャック・ラカンの概念で、しがみつきたいのに疎遠だという意味で「足りない何か」。正確には「それ抜きでは自分であり続けようという意欲が湧かない何か」です。乳幼児にとっては乳房と糞便と声と眼差しです。どれも呼び掛けてくる力を持ちます。

僕は「〈社会〉から〈世界〉へ」と言いますが、ヒトは〈社会〉の中で与えられた位置——固有名や役割——から解き放たれ、〈社会〉の外にある〈世界〉の中での解放を手にすることがあります。人類学的に言えば、固有名や役割は、所有が始まった定住社会以後のものです。〈世界〉とはあらゆる全体で、〈社会〉とはコミュニケーション可能なものの全体です。文字がなかった文明（大規模定住）以前の古い共同体では〈世界＝社会〉で、全てがコミュニケーション可能でしたが、文明化すると〈社会〉の外に〈世界〉が拡がると観念され始めます。

古代バビロニアの占星術を見ると、元々は星々と交流してそれらを動かすことができると観念されていて、これが〈世界＝社会〉の段階ですが、バビロン捕囚の時代になると、星々は動かすことはできず、単に読めるだけとされて、〈社会〉の外に〈世界〉が拡がる段階になります。

固有名や役割におけるポジション取りは言語的な営みです。その意味で、〈社会〉は言語的、正確に言えば散文言語的です。定住段階であっても〈世界＝社会〉の時代には神話的思考に基づく詩的言語が優位ですが、文字化した大規模定住段階では散文言語が優位になります。

大規模定住の開始は3000年前。サピエンスが種として分化したのは50万年前。だから僕らの感情的な能力のベースは「〈世界〉と〈社会〉の分化を前提として〈社会〉だけを生きる」

ようにはできていない。その意味で法＝言語プログラムの内側だけを生きるのは抑圧的です。

僕が〈クソ社会〉をそうでないものに直すのは無理だと言い、社会は全てクソだと言うのは、そういうことです。だから社会を〈なりすまして〉生きろと発言してきた。法と散文言語を核として回る大規模定住社会は、僕らの共生のために不可欠で、今更否定できないのです。

この〈なりすまし〉は、「社会の外にハミ出した身体」を生きる時空と、「ワザと社会の中に押し込めた身体」を生きる時空とを往復する、先ほど申し上げた営みと同じです。僕はこれを「実部と虚部の組から成る複素数が張る空間を生きよ」という風にパラフレーズしてもいます。

生存戦略が秩序を成す遊動段階。法と神話的思考（詩的言語）が秩序を成す定住段階。そして法とロゴス（散文言語）が秩序を成す大規模定住段階。そこでの性愛は「名前を持つ存在を尊重することを通じて、名前を持つ存在の中に収まらない欲望を実現する営み」になります。

その営みの比喩的な表現が「ヒトに〈なりすました〉バンパイア」です。ご存じの方もいるでしょうが、僕の映画評のキーフレーズです。話してきたことからお分かりのように、僕の考えでは「ヒトに〈なりすました〉バンパイア」にしか真の「仲間」や「絆」を作れません。

Q 「性愛不全」は「身体性の欠如」も原因？

男性G　僕は、身体性の希薄さが「性愛の退却」に影響しているのではないか？と考えています。というのも、以前は現実はどこなんだみたいな離人症的な感じだったのですが、大学に入って、太極拳や武道をやるようになってから、体を動かすことで、体の奥底にある欲動を感じることができるようになったからです。

二村　宮台さんも昔、武道をやられていたんでしたっけ？

宮台　柔道、空手、クラヴマガ。グレイシー柔術も少しやっていました。

二村　男性の先輩に、体を弄られたりしたこともあるのでは？

宮台　中2のときに、初めての射精は人の手だったんですけどね。空手部の先輩に……。

二村　それが宮台少年が求めていないものだったとすればホモソーシャルの暗黒面ということになりますが、それはそれとしてスポーツはやったほうがいい。いわゆる「学校でやる体育」や球技である必要はないけど。体を動かす習慣があり、自分の体の癖を知ってる人のほうが、いいセックスができる可能性が高い。

男性の前立腺オーガズムや女性の膣オーガズムは、結局は内臓の動きと筋肉の痙攣なんです。自分の体を理解しつつ、呼吸と〝氣〟と筋肉の動きを関連づけて訓練していれば、内的なオーガズムにアクセスしやすくなる。そこに至るために、たとえば太極拳のような東洋的な武道や、格闘技は凄くいいと思います。ヨガもいいです。

宮台　そうですね。あと、女性について言わせてもらえるなら、体が柔らかいほうがオーガズムに達しやすいと思います。体の硬い女性はいろんな体位をとるのが辛くなるので、集中力が続かなくなります。

二村　そうするとオーガズムから遠のくんですよ。

宮台　実際に体の硬い女性がセックスを通じてバンパイア的な域に達するのは少し難しい。すぐ「ちょっと痛くなった」となってトランスから冷めてしまう。体の柔らかさは意外に大切な条件です。ストレッチや骨盤矯正などで体の歪みを解放することが必要だと思います。

二村　小野美由紀さんという作家は「サーフィンをやってみたら非常に良かった」と言っていました。海というのが、球技も格闘技も登山もそうなんだろうけど、不測の事態が起きる、それに対して常に体を合わせていくところがセックスに通じるものがある。

宮台　安全なサーフィンをやろうとするとトランスになりにくい。雷がいつ落ちるかもしれない嵐の中でサーフィンをやるとトランスになります。格闘技も同じで安全な組手はトランスを生まない。防具なしで「気絶あり・骨折あり」という条件で組みあうとトランスになります。

　サーフィンや格闘技は気づきへの重要な入口です。身の危険とトランスは表裏一体です。身の危険が「法外」を意味するからです。「法内」の快楽という相対性と「法外」の享楽という絶対性は比較になりません。［法・安全・シラフ・快楽・相対性／「法外」・危険・眩暈・享楽・絶対性」です。

二村　それと、さっき僕はオーガズムは筋肉の痙攣だって言ったけど、具体的には男性も女性も腹筋を鍛え、それからお尻の穴を（女性は膣も）キュッキュッと締めるのは習慣的にやったほうがいい。古武道では丹田に力を込めろと言うでしょう。へその下に意識を集中して、腹式呼吸する。その際、鼻呼吸であることが望ましいです。東洋医学の健康法ですが、それによって括約筋だけでなく前立腺（女性であればポルチオ）も鍛えられる。お尻の穴を意識的に締めたり緩めたりすることで、女性であれば名器になり、男性は勃起度が向上します。

宮台　僕は高校時代に学年で2番の背筋力がありました。普通の高校生は130キロぐらいですが僕は212キロありました。これは性交において有利に働きます。どんな体位を続けても腰を痛めませんし疲れません。背筋や腹筋など筋肉が大事なのは間違いありません。

二村　ということで、やはり身体性は非常に大事だと思います。

Q　つきあってもいつも1、2カ月で別れてしまう……

男性H　僕は大学3年まで、割と一回限りというか、そんなセックスばかりをしてきて。要は「好き」と言われたら、自分も好きになっちゃった気がして。それでつきあうとなって、つきあいますが、ぜんぜん愛していないから、なんかそれで1カ月とか2カ月つきあって、「やっぱり合わないね」となって、すぐ別れることを繰り返してきました。

今は大学院生ですが、大学4年のときに、彼氏がいる女の子が、浮気の相手としてセックスしてくれた。僕にも別にセフレのような相手がいて。ところが、その彼氏がいる彼女との関係がすごく幸せ過ぎて。愛が先行していて、こんなことがあるのかとお互いに思ってしまいました。結局、彼女は彼氏と別れて、それで僕とつきあうことになったんですが、実際つきあってみると、1カ月も持たずに、そのままお別れになったみたいな。浮気だったから良かったのかなという。それを僕はずっと引きずっていて……。

二村 おかしなことだよね。一対一で向かいあうようになったら二人の関係が崩れていった。

宮台 で、君の質問は?

男性H はい。その彼女と別れて以来、まったく性欲が湧かなくて。そういう状態になった場合はどうすれば?

宮台 二村監督、彼の状況は悪くないんじゃないかな。「これがいいセックスだ」と分かったら、今までのセックスがクズに思えてくるのは必然的です。彼はそれが分かったから、「時間を無駄にせず、高いレベルのセックスができる相手を探そう」となった。むしろ素晴らしい。ただ彼が告白する勘違いはとても貴重な情報です。ポイントは「好き」や「愛」という言葉の平板さ。言葉の自動機械になってはいけません。「愛」や「好き」には多様な水準と次元がありま す。言葉でフラット化しないで、言語外の微妙な違和感や親和感に敏感になってほしい。

学問的には「認知的整合化」のメカニズムに注意してください。性交が与える体験が凄ければ自分は愛しているんだと思いがちで、自分は愛していると思い込めば性交が与える体験を盛りがちです。単なる性欲に由来する二人オナニーだとの認識は自分を傷つけがちだからです。

性欲に由来する二人オナニーがいけないわけじゃない。互いの利害が一致する限りでOK。ただし勘違いはダメ。好意は多くの場合「ヤりたい」という性欲に由来するけど、性欲に駆られちゃいけないという教育を真に受けて育った女はそれを「とても愛している」と粉飾します。

敢えてバッサリ言うと、誰かを好きになってセックスをしたという時点での「好き」は大した好きじゃない。きっと君も「その彼女」に出会うまではそうだった。けれど「本当に好き」という体験をして気づいた。ところが「またそれも違った」というのが大事なところです。

「またそれも違った」という勘違いについて僕の経験を話しましょう。話しにくいことですがかつての僕は「寝取り」が好きでした。女の彼氏や旦那が僕の友達だったり先輩だったり後輩だったりします。そういったヤバい状況に興奮するのは法と「法外」の差異に関連します。

二村　なかなか最低ですね（笑）。

男性H　僕もそうでした。

宮台　ならば話は早い。君は彼氏や旦那の上を行こうと目指したい。だから君は女に彼氏や旦那とどんなセックスをしているのかを聞く。彼氏や旦那は君の親しい友達だ。だから女の話をリアルに想像できる。すると自覚しないうちにミラーニューロン現象が起きる。

他人の欲望がミラーニューロン的に君の欲望を形作るわけだ。君は女に欲情していると思っている。でも実は彼氏や旦那の欲望の転写だ。その延長線上で君は女に深い愛を感じ始めた。でも実はそれも彼氏や旦那の深い愛の転写だ。変性意識状態が転写を可能にする。

こうした欲望の転写や愛の転写はさっき話した性欲の認知的整合化に比べてずっと高度な勘違いだ。高度だというのは相当に深い変性意識状態で初めて生じる勘違いだからだよ。別の観点で言えばそれほど深い変性意識状態に導いてくれる女であれば見込みがあります。

だからこそ注意しなきゃいけない。女の気持ちが彼氏や旦那から離れれば離れるほど女が愛おしくなくなる。同じく彼氏や旦那の気持ちが女から離れるほど愛おしくなくなる。その場合は彼氏や旦那のあり得べき嫉妬感情が自分に転写されていたこともあり得ます。

こうした問題を避けるには、相当の経験を積んだ上で、しかし慣れによる弛緩《しかん》を回避して感覚を研ぎ澄まし、失敗を細かく言語化しておく必要があります。だから「それもまた違った」という高次の勘違いをしたら、何が起こったのかを徹底的に言語化してみてほしい。

Q　AVを現実の世界と勘違いしてしまったら……

男性Ｉ　10代とかの若い人がAVを現実だと信じちゃって、女の人にひどいことをするみたいなことを聞きました。AV監督として、その状況をどう思っていますか？　また、どうしたら改善されると思いますか？

二村　そのフェチにしか興奮できない人を、フィクションであるＡＶの存在が救うということはあります。現実にしたら犯罪になってしまうペドフィリア（小児を性の対象にすること）やレイプや痴漢。しかし同時に、あまりにもユーザーのニーズに応え過ぎた結果、ユーザーから他者の気持ちへの想像力（それこそミラーニューロンの働き）を奪い、勘違いさせてしまうこともあり得る。他人の欲望を模倣してしまうということも現実にあり、顔射のＡＶばかり観てるうちに「顔射がノーマルだ」となってしまう。責任は感じています。痴漢をする男のほぼ全てが痴漢ＡＶを観ているという話（斉藤章佳『男が痴漢になる理由』）もあり、個人的には痴漢ＡＶはなくなってもいいのではないかと思っていますが、逆に、痴漢ＡＶがあるから実際に痴漢をせずに済んでいる人の数は計測できません……。ともあれ、現実の痴漢行為（される側とする側の間に事前の確かな合意があるなら別ですが）も、スクールカーストの中で集団レイプを行う自称リア充も、最低のクズだとも思います。

宮台　社会学は方法的にはコンテクスト（文脈）に注目する学問です。だからメディア悪影響論についても受容文脈論が主流で、メディアの悪影響は受容文脈次第だと見るのです。クラッパーによる限定効果説の実証が有名で、これは引金論と対人ネットワーク論から成り立ちます。

引金論は、暴力的メディアや性的メディアは犯罪的行為の引金になることはあっても、火薬の充填《じゅうてん》は別の原因によるもので、メディアが引金を提供しなくてもどのみち何かが引金になる以上、メディアを悪玉にすると根本原因が免罪されてしまう、という議論です。

対人ネットワーク論は、メディアが引金になるか否かは、誰とどんな状況で享受するか次第だとします。親しい人と一緒に享受したり享受後に話し合ったりすると、メディアの悪影響が中和されるから、コンテンツ自体よりも受容文脈を制御しよう、という議論です。

こうした議論は、あくまでメディア単体の影響に注目したものです。だからこれとは別に、ポルノグラフィックなメディアが溢れ返る社会環境自体が、社会成員への感情プログラムのインストールに長期的に影響すると見る、マッキノンらに代表される仮説があり得ます。

この仮説を真実だと見なした場合、処方箋には二つの方向があり得ます。一つは立法による規制ですが、何がポルノグラフィーか、どんな感情プログラムのインストールを促進するか、ポルノグラフィックな悪影響以外の悪影響と公平に扱えるか、といった疑問が噴き出します。

疑問の払拭ができないと、憲法上の最重要価値である「表現の自由」が侵害されます。そこで、「あるかもしれない良くない感情プログラムのインストールに抗って『感情教育』の実践を展開する」という、もう一つの処方箋が出てきます。今ここで僕らがやっている実践です。

僕が最も重視するのは、同感能力、つまり相手の心に生じた感情を自分の心に映し出す力です。男で言えば目の前の女の感情への同感能力です。でもそれも万能じゃありません。女の感情の働き自体に、貧しい性愛コミュニケーションに関わる「有責性」を問い得るからです。

これは「男」と「女」を入れ替えても成り立つ命題です。同感する側の感情的能力も必要ですが、同感される側の適切な感情的能力も必要なのです。AVについて言えば、クズなAVの外側にどれだけ深く豊かな世界があるのかを示し、互いに感情の働きを陶冶・涵養する必要があります。

その意味で、陶冶・涵養が不十分で深い世界に鈍感な段階で、早く性交し過ぎるのは良くない。期待水準が下がり、引きずられて願望水準も下がるからです。そうなると、クズな〈フェチ系〉のAVの氾濫による長期的な悪影響を受けやすくなります。これはマズイ展開です。

逆に、感情の働きの陶冶・涵養が充分になされて深い世界に敏感になれたなら、クズな〈フェチ系〉AVが、まあちょっと言葉は良くないですが、ロールプレイ的な付加価値化の要素になって、互いに高まったりもできます。あくまで現実の人間関係をベースにAVを享受することです。

その点、最近気になることがあります。AVはますます〈フェチ系〉の多様なツボをピンポイントで刺激するようになる一方、現実の人間関係から性的な色合いが脱色されつつあります。それを言葉で表現するのはなかなか難しいのですが、敢えてチャレンジします。

学生食堂はコワーキングスペースでもあって、昔と同じく男女が交ざってグループワークしています。僕が学生時代であれば、そういう場には、「あー、この男はこの女狙いね」みたいなことがすぐ分かったりして、「妖しい陽炎《かげろう》」が周囲にゆらゆらしているものでした（笑）。

昨今の学食でも相変わらず男女のグループワークを目撃できますが、立ち昇るはずの「性欲の陽炎」がないのです。「この男はこの女狙いだな」みたいな光景が見当たらない。思い出すと、僕が若いころは、実にいろんな場所に「性欲の陽炎」が立ち昇っていたのです。

かつて寺山修司が「覗き」で逮捕されたことがあります。僕の自宅から歩いて1分の近所にある民家を路地から覗いた事件でしたが、寺山は「路上観察をしていた」と言い訳しました。当時の僕は「もっとマシな言い訳はないのかよ」と思いましたが、今思えば間違っていました。

事件は1980年。そのころまでは、細い路地は平屋の小さな家々の間を抜け、そこを歩けば、台所のまな板の音や味噌汁やカレーの匂い、風呂桶の音やシャボンの匂い、夜には蚊取り線香の匂いがしたもの。そこには女の裸や男女の性交を想像させる「妖しい陽炎」が立ち昇っていました。

僕は4年前までの恋愛ワークショップで「相手と性愛的に仲良くなりたいなら散歩をしろ」と勧めてきました。ぎこちなかったのが次第に息が合うようになるからです。今回それに加えるならば道程の大切さ。「妖しい陽炎」が立ち昇る路地を歩けば「できあがる」からです。

僕が使ったのは、中高時代に勝手知ったる麻布・六本木近辺で言えば、我善坊町から仲ノ町を抜けてラブホがある六本木町に至るコース。大学時代に勝手知ったる東大駒場キャンパス周辺で言えば、東大から富ヶ谷と代々木八幡を経て青姦メッカの代々木公園に至るコース。

僕の推測では、寺山は平屋ばかりが両側に並んだ細い路地を歩く「路上観察」を通じて「できあがり」、思わず生け垣がわりの茂みの内側にしゃがみ込んでマスターベーションしちゃったんじゃないか（笑）。昔は人からも場所からも「妖しい陽炎」が立ち昇っていたんです。

並んで散歩すると、路地に立ち込めた「妖しい陽炎」に感染し、体温と呼吸が揃うと同時に互いがムラムラしてくる——これを僕は「場所に微熱感があった」と表現してきました。マッキノン的「ポルノ一掃」の主張が「場所の微熱感」をどう扱うのかを知りたい所以です。

ともあれ、微熱感に満ちた空間を散歩すると、「妖しい陽炎」にやられてムラムラし、それを助走路に性交に至ると、女が「変性意識状態」になりやすく、女の状態に感応して男も「変性意識状態」に陥りやすい。そうした装置を、共同体が長らく失わずにきたのです。

これに比べると昨今は、学食や路地に象徴されるように、空間から「妖しい陽炎」が一掃されて「場所の微熱感」が消え、誰もいない個室の端末画面にだけ辛うじてAVが明滅していきます。「若い人々の草食化」の背後に「妖しい陽炎の消失」があると、僕は思います。

二村　AVで顔射が流行っているからって、一緒に散歩をして心地よい気持ちになれる女性に対して無理やり顔射はしないですよね。日常で顔射をするのは、顔射をされると興奮する女性に対してだけにしてください。これは日々仕事で顔射をしている私たちからのお願いです。そのための手掛かりとして相手と一緒に心地よい散歩をするということですね。

宮台　AVの影響もあって、今は「顔にかけていいよ」とか「精子を飲んであげるよ」という女がたくさんいます。でもエロさを感じない。なぜなのでしょう。答えは簡単。女がやりたくてムラムラしているわけじゃなく、そうすると男が喜ぶものだと刷り込まれているからです。

二村　女性にとっての〝いいセックス〟が、男の欲望に応じる、男に奉仕するセックスになってしまっている。僕が痴女モノの監督だということで女性誌のセックス特集で、女が楽しめるセックスを教えてくださいと取材を受け、こんな痴女テクニックで女性も楽しんでくださいと話したら、できあがった誌面では、なぜか「男に捨てられないためのセックス技術」になっていることがあります。

男にすがりつくのではなく、宮台さんの言うような一緒に散歩できる、同じ歩調で歩けて、同じものを見て、歩いているだけでラポールが形成できるような男性とセックスすれば、自然と楽しいセックスになります。

ＡＶはフィクションです。ＡＶの外側で、ちゃんと対人関係を作ってセックスをしてください。当たり前の結論ですが。

第3章

性の享楽と社会は両立しないのか

なぜ男の恋愛稼働率は女の半分なのか

宮台　日本人の「性的退却」の現状を見てきました。特に男側で退却していましたね。既に統計データを紹介したように、男の恋愛稼働率はだいたいどの世代でも女の半分です。逆に言えば女の恋愛稼働率は男の2倍。女2人に対して男が1人の割合です。

どの世代でも男女の人口はほぼ同じですから、1人の男が複数の女を相手にしている勘定になります。20年前、ナンパ男児で有名な田中康夫が100万枚の下半身ビラをばら撒かれたのに長野県知事に当選した際、長野県の既婚女性たちを取材したら、答えが面白かった。

80年代までなら嫌悪感を抱いたと思うが今は違ってきていると思う、と多くの人が言うんです。「1人の女しか相手にしないツマラナイ男より、複数の女を相手にする面白い男のほうがいい。実際そう思う女が多いから田中さんの生活が成り立ってるんでしょう」とね。

なぜこんなことになっているのか。本章では原因を深いところに二村監督と探ろうと思います。性的衰弱の原因が、単なる個人的な性愛作法の未熟さであるのなら、そうした人に「こういう風にしたほうがいいんじゃない？」とアドバイスすれば済むから、話は実に簡単です。

でもそうじゃない。第一に個人に限らない社会の問題で、第二に性愛に限らないコミュニケーション全体の問題です。社会の問題なら、「社会はいいとこどりができない」ので、関連する事柄の全体を変える構想が必要になります。事柄の全体には無意識まで含まれます。

日本人の性的衰弱の原因がどこにあるのかを突きとめるには、〈社会の営み〉と〈性愛の営み〉の間にどんな関係があるのかを理解する必要があります。両者はそもそも両立するのか、両立しにくいなら、どう騙し騙し社会と性愛の二股をかけて生きればいいか、お話しします。

ここまでの二村監督との対話では、男よりも女に期待したいという共通了解が幾度か確かめられました。女のほうが劣化の度合が小さいからだという理由も一致していました。なぜ劣化が小さいか。フェミニストが言うように女が差別されてきたからかもしれません。

これは実はかなり挑発的な物言いです。僕が各所で繰り返し申しあげてきたのは、LGBT問題として主題化されるような差別からの解放は、LGBTの方々が「社会的に」幸せになることを意味しても「性愛的に」幸せになることを必ずしも意味しないということです。

差別と区別との違いを確認すると、区別された複数範疇（男と女など）を包摂的範疇（同じ人間）に収納した上で、同じ扱いをしないのは不当だと告発すれば、区別は差別に昇格します。そこから直ちに二つの困難が浮上します。一つ目はキリスト教の原罪に関わります。「女と男を同じ人間として同等に扱え」という告発は「人間と非人間を区別して扱え」を含意します。これに対し「イルカと人間を知的な動物として同等に扱え」とイルカ差別を告発できますが、この告発は「知的な動物と知的でない動物を区別して扱え」を含意します。

これに対し「知的な動物と知的でない動物を命ある動物として同等に扱え」と低知能差別を告発できます。実際ナチスによる高知能者を優生学的に増やす政策が差別的だと後に激しく批判されました。人間が範疇を用いる以上、差別だとの告発から自由ではあり得ません。

だから、差別の一切ない社会を構想する頓馬ぶりはクソリベの印になりますが、それを問題にするのは別の機会にして、もう一つの困難を話します。「同じ人間だから同等に扱え」という場合、「同じ人間」の中に「男女」の区別があることをどう捉えるのかということです。

たとえば、異性愛者も同性愛者も、同性相手と異性相手を区別して扱いますが、これに対して「差別だ！ 同性相手と異性相手を同等に扱え」と告発する人はいません。なぜなら、それを告発した瞬間に性的欲求やそれに基づく性愛行為が否定されることが明白だからです。

〈社会の営み〉ならぬ〈性愛の営み〉においては、異性愛者であれ同性愛者であれ「常に既に」、同性らしさと異性らしさを差異化している。「男らしさ」「女らしさ」の違いに反応しているわけです。社会的な幸せと性愛的な幸せとが合致しないことの根源が、ここにあるのです。

その意味で、LGBTの差別解消が直ちにLGBTの幸せにつながると考える頓馬ぶりはクソリベやクソフェミの印になります。実際、自分の性愛的な不幸を、差別という社会的な不幸を叩けば解消できると思い込む、どう見てもモテないクソ男やクソ女が溢れています。

社会の幸いと性愛の幸いの逆立

宮台　僕は91年から1年間ほど新宿二丁目界隈でゲイを取材し、その経験を解釈図式の基礎にして、その後に調べてきたブルセラ&援助交際問題について93年秋以降に情報発信するようになりました。解釈図式の一つが「差別される側のほうが何倍も敏感だ」というものです。

それは、〈社会の営み〉における幸いと、〈性愛の営み〉における幸いが、同期しないことについての敏感さです。社会的強者は地位や金で性愛の幸せを買えると思いがちですが、社会的弱者には地位や金がないどころか、差別されていてさえ性愛の幸いを追求できると信じる者が多い。

僕は高校時代から大学時代にかけて三島由紀夫の論説を一つ残らず読みました。ちなみに小説は嫌いでしたが（笑）。それを通じ、三島が「ゲイであるがゆえに」社会の幸いと性愛の幸いを峻別すること、その慧眼《けいがん》が「バタイユ読解」に由来することが、よく分かりました。

ヘーゲルは社会を作りなす相互性を「不幸な状態」と言います。それは、動物の闘いにおける勝ち負けと違い、人の勝ち負けが、アダム・スミスが言う同感能力（相手の感情を自分に映し出す営み）を用いた「相手の惨めさや悔しさを享楽する構え」と表裏一体だからです。

バタイユはヘーゲル大好物の青年でしたが、性的放蕩を経てヘーゲルを疑い始めます。性愛の渾沌は、「相手の悲しさや幸いを自らのものとする」同感的融合と「相手の惨めさや悔しさを享楽する」同感的痴話喧嘩の、往復に由来するもの。ヘーゲル的には「不幸な状態」です。

ヘーゲルは、〈社会の営み〉が孕む「不幸な状態」を超克するものとして、「社会の外に」国家という崇高さを見出しましたが、バタイユは、〈社会の営み〉が孕む「不幸な状態」にこそ、つまりヘーゲル図式では「社会の中に」ある〈性愛の営み〉の渾沌にこそ、崇高さを見出したのです。

既に話した「法内の快楽という相対性」と「法外の享楽という絶対性」に関わります。ヘーゲルの言う「社会」の中に、「法内」と「法外」の別がある。あらためて言えば、前者が〈社会の営み〉で後者が〈性愛の営み〉。「社会」の中に〈社会の営み〉と〈性愛の営み〉があるのです。

渾沌と崇高は互いを排除しあわない。即ち、渾沌の外に崇高があるのではなく、渾沌の内に崇高があるということ。このモチーフは、既にお話ししたようにギリシャ悲劇に象徴される初期ギリシャのもの。そこでの悲劇は、避けるべきものでなく、引き受けるべきものです。

こうして、初期ギリシャを引照するニーチェと、「社会」内に渾沌と崇高のカップリングを見出すバタイユと、「法内の快楽という相対性」と「法外の享楽という絶対性」のカップリングが言語の使用が孕む抑圧に由来すると見るデュルケム&モースとが、シンクロします。

いずれにしろ、社会＝大規模定住社会には、異なる仲間集団同士が共生するための「法」の領域と、絆で結ばれた「仲間」や対《つい》であることを確認するための「法外」の領域——祝祭と性愛——とが含まれるがゆえに、社会の幸いと性愛の幸いが原理的に逆立するのです。

因みに、第二バチカン公会議で大活躍した神父イヴァン・イリッチは、「仲間を裏切らぬようどうか私を見ていてください」というカトリックの祈りに忠実に、「女と男を同じ人間として同等に扱え」という差別告発を、仲間（共同体）を破壊するセクシズムだと批判します。

彼は、古くは「女と男を同等に扱え」という命令文を支える「人間」観念がなく、代わりに通約不能な異なる原則が貫徹する「女」と「男」が存在したとして、セクシズムへと疎外される前のヴァナキュラー・ジェンダー（土俗の性）を回復し、共同体の回復を企図します。

ところが、ニーチェ的伝統にもバタイユ的伝統にもデュルケム&モース的伝統にも疎い無教養な頓馬が、男女差別を翼賛する利敵行為だとイリッチの営みを批判します。その結果どうなったか。そんなクソフェミがトランプ現象に象徴されるバックラッシュを生んだのです。

賢明なら問題をこう理解するはず。ウェーバー的に見れば、近代社会の合理化過程は、政治と性愛の2領域を適用除外しない限り、動機づけの枯渇によって、近代社会を破壊する。同じく、セクシズムが貫徹すれば、〈性愛の営み〉が動機づけを枯渇させ、社会の存続が終わる。

僕個人としては、「仲間」の存続には関心はあるけど、社会の存続には「仲間」の存続に関わる限りでしか関心がありません。だから「破壊」だの「終わる」だのは脅しにならない。でも、社会ならぬ実存の問題として、「法外」の抹消にもヴァナキュラー・ジェンダーの抹消にも抗います。

男の感情的劣化に対応する女

宮台　第1章を復習すると、ネット界隈には「ナンパクラスタ」があって、そこに集う男の多くが、挫かれた自己実現や剝奪された承認を、獲得し直すべくナンパしています。あたかも「社会での地位達成が無理なら、教団での地位達成を」という地位代替機能を思わせます。

宗教の地位代替機能という概念は、宗教が社会の外を構成すると見えて、実際には社会の内の原理——地位達成——がだらしなく流用されているだけ、との批判を含みます。それで言えば、クソナンパ師らは、〈社会の営み〉をだらしなく〈性愛の営み〉に持ち込んでいます。ぶっちゃけ、ナンパを通じて「自分はちゃんとしてるぞ」と確かめている。「ちゃんと凄いことができたぞ」とか「ちゃんと女に承認してもらえたぞ」とか。「みんな見てくれた？　僕って凄くない？」みたいな。社会内でのポジション取りのツールとして性愛が使われています。

被差別経験の乏しい男は、往生際が悪く、社会内ポジションの回復に性愛まで動員しがちなのに対し、元々差別されることに慣れた女は、社会内ポジションの回復に執《こだわ》る往生際の悪さを示さないぶん、〈性愛の営み〉を「道具的」ならぬ「自体的」に展開しやすいのかもしれない。

女だって金目当てで結婚するじゃん、宮台もそう言ってたじゃん、というのは当たりません。初期ギリシャの昔から「女は正しさに執らないが、正しさに執る男には執る」と言われてきたのを思い出しましょう。それが真実だとすれば（笑）進化生物学的に説明できます。

お話しした通り、最近ある女子高で「正しさに執る男と、損得に執る男、彼氏にしたいのはどちら？」と尋ねたら、一学年160名全員が「正しさに執る男」と答えました。当然です。損得に執る男は、いざとなったら女や家族を守らず、遁走《とんそう》する可能性があるからです（笑）。

同じことで、子を産み育てるためには「正しさ」がどうのこうの言っていられない。だから愛が期待できなくても金目当てで結婚し、爾後、夫との間に愛を持ち込まずに婚外の男との間に愛を持ち込む。人妻専門ナンパ師だった僕が言うんだから間違いありません（笑）。

しかし残念ながら、男が〈感情の劣化〉を被り、「正しさ」や「愛」に反応せずに専ら「損得」にだけ反応するようになります。そんな男は女を〈物格化〉する。つまり所詮は取替可能なモノ扱いする。そんな男との関係には実りがない。だから既婚者を含めて性的に退却する。「女を〈物格化〉するダメなナンパ師がのさばるのは、応じる女がいるからだ」という問題が語られがちですが、当初は女が男より劣化していなかったにせよ、努力しても損得野郎しか見つからないという現実が長く続けば、やがて断念し、断念した記憶も忘れるのが自然です。

損得野郎しかいないので性愛に実りがないという「期待外れ」を抱き続けるのは不快です。ならば「実りを求める」という願望水準を切り下げればいい——それが断念した記憶も忘れるということ。「男が劣化すると、やがて女も劣化する」というテーゼの所以です。

でも、女は男に比べて「承認だ、自己実現だ」と〈社会の営み〉を〈性愛の営み〉にだらしなく流し込んだりしない。「エロス的＝象徴界未然的」な満足を自分の子との関係に求めるのと引き替えに、〈性愛の営み〉に意味はないと切り捨てるか、純粋な性欲のために一時の性愛に乗り出す。

代々木忠作品に登場する自分で応募してくる素人女性たち。代々木忠ブームだったころに雑誌『ＦＵＵ』や『ＫＩＲＥＩ』の「ＡＶ男優としてみませんか？」みたいな企画に応募してくる素人女性たち。僕も交流したことがあるけれど「せめて一度だけでも」という女だらけ。

別に、モノガミー（一夫一婦制）に抗おうとか、モノガミー恋愛ならぬポリアモリー恋愛に踏み出そうとかではない。かといって、遊びの軽薄さからはほど遠く、好奇心と言える軽さもない。「法内」の自己実現や承認じゃなく、「法外」の渾沌や眩暈を直接求めているんですね。

二村　スイッチが入った女性は、そこまでセックスに没頭し、楽しむことができる。その場においては女が搾取されているわけではなく、むしろ男は、女たちの強烈な欲望の発露に、ついていくので精一杯……。その様は、感動的ですらあります。

宮台 そう。それが非常に崇高な、ありそうでないものとして、僕らに体験されます。そこには旦那やパートナーもいて「それ」を目撃するのだけど、彼らはいわゆる「寝取られ」的なフェティシズムを満足させるのではなく、女の「法外」な姿に畏怖すら感じるのです。

「畏怖」と言いましたが、「凄い、俺の女はこんなにも凄いのか……」という具合に、「この世」ならぬ何かを感じて跪《ひざまづ》く。そこにあるのは宗教的とも言える体験です。二村監督の作品もそちらの系統ですね。時流に合わせて、ややフェチ的にも傾いていますが。

二村 時流もありますが、僕は自分の演出を確立していく過程で、性的に強い女性、あるいは背が高い女性やインテリの女性を、意図的に投入してきました。男が、女性の強い性欲や激しいオーガズムをもろに受ける、男が女に体を貪《むさぼ》られる、という絵面に僕は最も勃起した。そういうフェチだったわけです。

中動態の女と能動態の男の断絶

宮台 確かにそう。代々木監督が『プラトニック・アニマル』でそうした男の受動性のありそうもなさを書いています。二村監督のように女に性的に貪られて男が眩暈を経験するのは、男が「法」にまみれた社会じゃ難しい。相当の訓練を経ないと普通は到達できない。

エクスタシーとはエク・スタシス、つまり「外に立つ」という意味です。法にまみれた社会の外に——従って法に守られた自分の外に——出る。どんな女も比較的容易にエク・スタシスできるのに、男がエク・スタシスに到達するのは難しい。射精はエク・スタシスから程遠い。〈社会の営み〉が「法内」の磁場に引き寄せられ、〈性愛の営み〉は「法外」の磁場に引き寄せられる。男は女よりも「法内」の磁場に引き寄せられ、女は男よりも「法外」の磁場に引き寄せられる。実存面で言えば、前者は通常意識状態、後者は変性意識状態に近接します。

この違いを徹底的に弁えて、男は「法外」で女にシンクロする訓練をする必要がある。「法外」のシンクロとは「委ね」です。代々木監督の言葉では「明け渡し」。覚悟がいるという意味では能動的ですが、覚悟するのは「委ね」という受動性。必要なのは「受動的能動」です。

國分功一郎氏が『中動態の世界』で、元々印欧語には能動態と中動態の区別しかなく、能動態の変形から受動態が生まれた後にやがて中動態が忘却されたという経緯を確認しておられる。受動態は能動態の変形に過ぎないが、中動態と能動態（&受動態）は世界観が違います。［中動態＝受動的能動＝他律的自立＝覚悟の世界］対［能動態＝能動的能動＝自律的自立＝足搔きの世界］。双方の価値観の違いは時間観に表れる。中動態の「覚悟の世界」では「未来は過去」即ち「型」です。能動態の「足搔きの世界」では「未来は未規定」即ち「選択」です。

大規模定住社会がやがて［中動態＝覚悟＝未来は過去＝型の時空］を忘れるのは、［能動態＝足搔き＝未来は未規定＝選択の時空］を専らにした社会だけが分業編成を流動化・複雑化できるからです。戦争や経済の戦いでは流動性・複雑性を高めた社会が淘汰されずに生き残る。

大規模定住社会の選択・淘汰は、実存次元と比較的無関係な社会次元の生態学的メカニズムによります。社会次元の変化は長くて千年単位だけど、進化的安定化から50万年、言語獲得から4万年、定住化から1万年などに比べて、屁のような短い期間。大切なのは実存次元です。

僕の考えでは、女が「委ね」「覚悟」の「中動態」に男より近いのは、妊娠出産に由来します。妊娠するかしないか、いつ妊娠するかは、選べない。出産する子の性別、容姿、能力も、選べない。「委ね」る「覚悟」をする他ない。さもなければ妊娠出産を拒絶するしかない。

これを踏まえれば、代々木作品は、女が現前させる「中動態の世界」に男が引き寄せられ併《へい》呑《どん》される姿を描くドキュメンタリー。「コミュニケーション重視の作品」と言われるけど、実際には「法内」のコミュニケーションの前提たる「能動態の世界」を徹底破壊しています。だから、女の姿を目撃した男は、「この女は、俺が知っていたのとはまったく違うポテンシャリティ（潜在力）を持っていた」ということに驚愕《きょうがく》して自己崩壊し、女を畏怖するのです。その体験は、女の出産に立ち会った際の男の体験と、実は質的にまったく同じです。

社会の通常性＝「法内」からこれを記述すると、「互いの理解が深まってコミュニケーションが改善した」といった無害化された描写になります（笑）。でも撮影現場で生じた実存の非通常性＝中動態の世界は、社会の通常性＝能動態の世界の、語彙では捉えられません。

冒頭、同性愛と異性愛の存在は「女であることの女らしさ／男であることの男らしさ」の区別なくしては性的欲望が働かないという事実を意味すると言った。それは「法内」の「女らしさ／男らしさ」の区別に留まらず、「中動態＝法外／能動態＝法内」の区別にまで関連します。

実際、代々木作品に登場する女の性交は「女は性的にこう振る舞うのが適切だ」とか「こうすると女らしく思われる」といった社会的な——「法内」の——期待像からかけ離れています。代々木作品から二村作品までが実証したこの決定的な男女差にどう向きあうかが問題です。

フェミニストvsオタク男子

二村　話が、ちょっと違う方向に行ってしまうかもしれないんですが……。

セックスの感度（単純に性感という意味ではなく）が高く、変性意識状態に入りやすい人、宮台さん言うところの「社会性を超えた人間の本質」に近づくことができる人は、確かに男性より女性のほうが多い。しかし同時に、それも感度が高いため、あるいは馬鹿な男が多いためなのでしょうが、性によって傷ついている女性、性的な事象に強い嫌悪感を抱いている女性、男性に対してとにかく怒っている女性たちも多い。僕は母が死んでだいぶ薄らいだのですが、心の奥のほうに罪悪感があって、怒りを溜め込んでいる女性から怒られることが非常に苦手ですし、彼女たちがSNSで喚き散らしているのを目にすると苦しく重たい気持ちになります。

たとえば「ツイッターレディース」と自称する女性たちが、オタクの男性たちに対して、ポルノに関して、男性の振る舞いに関して、非常に激しい言葉で糾弾している。オタク男性たちにしてみれば、自分たちが享受していた性のはけ口を奪うのかと。ポルノを規制されるのは、弱者である自分たちにとって非常にキツイことであると。そして怒れる女性たちに向かって

「あいつらクソババアは！」と怒り返し、憎悪の連鎖が続いていきます。

社会学についてきちんと勉強してきたわけではないので、確かめておきたいのですが、本来フェミニズムはポルノを完全否定はしないという流れもあったわけですよね？

宮台 もちろん、そっちのほうがむしろ……。

二村 主流？

宮台 そう。元々は男が期待する女役割からの解放が目標です。目標の中には男が期待する「貞淑な女」像が含まれます。「貞淑な女」像には男が女を所有するという家父長制的な観念が含まれます。家父長制とは、家父長の男が妻や娘を所有物として扱うという意味です。

二村 女性も自由になろうと。女性も主体的に自分がやりたいセックスを楽しもうと。セックスというのは、男性から強要されるという社会構造があるから歪むわけだけど、本来は女の人にも、したい、やりたい、楽しみたいセックスがあると。

宮台 男がセックスを楽しみたいように、女も楽しみたい。男が楽しんでいいなら、女も楽しんでいい。70年代前半には「中絶禁止法に反対しピル解禁を要求する女性解放連合」、略して「中ピ連」と呼ばれる団体があったけど、中絶とピル解禁を求める女たちの運動でした。

二村 ところが、そういう流れがある一方で、たとえば宮台真司がバクシーシ山下監督の、女性を虐待しているかのように見えるＡＶを「面白い」と言うと、そのときにも怒れる女性はいたわけですよね。

宮台 山下監督の現場に男優を送り込んだぐらいだから、僕は当然ながら現場の仕掛けを知っています。男優らには一切情報を与えず、女優には「彼らは何も情報を持っていないから多分こうなる」という情報を与える仕掛け。だから繰り返し出演した女優もいたわけです。

山下監督とはこの間もご飯を食べました。昔V&R（ビデオメーカー）の同僚だったカンパニー松尾監督も一緒でしたけど。そのときも、こういう仕掛けだって言ってるのに、永久に「山下と宮台は犯罪者だ」と言い続ける頓馬って、なんだったんだろうという話になりました。

二村　監督である山下さんが罵詈雑言を浴びるのみならず、それを面白がって見ていた宮台さんまで「あいつはブルセラな上にレイプ礼賛で、けしからん」と。

宮台　女には「男たちが情報を持たないってことは、台本がないからどうなるか分からないってことだよ」と伝えてあり、「そのことを含んでのギャラだよ」という話になっていました。さて僕は彼の『女犯』を見てすぐV&Rに電話し、1時間後に山下監督に面会しました。

前にも話したけど、今回の語彙を使って言えば、〈性愛の営み〉と〈社会の営み〉の両立不能性、〈社会の営み〉の外に出られないから性愛が薄いパンピー、障害者だったり異形だったり〈社会の営み〉に居場所がないぶん性欲がやたら濃い男の弱者、というモチーフに感動したからです。

で、それを監督に伝えたら、「いやぁ、そこまで分かってくれましたかぁ」と監督が感激してくれて、親しくなったんですね。僕も援助交際をマスコミで広めた張本人ということで批判されていて、「お互い理解してもらえませんねぇ」みたいになった（笑）。

二村　同じころ、怒れる女性たちは同じように代々木忠監督のところにも押しかけました。山下監督の作品は、AVの撮影にやってくる男のことも女のことも「不気味に」描くような、セックスそのものの即物性をシニカルに空虚に捉えるような作風で、そこが面白い。そのロマンチシズムを排除したエロくなさ、抜けないAVの筆頭だと呼ばれてしまうようなところが魅力なのですが。しかし代々木監督は山下監督の作風とは対極と言ってよく、先ほども申しましたように女性が圧倒的なオーガズム状態を示すことで、男たちのエゴイスティックな欲望を凌《りょう》駕《が》していく、そういう思想が代々木作品にはあります。さらに性のスピリチュアル的な側面にも思いが深い方なので、実は女性たちとも相性が良く、代々木さんを問い詰めに来たはずのフェミニスト女性たちの中から、やがて代々木作品を高く評価する人も現れるというようなこともあった。

そんな時代からかれこれ20年が経ち、産業化に伴ってAVは当時より遥かに陽の光も当たるようになり、だからこそ女性たちの目にも触れやすくなった。それで、一例ですが「エロ本がコンビニなどに置かれているのは、どうなのか」といった意見が出る。僕はポルノ業者の一人として、適切なゾーニングはなされるべきだと思っています。でも、ここで議論というか対決の根っこにあるのは倫理ではなく感情です。感情だから良くないということはない。僕は「あらゆる論理の根っ子には感情があるだろう」と思います。論理を使う人や感情を出す人が「これは私の感情だ。相手には相手の感情がある」と知っていれば対話が生まれる余地があるでしょう。しかし自分の感情を〝正義〟もしくは〝権利〟だと思い込んでしまった人の言動は、対立する人の感情にまた火をつける。怒り狂う女性たちがいることで、糾弾された男性たちは被害者意識を持ち、逆襲することになるんです。そこには〝対話〟はない。最初から双方が〝対話できる相手じゃない〟と決めてかかっている。

異なる論理や利害を持つ人を〝悪だ、敵だ〟と決めつけてしまう人は、右翼にも左翼にもいますが、ほんとうにやりきれない。

『マッドマックス』と怒れるフェミニスト

二村 僕が『マッドマックス 怒りのデス・ロード』の映画評を書いたときの話をさせてください。「エル・オンライン」という女性向けのWEBサイトで、僕が気になった映画を、恋愛やセックスの側面から分析するコラムを連載していました。そもそも『マッドマックス 怒りのデス・ロード』は、大人向けのハードなSFアクション映画であり主人公は男女の二人組なのに、そこにまったく恋愛の要素がないのが斬新であり、ストーリー上さして必要もないのに恋愛の要素を入れてくる多くの映画に辟易していた層からも高く評価されました。

僕が書いたレビューでは、まず主人公のマックスを「かっこいいインポ」であると表現したんです。対立する悪の首領イモータン・ジョーは、老いてなお勃起にこだわり続ける浅ましい男。その浅ましさに比べ〝ただ生きること〟以外に動機を持たない、たくましいのに心は勃起していないマックスは、さわやかな存在である。この宮台さんとの対談に即して言うなら、セックスも愛も要求しないで女たちをただ援助するマックスは、まさに〝贈与〟の男です。

筆者も、いずれ年老いたら、この映画でのマックスのようなさわやかインポを目指したい。そうハッキリと肯定的に書いたつもりだったのですが、まず「インポ」という言葉を使ったことが、一部の人に嫌われたようでした。

それはまあ品のない冗談だととられて、その品のなさが憎まれたのかもしれないんですが、さらなる炎上が僕を困惑させました。シャーリーズ・セロン演ずるヒロインのフュリオサを、かつてはイモータン・ジョーの愛人だったのではないか、と僕は見立てたんです。すると、フュリオサを愛するフェミニストの女性たちの一部から、僕の「フュリオサは、かつてはジョーが好きだった説」は激しく否定され、それだけでなく憎悪の言葉までウェブ上で浴びせられました。

宮台　別にイモータン・ジョーがフュリオサを所有していたという意味じゃない。かつては相互に愛人だったと考えると確かに辻褄が合う。愛人同士だったのに仲違いした。それでイモータン・ジョーは空洞を埋め合わせるためにどんどん過剰になった……みたいな。大賛成です。

二村　フュリオサがイモータン・ジョーを裏切るところから物語は始まるのですが、僕にはフュリオサとジョーの関係が「仕事のできるキャリア女性」と「妻子ある上司」との不倫関係に見えたのです。映画の公式設定では、そんなこと書かれていないでしょう。これは僕の、言わば二次創作です。しかし僕にとっては、そう解釈したほうがフュリオサの物語が、より切実に感じられた。

最初は部下であり愛人でもあったフュリオサを、ジョーは妻にはしなかった。なぜならフュリオサが〝仕事ができる女〟だったから。やがてフュリオサはジョーを憎むようになった……。映画の中でジョーは、フュリオサからも大勢の妻（実質は子産み奴隷）たちからも裏切られます。かつての愛人と妻が共闘して家父長的で男根的な老人をぶっ殺す。痛快じゃないですか。

僕の二次創作が、フュリオサに強く感情移入していた一部の性虐待からのサバイバー女性たちの心を傷つけてしまったことは、今は理解できます。炎上したことによって初めて理解できた。自分の解釈を得意になって書いていたときは、まさかそんなふうに受けとられるとは夢にも思ってなかった。ですから炎上したことは僕にとっては良かったんです。視野が広がった。虐待の加害行為を憎む気持ちも強まりました。

しかし、僕の筆に至らない部分があったにせよですよ、怒り狂った人たちの、この感情の噴出はいったいなんだろうと。

僕の映画評を読んでもらえれば分かりますが、もちろん虐待を肯定なんて一切していません。でも怒り狂った人たちは、言葉の一部だけ切り取って、それこそ自分たちの感情のままに怒れるように都合よく解釈して、それと僕がAV監督だから、どうせ女性虐待を肯定するイモータン・ジョーの同類に違いないという先入観も（まあ、悪役であるジョーに確かに僕は多少は感情移入しますけれども、それが映画の立体的な楽しみ方というものだろうとも思います）あったのでは。

炎上という現象が概ねそういうものなのでしょうか、とにかくそこには一切の〝対話〟がなかった。炎上というものは感情です。しかしそれにしても炎上させる人々、ガチで怒り狂って、相手のこともよく理解せぬまま炎上させる人々は、どうして自分の感情の根拠をまったく疑わないのでしょう。それはずいぶん生きづらい姿勢ではないかと思うのですが。

社会が良くなれば「性愛的に」幸せになるか

宮台　〈社会の営み〉にも〈性愛の営み〉にも虐待がないほうがいいに決まっている。でも羞恥プレイやSMのように「そんなこと無理」という感覚を伴うことで炸裂するトランスもあります。最近、女が涙目になっている性的漫画は虐待礼賛だと噴く性愛的不自由者がいましたね。

二村監督が出合われた不幸も、こうした頓馬が量産されるようになってきた結果です。性犯罪サバイバーだからと単に免罪すべきじゃない。かつて代々木監督が『プラトニック・アニマル』で示唆したけど、頓馬が量産される背景とトラウマ重症化の背景が重なります。

そこに見出される同じ背景とは「社会のフラット化」です。ここでの社会はヘーゲルが国家と対比させる意味での社会です。彼は社会に「不幸な状態」を見るかわりに国家に「崇高」を見出しますが、バタイユは逆に「不幸な状態」の中に「崇高」を見出したことを、話しました。

これは奇異じゃない。フランス流の人類学的伝統に書き込まれた命題の言い直しです。その命題とは、〝社会は〈社会の営み〉と〈性愛の営み〉から成る〟。かなり重なりますが、〝社会は「言語の計算可能性に収まる営み」と「言語の計算可能性に収まらない営み」から成る〟。

個体の実存から言えば、人は〈社会の身体〉と〈性愛の身体〉を具有します。ヘーゲル流の社会を「社会」と記すと、ここで言うのは「社会」の中に〈社会の営み〉と〈性愛の営み〉を分けたときの〈社会〉。そこから「わいせつ」も生まれる。こうした二重性を更に検討します。

先ほど、〈社会の営み〉と〈性愛の営み〉は逆立するから、男女差別や性的少数者差別をなくすことと性愛で幸せになることはまったく別なのだ、という話をしました。この三島由紀夫的な問題設定は、なぜリベラルやフェミニストの一部がクズなのかを、照射してくれます。

社会が良くなれば人は幸せになるという考え方を「主知主義」、社会が良くなっても人は幸せにならないという考え方を「主意主義」と言います。キリスト教の旧教・新教の論争に由来しますが、古くはセム族的なものと初期ギリシャの二五〇〇年以上前の対立にまで遡れます。

旧教・新教の論争では、神が与えた理性に従えば人は道徳的に振る舞えて救われるという考え方が「主知主義」で、神の似姿に過ぎない人の不完全な理性よりも啓示（直観）が与える内発的な意志に従うことでこそ、道徳的に振る舞えて救われるとする考え方が「主意主義」です。

19世紀の新教神学者シュライエルマッハは、神が完全ならなぜ悪はあるのかという弁神論（神の存在証明）において、悪に見えて神の計画なのだとする立場を「主知主義」、神は万能だから何にも制約されずになんでも意志できるからだとする立場を「主意主義」だとしました。

主知主義的な教義の弱点は、「理性に従えば救われる」「戒律に従えば救われる」という神強制です。「戒律に従ったんだから救えよ」「理性に従ったんだから救えよ」といった〈交換〉的な返礼要求は、絶対者を蔑《ないがし》ろにする瀆神《とくしん》行為だ。そうマルチン・ルターは考えました。

主意主義的な教義の弱点は、ルター以降あまた論じられた通り、「人が端的な内発性ゆえに救われるのなら、内発性さえあれば神は不要ではないか」「神が語りかけるから内発的な動機づけが与えられるとして、なぜそれが〝その神〟である必要があるのか」というものです。

復習になるけれど、〈交換〉的な自発性と〈贈与〉的な内発性を最初に区別したのは、初期ギリシャです。悪（理不尽や不条理）は神の怒りに由来するから神の命令に従えば悪は鎮まるとする発想を、神を利用して障害を取り除こうとする浅ましい構えだと批判したのでした。

理不尽や不条理は取り除けない。デルポイの神託が予兆した「母との姦淫」を避けようと艱《かん》難辛苦《なんしんく》を乗り越えたのに、むしろだからこそ「母と姦淫」してしまう。理不尽や不条理を避けずに、単に引き受けて前に進む営みを奨励したのが、初期ギリシャだったのですね。

こうしたギリシャ的志向が福音書に引き継がれました。善きサマリア人の喩えです。戒律に従えば救われるからと善行をなす者（戒律に書かれていなければ何もしない者）と、戒律に関係なく端的に思わず善行を為す者。隣人に相応しいのはいずれかとイエスは尋ねます。

初期ギリシャこそ、［中動態＝覚悟＝未来は過去＝型の時空］対［能動態＝足掻き＝未来は未規定＝選択の時空］という対比を意識し、大規模定住化による仲間以外との共生が要求する法服従がもたらす非本来的な実存への頽落を警《いまし》めた、最初の大規模定住でした。

こうした思考伝統を踏まえて、皆さんに考えてほしい。社会が良くなれば人は幸せになるか。人が不幸なのは社会が良くないからか。最大のヒントは以下の問いです。社会が良くなれば人は「性愛的に」幸せになるか。人が「性愛的に」不幸なのは社会が良くないからか。

主意主義の考えでは、神が端的に意志したように、人も端的に意志します。神の意志が不条理であり得るように、人の意志も不条理であり得ます。だから、人の意志は計算不能です。とりわけ理不尽な感情がそうさせます。そして、感情は選ぶものでなく降って湧くものです。なぜ性愛の場面がヒントになるか。人を好きになるという感情が降って湧くからです。ギリシャでは降って湧く感情を「パトス」と言います。文字通り「降りかかる」という意味です。それを語源として、降って湧く激情を「情熱passion」と呼びます。「受苦」とも訳されます。

現に男が敵陣の女を好きになってしまうことがあります。米国のポカホンタス伝説（騎兵隊の男が先住民の女と恋に落ちる）がそれで、共同体の運命がそれで変わるのです。ジョン・ブアマン監督『未来惑星ザルドス』では、女が敵陣の男との恋に落ちて、共同体の運命が変わる。

再び問います。人が性愛的に不幸なのは社会が良くないからか。社会が良くなれば人は性愛的に幸せになるか。人が性愛的に不幸なのは社会に男女差別や性的少数者差別があるからか。社会から男女差別や性的少数者差別が消えれば人は性愛的に救われるか。あり得ません。

「社会の物差し」対「性愛の物差し」

宮台　文学や映画に反して、性愛的に幸せになれない男女がそれを社会のせいにしてきました。日本では、多くの若い男女が性愛的な不幸を貧困のせいにしていきます。金があるのに性愛的に恵まれないと貧困のせいにできないので、情緒不安定なウヨ豚やクソリベになる（笑）。

強者による弱者の差別や虐待が――社会の不条理が――消えれば、人は性愛的に幸せになるか。あり得ません。翻《ひるがえ》ってみれば性愛に限らず何事につけ、社会の不条理が消えても、人は幸せになれません。なぜならば――ここが大切ですが――感情こそが不条理だからです。

最初にお会いした際、山下監督がおっしゃった。岡山の平凡なサラリーマン家庭に生まれ東京の大学に入った。さして不自由のない人生だがドラマがない。東京でのバイト生活を通じて、安心・安全・便利・快適を剝奪されて社会の周辺に追われた者にはドラマがあるのを見た。

言葉が刺さりました。山下作品が僕に刺さって作品を見た1時間後に会いに行った理由も分かった。「代々木作品は凄いが山下作品は酷い」という物言いに不快感を覚えたわけも分かった。山下監督も「代々木監督と同じく」社会と性愛の逆立を描く。ただ、ずっとシニカルに。

社会は「法内」の営み。性愛は祝祭と同様「法外」の営み。共同体――社会面――の「法外」が祝祭。個体――実存面――の「法外」が性愛。でも法の樹立は1万年前の定住革命から。それ以前のダンバー数（150）に従った遊動生活の秩序は、法ならぬ生存戦略が与えた。

定住革命は、4万年前の言語革命で「うた」から概念言語が分出、技術と分業編成の蓄積的な高度化で生産力が上昇したことによります。柄谷行人氏が強調したけど、定住による法形成・法遵守は決断でした。定住可能な生産力があっても定住しない決断をする共同体《バンド》もあった。

なぜか。〈交換〉は共同体間に起こった。共同体内には〈交換〉ならぬ〈贈与〉があった。誰の貢献であれ狩猟・採集・収穫と同時に皆でシェア。そう、生存戦略。ところが定住は「ストック保全・配分のための法」と「中心への貢献と周辺への配分」、つまり〈交換〉を持ち込む。

法に背いた「から」罰せられ、法に従った「から」許される。中心に背いた「から」分け前をもらえず、中心に従った「から」もらえる。ブラウやホマンズら社会学の交換理論家は市場に限らず「全て」が〈交換〉として体験されるとしましたが、それこそが定住革命の帰結です。トランス（変性意識）からシラフ（通常意識）へ。〈贈与〉から〈交換〉へ。内からの力（内発性）から損得計算（自発性）へ。他律的自立（中動態）から自律的自立（能動態）へ。「未来は過去」から「未来は未規定」へ。定住が意味するものが大き過ぎるからこそ、決断が必要なのです。

定住の副作用が大きいからこそ、ハレ（祝祭・性愛）とケ（日常）を交替するようになります。実際、ケ（日常）の営み――損得計算と〈交換〉――に埋没すると、ケ（気）が枯れる（ケガレ）。内からの力（内発性）が非本来的レベルに低下、動機づけが枯渇してしまう。

あらためて確認すると、性愛も祝祭も、［トランス（変性意識）からシラフ（通常意識）へ。〈贈与〉から〈交換〉へ。内からの力（内発性）から損得計算（自発性）へ。他律的自立（中動態）から自律的自立（能動態）へ。「未来は過去」から「未来は未規定」へ］とは、反対方向です。

性愛も祝祭も、［シラフ（通常意識）からトランス（変性意識）へ。〈交換〉から〈贈与〉へ。損得計算（自発性）から内からの力（内発性）へ。自律的自立（能動態）から他律的自立（中動態）へ。「未来は未規定」から「未来は過去」へ］という、反対方向のベクトルです。

従って、社会が大規模定住化つまり文明化し、ハレの非日常を空間化して――村をあげての祝祭で乱交する代わりに色街をゾーニングして――ケの日常を永続化し、やがてゾーニングされたハレである「悪所」が失われると、成員は動機づけを失い、不安で神経症化するのです。

将来への不安、死の不安などです。不安を解決できないと、別の何かに置き換えて解決行動を反復する。それが強迫神経症（強迫性障害）です。「心の病」をこうしてフランス流の人類学的思考と結びつけたのがジャック・ラカンというフロイト派の精神分析学者でした。

彼が「無意識は言語が構成する（言語獲得が無意識を与える）」と述べるのはなぜか。「人に は〈世界〉（現実界）ならぬ〈世界体験〉（想像界）が与えられるが、それを言語（象徴界）がプログラムしている」と述べるのはなぜか。言語以前（象徴界未然）を持ち出すのはなぜか。

何よりも、〈妄想〉を解読する際に、性愛を中心的モチーフとして据えるのはなぜか。答え。法に従う定住化の営みに無理があり、祝祭を——やがて性愛を——周辺化する大規模定住化（文明化）に無理があり、その無理は「性愛的なものの抑圧」の形をとるからです。

性愛でヒトはバンパイアに「戻る」

二村　想像しかできませんが、1万年前に定住社会ができる以前と現代では、人間の幸せの概念はどう変わったのでしょうか？

宮台　ユヴァル・ノア・ハラリが言うように所詮「全て」は想像的虚構だから想像で良い（笑）。最大の違いは、〈社会の営み〉と〈性愛の営み〉、〈社会の身体〉と〈性愛の身体〉を区別できなくなって、〈社会〉がフラット化した結果、優先順位の逆転が起こってしまったこと。

僕の映画批評では〈なりすまし〉がキーワードです。定住の必要から法を樹立したのが〈社会〉。1万年前の定住革命以前に〈社会〉はなかった。社会を営むのは異常。だから決断が要《い》った。実際「仕方なく〈なりすます〉」という感覚を忘却しないよう祝祭と性愛を維持してきた。

要は、「法内」とは別に「法外」をつないだ。「法外のシンクロ」がないと誰が「仲間」か分からない。「法外のシンクロ」で「仲間」の輪郭が明らかになれば、「仲間」との共生が「法内」を生きる動機づけになる。でも「法内」にいるだけだと劣化するから時々「法外のシンクロ」を生きる。

そこには実際、「法内」が〈なりすまし〉た仮の姿で、「法外」が本来の姿だという感覚がありました。僕はお祭り好きで20歳代から30歳代にかけて全国の祭りを巡ったから分かるけど、法化社会化が完成した90年代まで「祭りを待ちながら毎日を耐える」感覚は普通でした。

その感覚は、映画で言えば、僕が生まれた昭和30年代の土佐・中村を描いた黒木和雄監督『祭りの準備』に刻印されています。僕の経験でも、祭りの前から響く大太鼓の音や跳ね人《と》の鈴の音が、否が応でも〈社会の身体〉ならぬ〈性愛の身体〉を覚醒していくのです。

だから、お祭りの無礼講とか、お祭りを通じて処女や童貞を捨てることは、法やルールじゃなかった。法に従う〈社会の身体〉が後景に退き、普段は〈なりすまし〉の背後に隠れていた〈性愛の身体〉が否応なく前景化する、メタモルフォーゼ（身体変容）そのものだったんです。〈社会の幸せ〉なんて所詮は成功や賞賛といったポジション取りを巡るもの。そのために必要な、シラフでの法遵守と損得計算なんて、人類史的には異常な営みです。だから何度も言うけど〈クソ社会〉じゃない社会はない。〈社会の幸せ〉なんてずっとそんなものだったのです。

二村 定住社会になって、生活を維持していくために、共同体の秩序を破壊に導くような逸脱は制度などによって排除されるようになった。

しかし、人間には安定を求める理性がある一方で〝刺激〟や〝悪〟を求める衝動もある。性愛と社会が両立可能な枠の中で、〝正しい性愛〟だけを生きることに息苦しさを感じる人間も出てくる。そうした人々の不満を解消するために生まれたのが、暗闇祭りなどの祝祭だった。1万年もの歴史の中で、人類はガス抜きの場を設けることで共同体の秩序を保ってきた。

宮台 僕はバンパイアが登場する映画や小説が好きだけど、バンパイアとは何か。「〈交換〉／シラフの状態／法の秩序／未来は未規定」の定住界を生きる僕らを誘惑して破滅させる、「〈贈与〉／トランス状態／生存戦略の秩序／未来は過去」の遊動界を生きる存在のことです。

人に〈なりすます〉ことを決めて定住界を生き始めたバンパイアは、吸血という人からの〈剝奪〉――人から見れば〈贈与〉――を抜きには生きられません。しかし美しい女たちは吸血鬼に誘惑されて惹かれ〈贈与〉を遂行してしまいます。そこには明白な寓意があるでしょう。

寓意とは、〈世界〉(ありとあらゆる全体)は確かにそうなっているという納得をもたらす描像です。僕がここに見出す寓意は、「バンパイアのように生きろ」という誘惑です。マジガチで法を生きる頓馬たちの間で、お前だけは〈なりすまして〉生きろという指南です。

もっと言えば、バンパイアに吸血されてバンパイアになれ、という唆《そそのか》しです。バタイユの言い方では、禁止されたものをこそ尊敬せよ、と。むろん、禁止されたものとは「法を知らず、トランスで、損得計算を超えて、〈贈与〉と〈剝奪〉に勤しむ」遊動界の作法のことです。その意味でバンパイアはフロイトが言う「抑圧されたものの回帰」。バンパイアに「なる」とは実は「戻る」ことです。僕らはバンパイアの遊動界を抑圧することで定住界を生きられる。でも遊動界の生き方は魅力的だから抑圧は後遺症を生む。それがフロイト派の無意識です。

バンパイアは定住以前の存在だから、定住後は「法外」を意味する。遊動界は定住界の「法外」だから魅力的。そこから見れば定住界の「法内」は本当の欲望を我慢してしのぐ〈クソ社会〉。だから社会は全て〈クソ社会〉で、人々はバンパイアの訪れを待っている次第。

〃バンパイア 対 ヒト〃＝〃［中動態＝受動的能動＝他律的自立＝覚悟の世界］対［能動態＝能動的能動＝自律的自立＝足掻きの世界］〃＝〃［〈贈与〉／トランス／生存戦略の秩序／未来は過去］対［〈交換〉／シラフの状態／法の秩序／未来は未規定］〃＝〃性の営み 対〈社会の営み〉〃。

性愛によるエク・スタシス（外に立つ）で眩暈と渾沌を生きるとき、ヒトはバンパイアに変身する。正確に言えばヒトに〈なりすました〉存在が、バンパイアに戻るのです。だから性愛を承認ツールや自己確認ツールや自己実現ツールとして位置づけるのは「性愛の去勢」です。

性愛を承認ツールや自己実現ツールとして位置づける頓馬が「リア充」と表現するけど、2次元じゃなく3次元という意味だとしても不快です。〈クソ社会〉に過ぎない「リアルな現実」を生きるのをやめ、ヒトとしての〈なりすまし〉を捨て、バンパイアに戻るのが、性愛です。

性愛を自覚的に損得から隔離せよ

二村　社会から見たら「頭がおかしい」あるいは「(被害者はいないけれども、道徳的に)悪い」ように見えるセックスの中にこそ、原初的で本質的な世界がある。

宮台　はい。定住の決断は、そのほうが「仲間」の命を守れるからなされた。「仲間」のために法を作って「法内」を生きる辛さを引き受けた。でも「自分たちがどこから来たのか」を忘れると、誰が「仲間」か分からなくなり、動機づけが枯れる。だから祝祭と性愛を残した。

二村　性愛について、自分たちが逸脱していることに自覚的にならないといけないと。

宮台　そう。祝祭のトランスが消えた後も性愛のトランスが長く続いてきた理由を、理解すべきです。共同体はシステムへと置換された。共同体が消えれば祝祭がいらなくなる。ただ、共同体という「生き物」が消えても、個体という「生き物」が残る。だから性愛が残ったのです。

でも、せめぎあいも最終段階に至りました。別の本で述べたけど「社会に適応すると、性愛が不全になり、ホームベースが作れなくなる」。なぜか。社会は「損得計算の合理性の世界」、性愛は「内発性の不条理の世界」だからです。かくして絆で結ばれたホームベースが消滅する。

話したように、女が「正しい男」に執《こだわ》るのは、「損得男」が損得次第で自分や家族を捨てて逃げるからです。性別を入れ替えてもある程度は通用すると思う。いずれにせよ「損得男」と「損得女」だらけになれば、ホームベースは作れず、個体は感情的安全を確保できなくなる。

感情的安全が脅かされたらどうなるか。出会い系ユーザーの低収入者層をリサーチして分かるのは、感情的安全が脅かされた人間は、動機づけが枯渇し、他者と交流する気力どころか、生きる気力すらもなくなることです。「ただ生きている」という状態に近づいてしまうのです。

4年前までやっていた恋愛ワークショップでの処方箋は、「社会に適応するのをやめ、適応するフリで留めろ」でした。要は〈なりすませ〉と。損得原理つまり〈交換〉が貫徹する〈社会の営み〉に適応すれば、内発性つまり〈贈与〉が貫徹する〈性愛の営み〉が不可能になると。

教育や政治の界隈にも、コストパフォーマンスとリスクマネジメントにばかり注目するNewsPicks系の「ビジネスマインド厨」（笑）が溢れ、損得原理を貫徹しろとウルサイ。でも教育や政治は「損得よりも正しさ」。さもないと菅官房長官の如き輩が溢れてしまいます（笑）。

ウェーバーの思考を延長すれば、適用除外領域だった政治と性愛が、近代の合理化過程に飲み込まれて「ビジネスマインド厨」が跋扈するようになるのは、そもそも時間の問題だったと分かる。「過剰が嫌、渾沌が嫌」と宣う輩がのさばれば、政治も性愛も実質を失います。「過剰が嫌、渾沌が嫌」なら、民衆の心や相手の心に深くコミットしないのが合理的だ。でも、この合理性をベタに現実化したら、政治も性愛もダメになる。ダメにしたくないなら合理化された社会に適応する「フリ」に留める他ない。性愛は個体の問題だから、可能なはずです。

民衆の心にコミットしない政治のあり方は、ビッグデータを用いた広告代理店的感情動員戦略として既に現実化しています。相手の心にコミットしない性愛のあり方は、ナンパクラスタに集う〈物格化〉系の男やそれに釣られる女のあり方として、既に現実化しています。

この動きに流されると、政治が崩れてきたように性愛も崩れる他ない。そうなれば、「政治の営みよりも経済の営みのほうがいい」とか「性愛よりも対戦ゲームのほうがいい」となる他なく、ますます政治や性愛がコミットメントつまり真剣な関わりから見放されます。悪循環です。

二村さんのおっしゃる通り、性愛には自覚的になるべきです。さもないと「愛」と「正しさ」の営みが「損得」の営みに堕してしまう。同じことは政治の営みにも、はたまた教育の営みにも学問の営みにも言える。これらの領域が「損得」で覆われたら社会は再生産できません。

あらためて問う。社会が良くなっても性愛で幸せになれないのはなぜか。社会は〈交換〉のバランスを機軸とした合理の領域。良い社会というのも再配分の合理性に過ぎない。性愛はそうじゃなく〈贈与〉の過剰を機軸とした非合理の領域。だから社会は性愛を覆えないのです。

二村 〈感情の劣化〉には、人々の被害者意識が強くなったというのもあるかもしれません。まだ内心では現実のセックスをしたいと願っている一部のオタクの人たちは、自分が社会において恋愛やセックスに恵まれていないと感じ、性的強者のリア充を憎みます。また一部のラディカル・フェミストの女性も、社会の枠組みにおける男性からの性の抑圧に傷つき、強烈な被害者意識を持って、怒り出す。

その人たちの攻撃の対象になっている性的強者であるはずのナンパクラスタでさえも、社会の中で偽りの自己承認を得ているだけであって、本来の性の姿を知らないわけです。つまり、いずれの人たちも社会の外側にある本来の性の姿を知らないまま、もしくは信じられずに、無意味に攻撃しあい、深く傷つけあっている。

多くの人たちが、社会に最適化できれば俺は（私は）性愛の側面で満たされるはずだ、なのに俺は（私は）不幸だ、あいつらが悪い！と決めつけているけれど、僕はそうした人たちに、自覚的に社会の外側にある性愛の可能性に気づいてほしいと願っています。

「恋愛結婚」の誕生と「法外」の享楽

宮台　そのことが本当に大切です。社会的弱者だから性愛機会に恵まれない人がいるのは事実だけど、昨今は性愛を「愛」より「損得」だとする――〈贈与〉じゃなく〈交換〉だと見なす――〈感情の劣化〉を被った人々だらけなので価値ある相手が見つけにくいから、でもある。社会的に見れば、社会的剝奪による性愛の不幸があるのは事実です。でも実存的に見れば、自身の性愛の不幸が社会のせいだと思い込むと、性愛からますます見放されてしまう。元々、バランスを旨とする〈社会の営み〉と、過剰を旨とする〈性愛の営み〉は、別物だからです。〈社会の営み〉と〈性愛の営み〉の二重性は1万年前の定住化からでした。誤解を防ぐために言うと、情熱愛としての西欧的恋愛観念の歴史が数百年しかないのとは別の話です。とはいえ、僕らは西欧の情熱愛の影響を受けているので、西欧の恋愛観念史を知ることは大切です。

西欧的観念とはロマンチック・ラブのこと。ロマン主義的恋愛と訳せます。ロマン主義とは19世紀初頭に始まった、俗に聖を見出すこと・内在に超越を見ること・部分に全体を見出すことを奨励する枠組です。一口で言えば「痘痕《あばた》も笑窪《えくぼ》」という構えですね。

ロマン主義を主観で染め上げる営みだと思う人もいますが、全ては〈世界〉（現実界）ならぬ〈世界体験〉（想像界）なのだから、不正確です。ポイントは「俗に聖を見出す」という表現が指示する変性意識状態＝トランス。思えば、〈性愛の営み〉は古来トランスでしたよね。

そう。ロマンチック・ラブは、トランスの導入が独特なのです。僕は過去20年以上〈祭りのセックス〉と〈愛のセックス〉は〈ただのセックス〉とは違うと言い続けてきました。〈祭りのセックス〉と〈愛のセックス〉は深いトランスが共通し、しかも必ずしも排他的じゃない。

情熱愛は二つの意味を含みます。第一は「降りかかる」ものであること。パッションの語源はギリシア語のパトス。パトスとは「降りかかる」。「選べない」ので「覚悟する」他ないという意味。妊娠に象徴される「受動的能動＝他律的自立＝中動態」の構えです。前に話しました。

第二は、相手の心を自分の心に映し出し、相手の喜びを我が喜びとなし、相手の喜びのために——苦しみを取り除くべく——全身全霊を注ぐこと。強姦じみた営みは排除されます。でもSMカップルのように相手の喜びが非標準的な場合、「見かけ」もまた非標準化します。

情熱愛の観念は、12世紀から19世紀半ばにかけて750年ほどかけて育ち上がりました。元々は、身分の高い既婚の婦人に神に似た崇高さを見出して騎士が膝を屈する営みでした。それが吟遊詩人の営みとして芸能化されたことで、後の宮廷愛に継承されたのですね。

吟遊詩人は貴婦人を神に比定し、「手が届かない」ことを前提にしていたので、成就は（願望はあれ）想定されなかった。それが、宮廷愛では成就が想定されるようになります。ただし「ありそうもない」ものとして。実際「俗の聖化」「部分の全体化」はありそうもない。

だから「あなたは私の全て」という物言いは「真の心」を疑わせます。疑いを防ぐべく「恋は病」「恋を患い死に至る」などの表象が用いられます。病気に罹《かか》るように「制御不能な感情」が全てを滅ぼす。「法をも犯す制御不能性」を指示すべく宮廷愛は既婚者間の営みでした。

二村 ロミオとジュリエット的な死を遂げることが、恋の成就だった。

宮台 まさしく。宮廷で現実化し始めた情熱愛は、「部分の全体化」という「ありそうもなさ」ゆえに「真の心」を問題化し、「真の心」を証するための「病の罹患」や「法の侵犯」を随伴した。だから暇な宮廷貴族には可能でも、職業生活に勤しむ一般人には不可能な営みでした。

ところが印刷技術の発達で19世紀半ばに恋愛小説がブームになります。人々は小説が描くような恋愛をしたいと思い始め、恋愛を描いた小説・を摸倣した恋愛・を描いた小説といった循環的な閉じに埋め込まれます。そこでまたしても問題になったのが「真の心」でした。

病や死が「真の心」の証ではハードルが高過ぎます。そこで結婚の決意と実行を以て「真の心」の証だと理解する営みが拡がります。「恋愛結婚の誕生」です。ただし従来の情熱愛が〈贈与〉だったところに、結婚で「真の心」を買うがごとき〈交換〉の意味論が持ち込まれています。

その意味でも〈社会の営み〉とマッチングしやすくなった「真の心を結婚によって証する恋愛」は、19世紀後半から西洋で一挙に人口に膾炙《かいしゃ》します。しかし、それも今は崩壊しかかっている。実際には100年も続かず、20世紀に入ると程なくこれは疑わしいものになり始めた。

ただし副産物を生みます。1万年前の定住革命後、ストックの継承・配分のためのモノガミー（一対一婚）が法になったものの、非モノガミー的性愛が溢れていました。婚姻は、社会に溢れる過剰な非モノガミー的性愛から特定の性愛関係を抜き出し「正統化」するものです。それが、モノガミー婚に結びつく恋愛が奨励されたことで、モノガミー婚ならぬモノガミー恋愛が正しいものだと思われるようになります。モノガミー婚の営みには1万年の歴史がありますが、「恋愛結婚の誕生」に後続するモノガミー恋愛は150年の歴史さえありません。

でも日露戦争後の重工業化に伴う都市化で、都市上層の女子が学校教育に組み込まれるようになると、プラトニックなモノガミー恋愛が規範化されます。とはいえ、僕らの世代が若かったころまで、目を凝らせば社会の各所に「いかがわしい性愛」の享楽を見出せました。性愛は「法外」の享楽に結合しやすい。だからプラトニックなモノガミー恋愛が規範化されれば、非プラトニックな非モノガミー性愛の享楽が増します。加えて1970年代後半からのメディアと結合した「性と舞台装置の時代」の後押しで、本格的な性解放が実現しました。

70年代の性解放とその後の展開

宮台　若者の性体験率を見ると、60年代末の学園闘争の時代は「奔放な性」が喧伝されたにもかかわらず、所詮はメディア上の煽りに過ぎず、団塊世代は「保守的」でした。ところが、メディア上の煽りを真に受けた下の世代が「皆は凄いらしいが自分は無理」とアノミー化します。

そうした女子がすがったのが1973年からの「乙女チック」漫画ブーム。「白いお城と花咲く野原、バスケットにサンドイッチを詰めて一人でお散歩」みたいなヨーロピアンな「カワイイ繭」に籠る。まる文字のモノローグを多用したイラスト・ポエムや交換日記が人気になります。

「カワイイ繭」が、性愛を遮断するツールから、性愛に乗り出すツールに変わるのが77年。ラブホの落書帳が達筆で書かれた切々とした内容だったのが、「乙女チック」的なまる文字とイラストを用いた「今日は何回するのかな、きゃは♡」みたいな無内容な形式になります。

女子が「主体を問われない形式」をモビルスーツにして性愛に乗り出したのに対し、男子は70年代前半の「シラケの時代」に培《つちか》った「風俗街だった渋谷区役所通りを公園通りと読み替える」西武資本的シャレを使い、〈現実の虚構化〉に勤しむ営みの中に性愛を織り込み始めます。

こうした「ここではないどこか」から「ここの読み替え」へのシフトは、70年代半ばの『植草甚一編集・宝島』みたいなカタログ雑誌のブームと連動した「敢えてするシャレ」でした。それが僕の2学年下から、シャレならぬマジガチのオシャレだと思い込むようになります。

この「シャレからオシャレへ」の変化は、カタログ雑誌から『ポパイ』みたいな恋愛マニュアル雑誌へのシフトや、西武資本の雑誌『ビックリハウス』と連動した細野晴臣（YMO）らのシャレが最先端のオシャレだと勘違いされる動きとも、完全にシンクロしていました。

そもそものシャレは、「体制／反体制」「大人／若者」「エスタブリッシュメント／オルタナティブ」「奴ら／俺ら」等の二項図式に駆動されたアングラやロックの追求が、70年代半ばまでに「痛々しい」ものに変じたのを踏まえた、「オルタナティブへのオルタナティブ」でした。

このシャレは記憶を前提にするので、「若者＝反体制」時代の記憶を持たない世代がシーン——ストリートやメディア——の消費者として登場すれば、もう通用しなくなります。それが「シャレからオシャレへ」の背景で、77年からのデート文化の席巻につながりました。

77年に麻布高を卒業した僕は、2年間アングラを引きずった後、79年にアングラ廃業宣言をして、少なくない仲間らと共に「政から性へ」「アートからエロスへ」と転向します。二村監督との最初のトークで話した通り、朝から晩までセックスしているような状態でした。

東大でも、三四郎池の畔の物陰や、総合図書館の書架の裏や、建物の非常階段上に、使用済みコンドームが落ちているのも何度も見ました。街でも、屋上や、雑居ビルの空きフロア、駐車場の車の陰などでセックスしまくりました。親しかった友達もまったく同じでした。

二村　僕もトーク開催中のロフト・プラスワンのトイレに女優を連れ込んでハメ撮りの撮影をしたりしたなあ……。

宮台　僕らは同類です（笑）。ただ僕らが「皆していた」と言うと語弊があります。最近『フラッシュ』誌で「ナンパ特集」と「覗き特集」を監修した際、渋谷でも新宿でもナンパした直後に非常階段や空きフロアで性交してたと書いたら、同年代の男から「嘘つけ」と抗議が来た。渋谷も新宿もそんな場所じゃなかったと。でも、知り合いのナンパカメラマンもまったく同じ経験をしてるし、具体的に場所も互いに確認している。つまり、70年代末に既に同世代が分化していて、「ナンパ系」「オタク系」等のトライブ毎に「違う渋谷」を体験していたわけです。

僕らにとっての渋谷や新宿は街全体が微熱感に覆われていた。同じ街にいるというだけで同じ体温を期待できた。だから街全体が一つの生き物みたいに感じられた。これは性に限らず、70年代には色濃く残っていた世代的な共通感覚や共同身体性に関係するでしょう。

それとは別に、女の側の文脈もあります。若い女は「結婚するまではセックスしない」と言う子だらけだったけど、ボタンを押せば容易に「なんでもあり」になった。経験が乏しく、現実を見切れない分、期待水準が高かったのです。若い女の期待が街の温度を上げていました。

前も話したけど、こうした「ナンパ」「ナンパ系」の作法は、古い体育会系の文化がまだ色濃く残っていたことに関係します。「ナンパ」も「覗き」も先輩らから強制されたし、どう女と仲良くなるか、どう◯◯まで短時間で持ち込むかも、先輩らから無理やり手ほどきされました。

僕なんか、ゲイの先輩の手で射精させられたんだけれど、その先輩が、「宮台、気ヲツケしろ。隠れて見えない部分は全て性感帯だ。指の間、腕の内側、腋、腿の内側、股……。実際に俺が愛撫してやるから、ちゃんと体で覚えろよ」と丁寧に教えてくれたんですね（笑）。

二村　なるほど、気ヲツケというポーズは、性感帯を確認することにもなるんですね。

宮台　はい。実地に「手をつないだらこっちもの」と教えてくれました。「手をつないだら程なく指の間に指を入れてスリスリし、手首の内側、二の腕の内側、腋へと移動し、乳房に到り…」。同伴喫茶で初体験した18歳の時も、女に「本当は童貞じゃないじゃん」と言われた。

二村　そういえば僕も、初めての女性から「初めてなんて嘘でしょ」って言われました。僕の場合は、上手だったのではなく、少年期からエロ知識だけは豊富過ぎたので、最初から彼女の足の指をくわえてペロペロ舐めるなどの逸脱行為に走ったもので……。

戦後もあった祝祭としての無礼講

宮台　そこも同類（笑）。僕ら世代の男は、何かしらのホモソーシャリティに属していました。僕は空手部だったけど、文科系サークルでも同じ。ＳＦ同好会にもいましたが、合宿して集団で悪さをしたりと充分に体育会乗りで、「実践的な手ほどき」を受けたものです。

二村　もしくは脳内でシミュレーションしていました。

宮台　そう。『Ｐｏｃｋｅｔパンチ○ｈ！』とか『ＧＯＲＯ』とか、誰もが読んでいる雑誌の特集記事が脳内シミュレーションを助けてくれた。今と違って、皆が同じような妄想を抱いているんだろうと当てにできたわけです。だから互いの妄想に対して今よりずっと寛容でした。

そんなこともあって、同性の仲間関係で、誰かが急につきあいが悪くなっても、「あいつ女ができたんだよ」「じゃ仕方ないな、皆でお祝いしようか」と寛容に祝福したものです。最近ときたら「どんな女？」「○○だよ」「あれ、ないわー」といった会話は昔はまったくなかった。

二村　男も女も、仲間内で顔見知りの異性を「あれ、ないわー」と嘲笑して侮辱することで、同性同士、より結束していますよね。

宮台　まさに。異性愛で言えば、異性との性愛関係より同性の仲間関係が優先され、仲間が承認しない相手とはつきあわない。若い女が特にそうです。性愛的に過剰な女が「ビッチ」呼ばわりされるようになったのが２０１０年ころ。ただそれ以前から「仲間＞恋人」でした。

援交ブームのピークは1996年夏。以降ブームが下り坂になっただけでなく、コミュニケーションのモードが変わった。取材者の僕が動機などを聞いても口を割らなくなります。女仲間同士、援交を打ち明けなくなる。ブームが過ぎてカッコ悪いからだと僕は思っていた。

でも一時的じゃなかった。「イタイ」という言葉の流行が象徴的でした。援交であれオタク趣味であれなんであれ、過剰であることが痛々しいことになった。性愛的「冒険」もオタク的「蘊蓄競争」も避けられるようになり、内面を隠してノリに合わせる過剰同調が始まった。

同じころ、先に「禁煙運動」や「つくる会」の例を挙げたけど、昔なら「法外」の共通感覚に包摂されていた事柄についても、「法外」である事実を根拠にバッシングして盛り上がる〈遵法厨〉が跋扈し始めた。「法外」に共通感覚や共通妄想を探る営みが、消滅したわけです。

性愛の享楽を「法内」「規格内」——同性仲間の承認内——に探すのは端的な〈感情の劣化〉です。同じころ、かつて東大でしか話題にならなかったストーカーが、どの大学でも、大学外でも話題になり始めます。これも「法外」に関わる共通前提の崩壊を意味します。

二村　秩序の正しさの中に、あるいは家父長制度の〝社会〟で許容された範囲の内に、セックスが囲い込まれてしまった。だから不倫も、アブノーマルな変態も、セックスワーカーも、こんなに憎まれている。〝愛のある〟LGBTだけが社会の一員として〝許されて〟いる。

宮台　そう。人類社会の伝統じゃあり得なかったことが起こったのです。僕は20年以上も「ネタがベタになる」という宮台語を使ってきたけど、1万年前の定住革命は「ネタ」つまり「敢えてする〈なりすまし〉」だったのが、〈遵法厨〉の出現と共に「ベタ」になったわけです。

おさらいすると、定住革命は農耕と牧畜による生産力上昇を前提にしたけど、それで自動的に定住したんじゃない。［〈贈与〉⇓〈交換（再配分）〉］［内発性⇓損得］［中動態⇓能動態］［「未来は過去」⇓「未来は未規定」］、要は［生存戦略⇓法遵守］への変化を伴う大決断でした。最初の法はモノガミー婚。定住の決断とはストックを持つという決断。ストックの保全と継承のため、発情期の不在に象徴される性愛の過剰から、一組の関係だけを抜き出して「正規」とし、他を「非正規」とするもの。でも以降も相変わらず「非正規」な性愛が溢れていました。

キリスト教的な崇拝・拝跪《はいき》を性愛に持ち込んだ12世紀からの流れが、19世紀に俗に聖を見出すロマン主義的恋愛の大衆化を生んだけど、その数百年の流れでも恋愛は一貫して婚外関係を意味した。恋愛とは法でも制御不能な情熱愛だという観念が「婚外」を必要としたからです。

大東亜戦争直後まで多摩の「くらやみ祭」などでは祝祭時の乱交があった。モースら人類学者は近代社会がとうに失った「風習」が明治の日本に残ることに驚愕していた。祝祭時の乱交は、定住が強いるモノガミーへの服従が〈なりすまし〉であることを確認する営みでした。

結婚ならぬ性愛一般が一対一であるべきだとする、モノガミー婚ならぬモノガミー恋愛の規範化——最初は憧れ——は、ヨーロッパでも19世紀半ば以降150年の歴史、日本では20世紀半ば以降50年の歴史しかない。この短い歴史は「恋愛結婚」の歴史と重なっています。

二村　なりすましというのは、かりそめの姿だということですよね。昔の人はそれに自覚的だったと。ところが今はなぜか社会をかりそめのものだと思わずに、社会を絶対のものと思ってる人が増えている。

宮台　はい。象徴的だったのがベッキー騒動。僕が若いころまで、不倫スキャンダルは「やっぱり芸能人は違うねぇ」みたいな憧れの一環でした。それが、主婦がいきり立ってマジガチで批判している。「はぁ?」みたいな感じ。お前ら自分の足元だけ見てろよ。

二村　芸能人の不倫騒動を糾弾する人々が「あいつは悪いことをした奴だから叩くぞ!」とワーッと群がるのは、まさに〈感情の劣化〉だと思いますが、不倫を憎む気持ちの内面には、自分の親から傷つけられたことによる被害者意識や、嫉妬の心もあるんじゃないですか?

宮台　他人様の性愛には外から見通せない事情があれこれある。それを弁えない頓馬が芸能情報ごときでイキリ立つ。「浮気は遊びで、真の心は妻が独占」の自信が失われ、「真の心も浮気相手が独占」という不安ゆえに、さもしく浅ましい攻撃がベッキーに集中したのだと思う。

二村　性の本質は社会を逸脱した〝バンパイア的な贈与〟であることを忘れ、自動機械のように「不正義を憎む」ことを繰り返している。

先行世代の劣化で後続世代も劣化

二村　世の中がベタになってしまって自分の欲望が分からなくなって、かりそめであるはずの一般的な欲望やモラルを本物だと思ってしまったり、いろいろひっくるめての〈感情の劣化〉だと思いますが、愛やセックスの〝ヤバい面〟が人々の目に触れなくなり、祭りの夜の幻を感じられなくなっていることが原因と言っていい?

宮台　重要な原因の一つです。僕が設計したZ会調査の話で、「両親が愛しあっていると子供も恋愛しやすい」傾向を紹介しました。「男はカネがないと結婚できず、女はカネがあると結婚しない」日本特有の傾向が、両親の「愛より損得」の構えを示す可能性も紹介しました。

愛のロールモデルが見つけにくいだけじゃない。もう一つの原因が「法化社会」化です。三重県の隣人訴訟を契機に1983年ころから15年間で日本全体に拡がりました。全てが「法内」にないと安心できない〈遵法厨〉の量産が、〈性愛の営み〉を貧しくしました。

二村　そもそも性愛とは制御不可能な情熱だから、安心、安全、便利、快適さの中では、その享楽は生まれ得ない。今の世の中は、より厳しく〝法的な〟正しさや誠実さを求め、性愛の享楽を安易に許さない。隙間や余剰を排除する傾向はますます強くなる一方です。加えて、今は社会をかりそめだとは思わず絶対のものだと信じている人が増えている。それも自分が信じたい社会、信じたい解釈だけを信じている。そうしないと不安なのでしょうか。

拙著『すべてはモテるためである』で、モテるためには相手と同じ土俵に乗るコミュニケーション能力が大事だとか、ああでもないこうでもないと、いろいろ述べていますが、結局のところ「あなたがモテないのは『自分について』多面的に考えていないから」なんです。男が女からキモチワルがられないためには、つねに自分自身を疑い、検討していなくてはならない。

もう一つは、大人であるということがどういうことなのかというと「もうそんなに長い時間は残ってないいんだから、なるべく他人を幸せにしようと考えること」だと。この二つができていれば男はモテます。

宮台　二村監督は二つ話された。一つは、相手の心を自分に映し、相手の幸いを自分の幸いだと感じる同感能力。もう一つ、自分の心が羨望と嫉妬によって駆動されていることを感じるモニター能力。大賛成。でもこの感情の回路を大人になって作り出すのは難しい。

恋愛における「真の心」の問題圏

宮台　1970年秋の三島由紀夫の自殺に遡ります。当時の僕は小学5年生でしたが、三島由紀夫の遺体写真を新聞で見ました。というか、クラス全員が見ました。どの新聞でも三島由紀夫の首がごろんと転がっている写真を一面に掲載していたからです。

1986年の岡田有希子の自殺も同様。『フライデー』には彼女が四谷三丁目のビルから投身して地面に叩きつけられた写真が掲載された。こうした写真を見た僕らはおかしくなっているか。「おかしくなっているじゃん、宮台の頭」とか言わないでね（笑）。

昔はゾーニングなどなかった。性的なものの隔離も緩かった。祭りの無礼講は子供にも可視的だった。それで年長世代が変に育ったか。NOです。一つ言えるのは「法外を放置するのか！お前は責任がとれるのか！」という物言いに抗う術を知らなかったことだけです。

二村　みんな、もう少し寛容になったほうがいい。それが今は真逆の方向に進んでいます。他者に寛容になれない。ネットの炎上は、社会だけに適応してしまった人たちが、自身の奥底に潜んでいる〝社会という枠には収まりきらないバンパイア的なもの〟を見せつけられたことによる過剰反応とも解釈できます。世の中全体の雰囲気として、バンパイア的なものを露出させた人間を標的にして袋叩きにすることで、自分は社会に適応している正しい人間なんだと思い込んで安心している。

宮台　嫉妬には真実への手がかりがある。結婚は元々〈なりすまし〉だったのが、19世紀半ばに「恋愛結婚」が誕生しました。「恋愛結婚」は、従来の結婚と違い、恋愛で問われる「真の心」を証するために結婚するという、歴史を知る者なら椅子から転げ落ちる倒錯です。

二村　キリスト教の神に祝福されて、唯一絶対神（つまり社会）が二人を認めたと。

宮台　「教養の道徳化」と言います。ポイントは3つ。第一に、不可能なことを要求することで教会の非日常的威信が高まる。第二に、ストックの保全と継承に関わる規範は専ら上層に関わる。第三に、上層は下層を見下して差異化したがる。それで道徳化が進みます。

このあたりは白田秀彰『性表現規制の文化史』に詳しい。いずれにせよ結婚は元々「真の心」の独占とはなんの関係もない。恋愛＝情熱愛は元々「制御不能な降りかかり」。とすると結婚が「真の心」の独占を〝意味する〟とは意味不明です。恋愛規範と結婚規範が不整合です。

この不整合が「真の心」に対する問いを永続化させます。僕がかつてディープな取材をした沖縄の辻という色街の例を話します。ここは内地の「今の風俗」とは違う。辻は、親と死に別れ、またはさまざまな理由で生き別れ、共同体から排除された女たちの相互扶助システムです。

女たちはそこで、不特定の相手に体を売るのではなく、内地や沖縄の有力者の妾となるべく芸事から教養まで多様な教育を受けた。ここに「真の心」問題の一つの解決策があります。上層の結婚は「政治的」だから、「真の心」は婚外にしかないと。それが妾の制度化でした。

沖縄がこの20年で変質したことや、妾制度の家父長制的な性別非対称を、銘記しましょう。ここでの主題は「真の心」の意味論が今や不安の源泉になっている事実です。その証拠に、恋愛すると疑心暗鬼の虜になる。この問題を放置したまま結婚するから、不安が止まらない。

二村 見捨てられ恐怖でもありますね。

宮台 動機が「愛より損得」だったら、損得勘定が変われば見捨てられて当然です。今も高校生女子はそれが理由で「損得男」を忌避すること、「損得男」の忌避が出産育児の生存戦略に由来する可能性、世が「損得男」だらけになったので性愛から退却した可能性を紹介しました。

頓馬はこうした諸事を念頭において結婚しろよ。なんで結婚したんだよ。損得を圧倒する互いの「真の心」を確証してから結婚しろよ。そんなことしたら結婚できないって？ならば結婚するな。皆がそうすれば、結婚したい者が「真の心」を真剣に模索するようになるはずだぜ。

結婚を「真の心」を横に置いて「損得化」するなら、婚外で「真の心」を追い求める営みを許容しろよ。いやぁ自分は「真の心」と「損得」が半分半分だって？そんなのは「真の心」じゃねえ。ってな具合で、損得で結婚したクセにベッキー問題で沸騰するような頓馬が溢れる。

フランス革命期のラクロ『危険な関係』以降、「互いにどんなことがあっても絶対に戻ってくる」という確信ゆえの寛容こそ、フランス恋愛文学のモチーフでした。フランスでなくても、恋愛結婚を信じた１００年間余り、どの国でも互いの「引き戻す力」を確信しようとしたはず。

日本で1970年代に拡がった、「お見合い」ならぬ「恋愛結婚」は、互いの「引き戻す力」を確信して結婚するぞという決意表明でもあった。「昭和的」と呼んでもいいけど、婚内であれ婚外であれ、「真の心」を尊敬し、「真の心」でないものを軽蔑する作法で、やってきたはず。

現実と理想は違うって？　それでいい。そうした「意味論」を生きていることが大切なんだよ。そうであればベッキー問題で沸騰する頓馬な主婦なんてあり得ない。ここに逆説があることに気づかなきゃいけない。道徳的に沸騰する輩こそ最も「真の心」を蔑んでいるわけだ。「真の心」と「損得」をぐじゃぐじゃに混ぜ込んでいるから「相手に」自信を持てず、「相手に」自信がないから自分は浮気をするくせに、「相手に自信がないから」相手の浮気に過剰に憤激する。クズでしょう。マッチングサービスで結婚できると思っている連中のことですよ。「友達が羨ましがった相手だから結婚した」とか「年収800万円超だから結婚した」とかホザくな。交際相手がいても心に深く入らず、LINEを見ればスタンプ満載のチャット・ロボット。名前を伏せれば誰と誰のやりとりか分からず、相手は取替可能な存在に過ぎない。

こうした自動機械的な言語的戯れの延長線上で「仲良くなった」とか「セックスした」とか「つきあい始めた」という話になる。「相手の心に映るものを自分の心に映す」ことをせず、「見たいものだけを見、見たくないものを見ない」。そこに唯一性はなく、気分だけがある。

そんなふうに結婚しても、結局は男も女も入替可能な部品だから、やりたい放題が当たり前。でなけりゃ「私が我慢してるのに勝手をしやがって」と相手を罵るか、ベッキーを罵るか（笑）。全てクズ。これじゃ感情的安全を回復するホームベース作りなんて、百年早い。

あらゆる一目惚れは間違いである

二村　ところが、今の若い人たちは見捨てられ恐怖やら、「不安のない恋愛をしたい」という思い、そんな感情を愛だと思い込んでいる。彼らの感覚による〝強度の高い恋愛〟こそがDVだったり、メンヘラ的なダサい恋愛です。そういう人ほど〝絆〟とか〝真実の愛〟とか言う。そして愛されたいと願う。

宮台　1時間おきにLINEを送れだの、3時間おきに写メ送れだのと言うクズ男がいます。いわゆる「ソクバッキー」。そういうのがいるかと思えば、「束縛は愛の裏返しだよね」などと勘違いするクズ女もいる。クズ男とクズ女のベストマッチング。まさに地獄です（笑）。

二村　殴ること、殴られることを愛だと勘違いする。言葉の暴力もあります。

宮台　そう。殴っては「悪かった、お前なしには生きられない」と。自分に依存してくれる相手に依存する「共依存」の典型。「自分に依存してくれる」ったって所詮は認知的整合化に過ぎない。変えられない自己像や関係性を擁護するために全てを歪めて認識する傾きです。

二村　恋愛がうまくいかない人は、幸せに関する自分の〝主観〟が間違っていると思ったほうがいいです。

宮台　まったくです。間違いを避けるために必要なのはエヽビヽデヽンスです。単なる贈り物とかじゃない。恋人のために損得を超えて圧倒的〈贈与〉を――自己犠牲を――なしたという実績です。この確証は、物証とは違って、他の人には絶対できない何かとして体験されます。

二村 でも、そこをどう区別するかは、すごく難しいことです。臨床心理士で心理カウンセラーの信田さよ子さんは、『なぜあなたは「愛してくれない人」を好きになるのか』での僕との対談で「あらゆる一目惚れは、間違いである」と断言されています。「一目惚れした男とは絶対につきあわないようにすれば、あなたは幸せになれますよ」と。なぜなら一目惚れは、脳の誤作動だから。

宮台 一目惚れする男女は「顔がタイプだから」とか「声がタイプだから」とか言うよね。この科白をのたまう輩は間違いなくクズ（笑）。恋愛文学や恋愛映画の部厚さも知らない。好みからかけ離れた「法外」な相手が「かけがえなくなる」のが、「恋に落ちる」ことです。

二村 あと、一目惚れというのは〝心の穴の、一番弱い部分〟が自傷的に作動してしまうんです。でも、宮台さんがおっしゃるような、かけがえのない性愛やパートナーシップの体験を得られるかどうかも、直感的な判断によるものが大きい。正しい〝直感〟と誤作動の〝一目惚れの恋〟とは何が違うんでしょう？

宮台 「この人しかない」的な直観じゃない。「予想不能なことが起きる」予感です。まだ「好き」から程遠いけど「気になる」感じ。当初は言葉にならないから直観と呼ばれがち。やがて言葉になる。こんな言葉です。「この人なら今まで知らなかった圧倒的体験を与えてくれる」

自分の体験のカウンターパートには相手の行為があります。他の人ならしない圧倒的な何かを相手が「する」ということです。顔とか声とか匂いとかじゃない。何か圧倒的な行為。それも一流大に入ったとか全国大会優勝とかじゃない。あくまで自分に向けられた行為です。問題は、人類学的には〈性愛の営み〉が〈社会の営み〉と違って〈交換〉ならぬ〈贈与〉であることに関係します。まずそこに登場するのは〈愛のセックス〉ならぬ〈祭りのセックス〉です。祝祭の無礼講のように相手を問わない点が特徴です。それが最初のステップです。

「わいせつ」と〈なりすまし〉

宮台 それが、たとえ900年間ではあれ、「取り替え不可能な相手」という次のステップに移れたのは、なぜか。〈贈与〉の人格化が理由です。圧倒的体験でも、無礼講の如き集合的行為による集合的体験ではない。相手にしかできない圧倒的行為による圧倒的体験ということ。それが〈祭りのセックス〉ならぬ〈愛のセックス〉です。でも共通して「法外」だという特徴がある。そこにあるのは「法外の変異」。だから〈愛のセックス〉は人類学的には〈祭りのセックス〉とつながり――実際に両立可能――単に「近代の偏頗《へんぱ》な営みだ」とは言えない。

若い人は〈祭りのセックス〉が「法外」で〈愛のセックス〉が「法内」だと理解しがち。でも両方とも共通して「法外」だ。理解の入口がわいせつ観念です。〈社会の営み〉を〈性愛の営み〉から隔離する人類固有の工夫です。その背景にあるのは発情期のなさ＝常時発情可能状態です。

わいせつ観念を持たない共同体もあったでしょう。でもそれだと身体的近接性に制度が負ける。すると法に従う定住社会は作れない。そうならないようにわいせつ観念がある。他方、定住社会は制度に身体的近接性が負けないよう保全する必要がある。〈性愛の営み〉ですね。

法に従う定住社会は、わいせつ観念を蝶番にした〈社会の営み〉と〈性愛の営み〉の二重性からなります。前者は〈交換〉原理、後者は〈贈与〉原理。前者は「能動的能動＝能動態＆受動態」原理、後者は「受動的能動＝中動態」原理。前者は「選択」原理、後者は「覚悟」原理。〈性愛の営み〉から見ると〈社会の営み〉は〈なりすまし〉です。本当は〈贈与〉原理を生きたい身体が〈交換〉原理に身をやつす。そこに〈愛のセックス〉が可能な相手を識別する最大のヒントがある。要は〈性愛の営み〉に〈交換〉原理を持ち込むクズを排除すればいいだけ。必死で恋文を渡そうと待ち伏せする男。昔は定番でした。今はストーカーと見分けがつかないなどと言う頓馬がいる。まったく違う。ストーカーは「これだけ愛しているのだから」つきあえとか結婚しろとかホザく。僕に言わせれば「テメェは愛で結婚や交際を買うのか？」

つまり愛が貨幣＝交換手段になっています。確かに「恋愛結婚」の観念自体そもそも「愛で結婚を買う」が如き含みを帯びがちです。でも説明したように、「真の心」を証するべく、病や死に代えて結婚を持ち出したのが出発点。「愛してるんだから結婚してくれ」はあり得ない。

二村　現代は男女ともに、贈与の感覚がすごく磨り減っていますよね。

元々恋愛もAVや風俗も社会の外側にあるもので、だからこそ恋人を相手に生殖を目的としない〈いやらしいセックス〉をすることで、AVを観ることで、風俗に行くことで、社会の外側にポイッと出ることで、そのひとときだけ〈正しさ〉を忘れて自分をリセットし、また日常の仕事や配偶者の元に戻り、それらを愛することができた。

中年になってもセックスし続けられるコツをベテランAV男優から教えてもらう企画を撮影したのですが、出演してくれた47歳の一般男性は、そもそもED気味だったのです。ところが撮影現場での祝祭性に感化されたのか、彼は短時間に4発連続で射精してしまい、その恍惚とした表情には胸を打たれました。彼は自分にとっての社会の外側であるAV出演を体験し、異様に昂り、また平熱を取り戻して奥さんのいる家庭に帰っていったことでしょう。奥さんにバレたら怒られるかもしれませんが。

一方、応援していたアイドルに裏切られたと感じて凶行に及ぶという事件がありました。風俗嬢をストーカーしたり、ネット上でAV女優をヘイトする事例も目立っています。彼らにしてみると、アイドルもAVも風俗も、自分にとっての外部ではなく、ベタでガチの存在になってしまっていた。

昔の娼婦とAV女優の違い

宮台　それで思い出しました。性愛の志向は〈フェチ系〉と〈ダイヴ系〉に大別できると言いました。共通前提の崩壊と結びついた同感能力の劣化を背景に、相手の内側に入り込んでそこから世界がどう体験されるのかを追う〈ダイヴ系〉が減り、〈フェチ系〉が増えてきました。〈フェチ系〉は、相手の心を自分の心に映すより、自分のフェティシズム的ヴィジョンを達成したがります。女が「それ」をどう体験しているのかに無頓着に、ピンポイントでフェティシズム的享楽を目指します。その結果が「僕どうだった？　凄かった？」と聞くクズ男です。

そんなことは聞くまでもない。〈ダイヴ系〉ならば、自分に転送された相手の体験が凄まじかったことから、思わず「君は本当に凄い。僕も引き込まれてブッ飛んだ」と口にしてしまう。女から見て、相手の男が〈ダイヴ系〉か〈フェチ系〉かは、何を喋るかで識別できます。

女を幸せにできるのは〈フェチ系〉ではなく〈ダイヴ系〉です。理由は、〈フェチ系〉は専ら自分の体験にだけ関心を寄せ、〈ダイヴ系〉のように相手の体験に寄り添わないからです。因みに、相手が〈ダイヴ系〉か〈フェチ系〉かを、それに関連して識別する方法もあります。

女が「自分は◯◯プレイを体験したことがある」と言うとします。カマをかけるのでも構わない。〈フェチ系〉の男は、自分がそのプレイをしたことがないと意気消沈する（笑）。〈ダイヴ系〉の男は、それを女がどう体験したのかを聞き出し、どうするべきかを女と一緒に考える。

女が性的に退却した理由の一つに、正しさや愛をスルーする「損得男」が増えたことを挙げましたが、もう一つ、〈ダイヴ系〉男ならぬ〈フェチ系〉男が増えたこともあると睨んでいます。〈フェチ系〉は、定義によって、「人間が相手でなくてもＯＫ」な欲望マシーンです。

女がそんな欲望マシーンの相手になる場合、定義によって女は〈物格化〉されます。女も入替可能なマシーンとして扱われるのです。〈人格化〉を願う——入替不能な人格として扱われたい——女が、そんな男との性愛関係に不毛さを感じても、不思議じゃありません。

さて二村監督が「ＡＶや風俗は社会の外」と言われた。僕は「社会の外であるべし」との指摘だと受け止めます。昔の色街にいた娼婦と、今のＡＶ女優やグラドルの、違いを考えます。昔も今も金銭が介在しますが、前者は「享楽」的〈贈与〉で、後者は「快楽」的〈交換〉です。

僕らは昔の色街を体験できた最後の世代です。沖縄では10年前から真栄原《まえばら》や新吉原の色街が摘発されて壊滅しました。最後に残ったのが波の上（辻）ですが雰囲気が変わってしまった。変わる前の波の上では30年前の内地の色街とまったく同じ体験ができました。

僕が歌謡曲分析で使う言葉で言えば〈相互浸透〉があった。相互に、相手の心に映ったものを自分の心に映す。寺山修司がトルコ嬢（ソープランド嬢）とのやりとりに見出したものです。多かれ少なかれ互いが役柄を演じているけど、客はプライスレスな体験を持ち帰った。

社会学者・磯村英一は、「第三空間」という言葉で、家庭とも職場とも違うホームベースを色街が提供する様を記述します。彼によれば、そこは流動性が高いのに、互いが役柄を演じる作法の非流動性が、「あそこに行けば〝いつもと同じ〟眩暈がある」との思いを与えました。

家庭で得られる安らぎ（感情的安全）に、値段を付ける頓馬がいないように、花柳界で得られる体験もまた——金銭を払ってはいますが——値段が付けられないものでした。でも内地の「風俗」では１９９０年代半ばには既に、そうした体験はほぼ不可能になっていました。

昔の宿場街は、盛り場の奥に芝居街があり、更に奥（奥の院）に色街があった。ともに眩暈を提供するので「悪所」と呼ばれました。江戸時代に悪所として「空間化」される前は、娼婦との交流はハレ（祝祭）とケ（日常）の交替と結びついていました。これは実は普遍的です。

日本では、部族が横並びに並存する環節的段階では部族毎に聖なる存在がいたけど、部族間の支配・被支配関係を経て階層的段階になると、支配的部族の聖なる存在――ミカド――以外は、ひとまず暦を司る役所――日知り――や呪術を司る役所――陰陽寮――に統合されました。

それが支配・被支配システムが変遷する間に吐き出され非定住化すると、普段は差別される非定住民が、祝祭時には「芸能の民」として奉納芝居や門付芝居など「聖なる芝居」を、夜は娼婦などとして「聖なる性愛」を提供しました。鴻上尚史『ものがたり降る夜』が描く世界。

古くは神を、次には高貴な人々を喜ばせる、聖なる「眩暈」の営みを、定住界で差別される非定住民が担う――インドの不可触賤民や欧州のロマにも似た歴史があります。これはむしろ、「生存戦略のトランス」から「法のシラフ」へと無理に移行した定住革命が、背景です。

非定住民が年に数回定期的に運んでくる「祝祭の眩暈」という時間性を、そこに行けば芝居や色事が楽しめるという「悪所の眩暈」という空間性に置き換えたのが、日本では江戸幕府。社会システムの計算可能性を増やし、より複雑な統治を可能にするための、見事な戦略でした。

僕が若いころは内地にも残っていた色街や娼婦にまつわる眩暈のロマンには、そんな歴史的背景があります。フラットな〈交換〉システムにおける性の商品化とは異なる相互的〈贈与〉としての非日常的性愛が、眩暈のロマンです。せめて教養として知っておくべき歴史でしょう。

二村　社会の中で暮らす定住民たちは、お祭りに参加することで社会以前の記憶を取り戻し、彼らの前に眩暈の異次元が生じる。

宮台　そうです。日本の映画や小説には「聖なる娼婦」の形象が繰り返し登場します。「汚れても汚れない存在」です。定住民がそれをすれば「汚れる」が、彼ら彼女らは「汚れない」。

聖なる存在だから。この聖性が階層的頂点を脅かすので、平時には差別されたというわけです。

風俗にもAVにもかつてはそうした歴史が流れ込んでいました。今はほぼ消えましたが、沖縄の一部風俗や、代々木監督や二村監督やTOHJIRO監督や平野勝之監督やカンパニー松尾監督のAV作品に、その残響を確かに聴き取れます。これを伝承するのは合理的です。

なぜ合理的か。システム理論的に言えば、動機づけのデバイスだからです。人文的ないし文学的に言えば、「内なる光」を信頼する力の継承線を保つからです。その意味で、非合理が合理的なのです。非合理の合理性は、性愛に限らず祝祭や宗教にも見出せる側面です。

世紀末あたりから町内会の祭りで的屋《テキヤ》（香具師《ヤシ》）の排除が拡がりました。地域住民がレンタル業者から調達した屋台道具で奮闘します。でもやはり何か物足りない。それは、〈贈与〉の匂いや、過剰さの香りが、失われてしまったことによるのでしょう。

的屋がいる祭りに行くと、僕の妻は美しいので（笑）、射的をすると、1回分5発のコルク弾を、「もういっちょう！」と当たるまで何回でもくれる。3人の子も可愛いので（笑）、風船ヨーヨーをして釣れずに泣くと、景品より何倍も大きい縫いぐるみをくれる。

的屋を排除した町内会の祭りだったら「法外のトランス」ならぬ「法のシラフ」の原則で「差別だぁ！」となってしまいます。「法のシラフ」では美人や可愛い童への依怙贔屓《えこひいき》はいけないけれど、「法外のトランス」では「おら、美人にゃ弱いんだよ」で上等じゃないか。

二村監督や僕の世代が継承する、「法外の眩暈」を愛でるがゆえに娼婦や的屋を受け容れるこうした感受性が、若い人にとって縁遠い。「法外の眩暈＝享楽」ならぬ「法内の覚醒＝快楽」

に取り込まれている。だから性愛も祝祭も実りがなく、性交も踊りも極めてぎこちないのです。短くても20万年は変わってない遺伝的な基盤や、それを導きかつそれに導かれた進化生物学的な集団生活様式に鑑みれば、眩暈やトランスの「エク・スタシス」つまりエクスタシー（忘我）を恐れて「法」にへバりつく過去20年のヘタレぶりは、完全にイレギュラーな構えです。

因みに、エドワード・オズボーン・ウィルソンを鼻祖とする進化生物学は、遺伝的基盤の上に文化が成り立つ面と、集団と集団の闘争と淘汰での生き残り確率を上げる文化を可能にする遺伝子が継承されやすくなる側面との、循環関係に注目する学問です。

循環関係があるとはいえ、文化の変化に比べ、遺伝的変化はとても速度が遅い。だから、文化の急変が引き起こす、文化と遺伝的基盤とのギャップが、問題化しやすいのです。昨今の「法化社会」化への過剰適応（による性的退却）は、その意味で僕らを幸せにできません。

「AV業界の社会化」が問題に

二村　フェチとダイヴについての話に重なるんですが。

最近のAV業界では出演強要の問題がクローズアップされています。AVに女優を出演させる過程で、そこに本当に洗脳や脅迫がないのかということを、われわれ業界は自省しなければならない。李下に冠を整さずで、撮影内容について出演者が100パーセント承諾する過程もあらかじめ透明性が求められる。

ここで、被写体の欲望にダイヴするようなＡＶが今後も可能なのかという問題があります。これが女装子ＡＶであれば「ある女装未経験の男性が本人の意志でスタジオにやってきて、撮影を通して本人の希望通り女性化していく」その内面の発情もカメラに収めることはできます。

しかしカンパニー松尾監督がかつてテーマのひとつにしていたテレクラでのナンパ出演交渉は、さっきまで素人だった女の子がカメラを向けられることで発情してしまう、社会の外に出てしまう瞬間そのものが映像化されていたわけで……。

宮台　テレクラの使い方にもいろんなノウハウがあって、僕が松尾さんにテレクラの使い方を教えた際、「おこぼれゲット」つまりスッポかされた女を狙う方法の重要さを伝えました。テレクラの戦場は電話の前だけじゃない、待ち合わせ現場こそ重要な主戦場だと……。

二村　はい。そこで我々は、じつは宮台真司が日本のＡＶの一つのジャンルの誕生に寄与していたと知ることになるわけですが、それはともかく。

松尾さんが多くのＡＶ監督からリスペクトされる理由は、ハメ撮りの超リアルな映像美ばかりではなく、その根拠となる一期一会の心情です。まだＡＶ女優になってない、コンテンツ化されていない一人の女に向けて松尾さん自身も恥をかきながらダイヴしていく。そのときの、フィクションではない女の表情。そういった微妙な部分が、撮影前にこれからやること全て女優の確認を得て演出された上での撮影で、果たして撮れるのか。

代々木監督が祝祭を作り出して、男優と女優に乱交をさせて、そこから感情が生まれる。それもちろんダイヴだからです。ＡＶ女優が、女優というコンテンツ化されたパッケージを捨てて、あからさまな人間に戻るみたいなところを描いていた。代々木さんや松尾さんのAVは撮る側はもちろん、出る側にも、観て楽しむ側にもリテラシーが必要です。もしかしたら現在では、そういうAVは市場から必要とされないどころか、そもそも成立が不可能なのかもしれない。

一方、AV女優たちの存在は、どんどん社会化されていきます。芸能界と同じで、実はビジネスのシステムそのものは旧態依然なのですが、流通もプロダクションも、まるで〝企業〟然としている。21世紀になってから女性たちはギャラの金額より、むしろ承認欲求を出演の動機にするようになった。そしてユーザーの欲望に応えるため「スタッフや男優と一丸となって、いいAVを作ろう」としている。その結果としてのダイヴ系の衰退です。

フェチは結果が予測できるから商売にしやすい。変態的なセックスばかりがフェチではなく「美人の普通のセックス」というのもフェチ系の、それも商業的パイが最も大きなものです。ユーザーが求めて、売り上げが予測できる予定調和だからです。売れている女優は、テレビにも明るく楽しく出演している。AVが〝逸脱すること〟ではなく〝一つの社会〟として、お日様の下に出てしまった。もしかしたら社会化され過ぎたのかもしれない。

これは時代の流れだとしか言いようがない。しかし日本の公的な昼間の社会は、どんなに社会化されたAV業界だとしても、やはりそれが〝社会である〟とは認めたくないんです。それはそうでしょう。だってセックスをしてるんですから。

また、リベラル人権派やフェミニストの中には、ことセックスに関する件となると女性の自己決定権を認めたがらない人たちがいます。女性の〝性の商品化〟は、全てが搾取だというのです。その人たちも、やはり職業としてのセックスの社会化が許せないのでしょう。

しかし合法的に流通する性のコンテンツが、完全に社会化され、100パーセント健全化したら、世の多くの人々が性に求める不健全な部分のコンテンツは地下に潜って、より悪どく、しかもセンスもない形で犯罪化するだけのようにも思えるのです。

性のフラット化と「出演強要問題」

宮台　間違いない。敷衍《ふえん》します。最近バクシーシ山下監督とカンパニー松尾監督と食事をした際に「出演強要問題」が話題に出ました。話題になったのは、契約書にサインした後や、初回の出演後に、「やっぱりやめたい」「販売しないでくれ」と事後に申し入れてくるケースです。

80年代前半にAVが出てから10年間は出演に勇気が必要だった。だから永沢光雄『AV女優』が記したように「過去を抱えた子」が多く、世間もそうした物語を期待していました。でも、僕のゼミ周辺からAV女優が誕生した90年代前半、既にそうじゃなくなっていた。

とはいえ、僕のゼミで、その女を売春婦呼ばわりした男が、大学帰りに物陰から出てきた男にボコられる事件があったことに象徴されるけど（笑）、当人はともかく、周囲や世間は圧倒的に、AV出演を「こいつの人生終わった」的な大事件として扱っていたものです。

2002年にケータイ保有率が5割を超えたころ、従来の「第一世代＝全能感援交」や「第二世代＝自傷援交」と異なる「第三世代＝お財布援交」が登場します。当時従量制だったケータイ代の支払いのために臨時援交する。風俗一日体験入店にも似た動機が増え始めました。

こうした営みは「センシティブな質問項目」の問題といって統計調査に意味がないから、ナンパついでの聴き取りなどから「臨時援交」や「体験入店」の経験割合を推定したところ、当時、渋谷・新宿・池袋に買い物しに来る子の4人に1人以上の割合じゃないかと思われました。

ことほどさように、ゼロ年代前半には「性を売る」営みがカジュアル化していました。実際、同じころ、僕と関係していた女がAV出演しているのを、ネットで見つけるという事件が、2回ありましたが（笑）、AV出演も同じでした。これが二村監督が言う「社会化」です。

因みに、うち一人はその後、過去を秘密にして、警察官と結婚したので、「お前、簡単にバレるぞ」「化粧を濃くしたから、バレないよ」「おいおい、俺は1秒で分かったぞ」「バレてもたぶん大丈夫だと思う」という会話をしました。

実際その後、バレたのも理由の一つで離婚したけど（笑）、この一件に「AV出演の社会化」が孕む問題が詰まっています。女がカジュアルだと思っていても、周囲は身近な女がAV出演したら仰天する。それを知った女が「やっぱりやめたい」「販売しないでくれ」となる訳です。

二村　現在ではAVの出演者になるということは、その映像が半永久的にインターネット上のどこかに残る可能性があるということを意味します。完全に消去して「なかったこと」にするのは不可能です。

宮台　「出演強要問題」と呼ばれる中には、こうしたグレーなケースで事務所や制作会社が弁済を要求したものが含まれています。女に寄り添えば「事が事だけに」、こうした弁済要求ができないようにして、業者にはソレをリスクとして織り込ませることが必要だとは思います。とはいえ、こうしたケースまでもレイプ同然だと言挙げする連中には辟易《へきえき》します。自分はカジュアルだと思ったけど、周囲が仰天したから——あるいは仰天するだろうと想像できたから——考え直すなんていうのは、昔であれば単に女の瑕疵《かし》に帰属されたはずです。

とはいえ、クーリングオフ——頭を冷やして契約解除——の制度が、よく考えたらいらなかったはずのものに多額のカネを請求される事案から消費者を保護するべく導入されたのと、似た法理を使って、サイン後や初回出演後の契約解除を可能にすることが、必要ではあります。

話を戻すと、「騙された」とは言えない紛争事案が目立つ背景には、性愛の低体温化に並行して性愛の社会化つまりフラット化が進んだ事実があります。〈社会の営み〉と〈性愛の営み〉の垣根が低くなったのです。二つの営みを截然と分割する共同体が空洞化したからです。

二つの営みの境界線がボケると、本来〈性愛の営み〉が〈社会の営み〉の外にあるという「性愛の法外原理」ゆえに、性愛が低体温化する。AV女優の多くが巷のイメージに反し、意外に性愛経験が貧弱なのは、共同体から見放されて性愛が低体温化しているからだと思います。

他方、「騙して出演させ、嫌がると脅し上げる」のとは違うこれらのケースまでもが、レイプの如く言挙げされる背景には、「自分が性愛に恵まれないのは、社会が悪いからだ」「社会が良くなれば、性愛的に幸せになれる」という〝恵まれない人々〟の〈被害妄想〉化があります。

実存問題と社会問題を混同し、〈性愛の営み〉と〈社会の営み〉を混同する、こうした中二病患者の話はしました。実際問題として、「渋谷や新宿に買い物しに来る子の4人に1人以上は〜」という実態を知れば、それだけで、一部は衝撃を受け、〈被害妄想〉化します。

彼らは、「性的退却が進んで性体験率が落ちた」という言葉を聴いて胸を撫で下ろす童貞や処女に似ています。「自分は真面目に生きていてもこんなに苦しいのに、世の中には不真面目なクセにどこかでウマイことする奴らがいる」と浅ましい妄想を抱く人々と、大差ありません。〈性愛の営み〉は〈社会の営み〉から秘匿されるので、タダでさえ「どこかでウマイことする奴らが」という妄想を起爆しがちです。それが2005年ごろから男集団、2010年ごろから女集団で下ネタ回避が進んで共通前提が不透明化し、ますますそうなりました。

「ますますそうなった」の一例として、LGBT割合の誤認があります。僕ら世代は体育会的な無礼講を通じて周囲の同性愛者の割合を認識できました。今の若い世代はそれが無理なぶん、どの先進国でもLGBT人口が全人口の8%もいると知って、驚きます。

この数字は、日本における血液型ABの人口割合と同じです。世界的には、左利きの人口割合とも同じです。AB型も左利きも周りに「結構いる」ことを思えば、LGBTも「結構いる」。若い世代にはそうした実感がない人が多いけれど、そのぶん〈被害妄想〉化しやすい。

援交少女がありふれている事実を僕が広めた90年代前半は、僕の情報に驚いた者も少なくなかったけれど、〈被害妄想〉化はさほどでもなかった。逆に昨今は〈被害妄想〉化が進んでいます。〈被害妄想〉化によってジャスティスやフェアネスへの要求が過剰になりやすい。

同性愛者も異性愛者も、性的欲望を自分と相手の社会的性別にヒモづけします。それをアンジャスティス（不正義）だと告発する者は、頓馬です。何事もやり過ぎはダメ（笑）。僕らは既に「言語的存在」だから、性的欲望を生物学的性別にはヒモづけられないのが道理です。

ジャスティス要求の過剰は、社会化されたAVや風俗をますます社会化します。要は〈性愛の営み〉を〈社会の営み〉としてスーパーフラット化してしまう。それがAVや風俗を魅力の欠けたものにします——実は僕はこれと同一のロジックでかつて批判されました。

93年秋からの僕の活動が原因の一つとなった援交ブームは、96年の夏休みが頂点でしたが、その直後から岐阜県を皮切りに、青少年条例を道徳主義的な内容のまま厳罰化する動きになり、99年に国会で児童買春・児童ポルノ禁止法がやはり道徳主義的な内容で成立します。

これは問題が多い。国連「子供の権利条約」は性を含めて「子供の自己決定権」を謳いますが、遅れて批准した日本がその意味を理解していないことを意味するからです。ただし欧州各国が全て「性交可能年齢」を定めているのは「子供の自己決定権」とどんな関係があるのか。

加えて、欧州各国の過半が売買春を合法化した上で「性交可能年齢」よりも数歳上に「売買春可能年齢」を設けるのはどんな理屈からか。これらの理屈が分かった上で児童買春を厳罰化する必要があります。さもないと青少年が僕のせいで前近代的な不自由下に置かれてしまう。

欧州の理屈は二段階で成り立ちます。第一は「尊厳（自己価値感覚）は自由（自分の意思でなす試行錯誤）に支えられ、その自由は尊厳に支えられている」という認識で、第二が「危険領域での試行錯誤は尊厳の致命的破壊を帰結し得るから、これを制限する」という認識です。

間違っても「道徳的な秩序を子供に教え込む必要があるから」ではないし、「一人前の大人にしか自由は与えられないから」でもない。そこで自治体の議会に参考人として出たりロビイングしたりして理屈を紹介、『〈性の自己決定〉原論』という本をコーディネイトしました。

ところが、僕が尊敬する性愛系実践家や性愛系物書きが批判を伝えてきた。非国際標準的な日本の道徳的法制のほうがいい。そのほうが女子高生との恋愛や恋愛妄想で盛り上がれる。法という障害を乗り越えた「法外」での営みこそ性愛の享楽だとお前も言っていただろうと。

彼らは「保守系議員は助平だらけなのに道徳主義的なのは、矛盾どころか完全に整合的で、矛盾しているのは、むしろお前のほうだ」とも言ってきた。もちろん「享楽のために立法するなど、反公共的にも程がある」と反論したものの、痛いところを突かれた思いでした。

彼らの批判を抽象化すれば、「ジャスティス要求の過剰が、AVや風俗をますます社会化する」のと同じ構造です。AVや風俗が過剰に社会化されれば、〈社会の営み〉の安心・安全・便利・快適が〈性愛の営み〉に持ち込まれ、〈性愛の営み〉はスーパーフラット化する。〈性愛の営み〉を見ないことにして〈社会の営み〉をしたい〝性愛が苦手な人〟も、〈性愛の営み〉への抑圧と差別を〈社会の営み〉を通じて取り除きたい〝正義好きな人〟も、皮肉にも〈性愛の営み〉のフラット化に加担、「AV出演後に後悔する女」を量産することになります。

〝性愛が苦手な人〟も〝正義好きな人〟も同じく〈性愛の営み〉のスーパーフラット化に加担することで、〈社会の営み〉の快楽ならぬ〈性愛の営み〉の享楽を通じて幸せになりたい男女から動機づけを奪い、セックスメディアの隆盛の如何を問わず性的退却を推し進めてしまう。〈社会の営み〉を首尾良く達成しても、〈性愛の営み〉で幸せになれるとは限りません。だいいちモテなきゃどうしようもないだろうが。〈性愛の営み〉を見ないで済ませる人も、〈性愛の営み〉を〈社会の営み〉に引き寄せてフラット化する人も、その端的な事実から逃げています。

二村 そういう人は、要するに、あまり色気がない。

宮台 そう。モテないし、性愛的な振る舞いの中でリスペクトもされない。だから、そういう人たちが権利獲得運動をやると、個人的な不幸の埋め合わせに見えて、マイナスになり得ます。そうした問題への過剰な鈍感さの背後にある勘違いを、そもそも正す必要があります。

眩暈を排除せず包摂する統治へ

宮台 あらためて確認します。セックスの醍醐味とは何か？　答えは……眩暈です。

二村 同意します。相手を支配することや、承認を得ることではない。ましてや、ただ射精したり、性器や性感帯で快感を得ることでもない。

サディストであるなら予定調和の支配や加虐を達成することではなく、相手のマゾっぷりに引きずり込まれて、こちらが責めているはずなのに眩暈を感じている……みたいなのが醍醐味でしょう。それは意図的に得ようとして得られる快楽ではないでしょう。

宮台 眩暈は、忘我と言ってもいい。ハイデガーの言葉ではエク・スタシス（脱自）。僕の言葉では〈ここ〉から〈ここではないどこか〉に出かけること。フロイトが語ったエロスとタナトスの近接性に関連します。

人は、現実を——原理的にクソな社会を——忘れるべく祝祭し、同じ理由で性交してきました。なのに昨今の若い人たちは性交に勤しむ人々を「リア充」と呼びます。何をホザくか。リアルというクソから逃避するべく性交するんだ。社会の外に出るためにこそ性交するんだよ。

「近代とは合理化で、合理化とは計算可能化で、計算可能化とは手続主義化だ」とするウェーバーの枠組を話しました。要は〈交換〉の辻褄合わせを計算し、計算不能な〈贈与〉と〈剝奪〉を最小化する、「法内でのシラフの営み」の自動機械化。でも、政治と性愛は例外でした。

政治は元々祝祭のトランスと表裏一体の文字通り「まつりごと」です。彼は、「法内」で計算可能な営みをする役人と、イザとなれば「法外」で「結果オーライ」の博打を打つ政治家を峻別しました。「法内」の営みだけでは、法を支える社会を保てない場合に、博打が不可欠だからです。

政治家は「結果NG」なら「法外」への逸脱ゆえに血祭りに上げられます。実は〈共同体や絆のために「法外」に出る〉という一点で、共同体形成・護持に関わる政治=結果倫理と、家族形成・護持に関わる近代の性愛=ロマンチック・ラブは等価です。両方とも〈交換〉ならぬ〈贈与〉だ。

抽象的には双方とも「仲間を守るために〝法外に出る〟営み」。〝法外に出る〟を、〝トランスに陥る〟とか、〝損得（自発性）よりも愛と正しさ（内発性）で前に進む〟とか、〝〈交換〉ならぬ〈贈与〉に勤しむ〟とも言い換えられる。正しさも愛も、法を超えねばなりません。

当然、統治権力から見たら「法を超えた正しさの営み（政治）」も「法を超えた愛の営み

〈性愛〉」も危険だ。「革命の眩暈」も「愛の眩暈」もヤバイ。だから日本の統治権力は、前者については「玉を取る営み」に、後者については「悪所を管理する営み」に、勤しんできた。

玉とはミカドのこと。聖性の最高位。究極的祝祭の最高主催者。それが革命の側についたら終了。だから既存体制はミカドを「確保」したがる。逆に革命側はミカドを味方につければ革命は半ば成功。だから既存体制も権力奪取時には「玉を取る」ことに血道を上げた。

抽象的に言えば〈聖性の囲い込み〉。同じ戦略が性愛領域でもとられます。江戸幕府は江戸に散在する芝居街と色街を人形町周辺の荒野＝葦原に集約し、17世紀半ばに浅草日本堤に移転。葦原＝吉原は色街として世界屈指の規模になる。当時としては先進的な政策でした。

幕府は性愛の眩暈を、禁圧するのでなく、管理しやすい時空に集約しました。そこに学ぶべき知恵があります。他国では普通、ストックの配分・継承を巡る階級的利害に関わるので、上層が性道徳を奨励したがり、それに従わない下層を侮蔑したり禁圧したりしがちなのです。

わいせつ行為で処分された公立小中高の教員数が90年当時の10倍を超えています。隠蔽されてきたものが申告されるようになったからというのが一般の理解です。それだけを指摘するのでは文脈を見ていない。ヒント。90年代半ばまで高校・大学での教員・生徒間の恋愛は普通でした。

高校教員になった僕の同級生の複数が「責任をとって」卒業後に結婚したけれど、それが批判されることはなかった。大学時代には仏文科教員が誰某を持ち帰ったという噂が翌日には広まったけれど、それが批判されることはなかった。要は「フランス的」でした（笑）。

東大の同級生女子らと性的に親しくなると、高校時代に教員と恋愛し、大学進学後も交際し続けているると打ちあける子が、たくさんいました。教員と生徒の恋愛が禁圧されるようになったのは、ストーカー現象がどの学校でも報告されるようになった1996年からのことです。

僕の仮説はこうです。(1)既に話した経緯で、相手の心に映ったものを自分の心に映す同感をベースとした性愛が90年代半ばまでに激減。(2)ゆえにストーカーを含めたトラブル増大。(3)教員・生徒間の性愛の禁圧。(4)禁圧された性欲の非同感的発露の増大。(5)禁圧と発露の悪循環。

統計的には「性的メディアや性的行為を禁圧することで性的行為が減る」ことはない。これについて各国で多数の調査があり、重要なものの全てを「平成14年刑(わ)第3618号わいせつ図画頒布被告事件」の意見書で僕が紹介しています(https://goo.gl/sdTIO)。

誤解を防ぐならば、禁圧に単に反対なのではない。僕の仮説群が示すように、禁圧には然るべき理由——トラブル増大——がある。とはいえ、禁圧しても事案が減らずに増えます。根本原因が手当てされないからです。根本原因は、同感ベースの性愛の減少=〈感情の劣化〉です。

議論した通り、〈感情の劣化〉は80年代から90年代半ばにかけて起こった、共同体空洞化による「法化社会」化に関連します。法的禁圧で視祭や性愛を制御できるとする発想の拡大で、同感能力の低下が放置された。必要なのは「法外のシンクロ」を可能にする共通感覚です。

江戸の施策を振り返ると、抽象的原則は、「眩暈の禁圧」ならぬ「眩暈の囲い込み」です。別角度から抽象化すれば、「法外を許容しない法原則」ならぬ「法外を想定した法原則」です。賢明な統治は、フーコーが言う生権力を含め、「法外を想定した法原則」を使うのです。

江戸期の統治に見られる知恵に比べると、グローバル化による社会の空洞化を背景にした「法外を許容しない法原則」――ネオリベ的法原則――の愚昧さが際立ちます。かつては統治権力が超越（社会の外）を――輪郭を失った溶け合いを――知っており、それを尊重しました。

かつての統治権力は〈超越系〉の社会観を持ったのに、昨今の統治権力は〈内在系〉の社会観しか持たないのだ、とも言えます。この差異は、江戸時代初期の各将軍に見られる人格的資質と、安倍晋三のごとき昨今の政治家の人格的資質との差異にも、見事に重なるでしょう。

僕自身のエリート論――卓越主義論――に関連しますが、統治権力中枢を志向する者どものゲームが「正しさ」よりも専ら「損得」を志向するものになりがちな事実は、生きられた「仲間」概念の不在を帰結する、シェアされた「超越」体験の欠如に、由来すると睨んでいます。

繰り返すと、「法外」のシンクロを帰結する「超越」体験は「変性意識状態」つまりトランスを伴います。海に潜るとシュノーケリングの軽装備でも「10分経ったと思ったら30分経っていた」という具合に時空感覚が狂います。「変性意識状態」の目印は、時間感覚の狂いです。

セックスでも、「変性意識」状態に入ると時間的統覚を失います。1時間経ったか3時間経ったか分からなくなるのです。エクスタシー＝エク・スタシス（脱自）が強力なほど時間的失認に陥るのです。

二村　潮を噴かせたがる男性は論外だという話はしましたが、女性の中にも「私はイッたことがない」と悩む人が多い。実は、そんなことは悩むべきことじゃなくて、たとえば「ラブホテルでの時間が、信じられないくらいアッという間に過ぎてしまうような相手」すなわち時間感覚が狂うほど相性がいい相手がいるなら、変性意識に入れているわけだから、それで充分。

「損得」よりも「正しさと愛」だ

宮台　若い男ほど損得野郎が多い。〈妄想〉共有の不在ゆえの「疑心暗鬼」。「法外」の〈渾沌&眩暈〉を回避し、「法内」の〈安全&安心〉に留まる臆病さ。〈贈与〉〈過剰〉よりも〈交換〉〈平衡〉という細かさ。「変性意識状態」を回避し、「通常意識状態」に留まる「ノリの悪さ」。

それゆえに、内発性（内から湧く力）よりも自発性（損得計算）が優位になり、「愛よりも損得」「正しさよりも損得」という生き方になる。総じて「立派さ」よりも「浅ましさ」を生きる。当然〈ダイヴ系〉ならぬ〈フェチ系〉になるから、性交も「二人オナニー状態」です。

最近は「セックスは月に1〜2度」というカップルがザラ。ラブホで2時間過ごしても「セックスは1回、それも中折れしがち」みたいな。僕は大学時代は毎日性交していたし、ラブホでも1回などあり得ない。病気明けじゃない限りは3回以上性交しました。

2人で日を決め、朝10時にサービスタイムで入って夜になるまで昼ご飯も食べずにセックスし続けることもありました。僕の世代よりも上には別に珍しくない。同世代が集まって、どうすればそうしたフュージョンセックスを貫徹できるかについて、知恵を交換したりしました。

二村　「セックスで頭が変になってしまった経験のある人いますか?」と尋ねたら、「はい」と答える人は圧倒的に女性のほうが多い。僕は、男性にも大いに狂ってほしいと思っています。

女に入れ込んで金をつぎ込んで狂って破滅するのではなく、セックスそのものに狂って、しかし相手に執着せず依存症にもならず、狂った後はまた正気に返って社会に帰ってきてほしいんです。男にとっては、難しいことなんですかね。

宮台　「はい」と答える若い女は大半、10～30歳ほど離れた年長の男を相手にしています。「心は彼氏に、体はオジサンに」となりがちなのは問題です。彼女たちの多くが、この状態のまま結婚していくからです。

「損得男」が溢れて「正しさ男」が減ったので、民主政が「ルソーの条件」を満たせずにクソになっています。女は「正しさ男」にダイヴしダイヴされるのを望み、だから「正しさ男」と「愛の男」は重なります。「正しさ男」を増やす戦略を考えてきた僕は、これを利用します。

昨今の若い人にありがちな、人間関係を〈交換〉バランスでしか生きられない「損得男」の結婚生活は、どうなるか。そう。あなたの妻は「心は彼氏、体はオジサン」にさえならない。あなたは単なるカネヅルで、妻は「心も体もオジサン」。くっくっく、でも笑い事じゃない。

10年前の『14歳からの社会学』では、損得男は「一人寂しく死ぬ」だけだと書いたけれど、中学生向けの本だから書けなかったものの、書きたかったのはそういうこと。それはヤダな……と思うあなたは「正しさ」を「損得」的に奨励されている（笑）。逆説だけど仕方ない。

逆説を乗り越える挑戦が、昨今の僕がやっている親業ワークショップ。息子を「一人寂しく死ぬ」男にしたくなければ然々せよ。息子を「心も体もオジサン」という妻しか迎えられない男にしたくなければ然々せよ。最後に残る親から子への愛＝内発性に賭けているのですね。

Q 幸せなセックスを言葉で説明できるか？

森林　ＡＶ男優の森林原人です。代々木組で10年くらい男優をやっています。代々木さんはセックスの満足、性愛の満足を気持ちいいじゃなく、幸せになれたかどうかを基準に測ります。そのために、代々木さんは「実際に体験するしかない」と、おっしゃるんですけど、そうするとその機会に恵まれない人はずっと幸せなセックスを知ることができないと思うんですよ。言葉で幸せなセックスを説明することは可能なのでしょうか？

宮台　概念的な散文言語とは別に、感染的な詩的言語があるので、できないことはないけれど、能力が要《い》ります。能力を養うにはまず代々木監督作品を見ることが大切です。見れば、性交でこの世ならざる存在へと変貌を遂げる女の潜在能力に驚愕するだけじゃありません。

本編でお話ししたような「損得」よりも「正しさと愛」みたいな資質のある男であれば、間違いなく、妻や恋人の変貌に感染して涙を流すＡＶ内の男に感染して「自分もそういう体験をしたい」と思うだけでなく、自分もそんな女に導かれて「あの世」を見たいと思うはず。

抽象的に言えば、セックスに関わる願望水準を感染によって徹底的に上昇させる。この抽象水準で言えば、恋愛一般もそう。恋愛に関する願望水準が高くないと「現実はそんなものだ」という期待水準に負ける。負ければ動機づけが弱くなり、奇貨は永久に見つからない。

でも言うは易し。80年代半ばから11年間の「ナンパ地獄」に落ちたけど、地獄の意味は「現実はそんなもの」という期待水準によって願望水準が挫かれたこと。「何も望まない男」に頽落することで「望み」から見放された。挫かれないためにはメンターの存在が必要です。

精神的指導者と訳されるけど、正確な意味を再度話します。「尊敬する先生だったらどうするだろう」と絶えず考えながら行動するようになったとき、その先生がメンターです。社会学では「準拠他者」と呼びます。まずはメンターを見つけるべく努力してはどうでしょう。

二村　その人の人生にとって必要な相手と、出会えるか出会えないか。出会えない人は運の悪い人です。森林君は運が良かったから代々木監督に出会えて、ずっと近くでセックスの仕事をしている。

しかし、人間の運が良いか悪いかは、性格が素直かそうでないか、人生をどういうふうに解釈しているか、脳が周囲から素直に情報入力をしているか歪んだバイアスをかけているかどうかに、かかっています。視野を広げることでメンターは見つかるんですよ。それによってセックス体験を得られるチャンスも広がる。宮台さんは若い人たちに檄を飛ばされているわけですよね、頑張れと。でも、ただ闇雲に頑張るんじゃなくて、出会うための適切な行動をしろと。

宮台　適切な行動を指南したい。そして、指南に従うためにも、適切な行動をしたいという動機づけを抱いてほしい。何が真実かを知ることと、知った真実に動機づけられることは別だからです。「真実は知ってるが、どうでもいい」という〝ポスト真実〟は願い下げです。

二村　それともう一つ、幸せなセックスを得られるかどうかには、まさに代々木さんの定理で言うと、見たり聞いたりすることで相手の感情とシンクロする、宮台さんの言葉を借りれば「相手の心を自分の心に映し出す」ミラーニューロンが関わっている。

　ユーザビリティが高過ぎるAVがつまらないというのは、僕も森林君にも、よく分かっていることです。オナニーしやすいAV、男性の脳からミラーニューロンの働きを奪いかねないAVばかりを選ばずに、他人が幸せそうなセックスをしているところを見て、羨ましいと思ってほしい。でも、そこで恨みの感情は持たず、自分も幸せなセックスができるってことを信じてほしい。しかしそうなると精神論になってしまいますね……。

宮台　目印は身体的に観察できます。幸せなセックス、たとえば二人がアメーバになるフュージョンセックス。凄く気持ち良くて二人とも幸せなだけじゃない。女はたいてい涙を流し、男も感染して涙が出る。何度経験しても感激するからです。涙が出るかどうかが目印になります。

二村　レズをテーマにしたAVでは、通常のAVよりも、本物のセックスに近い出演者の感情が撮れてしまう可能性が高いんです。レズAVってフェチ系であるにもかかわらず、BLコミックと同じで客観的に撮ることが基本だから。

　こちらが演出したファンタジーから出発しているはずなのに、女性同士の共感が込められた濃厚なダイヴがカメラに映る。それが異様にエロチックで、しかも男優との〝からみ〟よりもウザくない。まあ、女性になりたい男性ユーザーのニーズに応えようと「主観レズ」というジャンルも出てきて、それすらも〝いたちごっこ〟なんですが。
ともあれ、レズAVでも、女性が男性を犯すAVでも、そして男女の普通のAVであっても、感情豊かなセックス、相手にダイヴするセックスがカメラの前でできてしまうことがある。AVでなくても、セックスしながら感動して泣いてしまう、ダイヴすることで自分の殻が壊れるということは実際あります。「幸せになる」というのは、それを信じたままだと苦しいまま生きていかなければならない〝古い物語〟を壊して、脱ぎ捨てることなんです。

Q チャットレディをやって罪悪感が残った……

女性J　チャットレディをやったことがあって、物格化の極みみたいなこともあったりして。男の人から「こういうことをやって」と言われて、それに応えて、1時間経って、私はお金をもらって、男の人の欲望を満たして、良かったねということになるのですが、罪悪感みたいな感覚が残ったんです……。

二村　たしかに、そこに愛は見つけにくいよね。チャットレディは風俗の一種だけど、インターネットがないと成立しない。リアル風俗であれば、お店で同じベッドにいる時間だけでも身体接触があり、見つめあったりすることができる。

でも、チャットレディやテレクラのサクラは「あなたが俺の欲望に応えていない」と客側が感じたら、たちまちシャットダウンされてしまう。

女性J　それで1分200円とかじゃないですか。すごいシビアで。そこですごい葛藤していて、何かアドバイスが欲しいと思ったんです。

二村　僕はチャットでの性的サービスを演出をしたことはないので、正直分からない。インターネット風俗でたまたま出会った関係でも、こうすれば愛のこもった瞬間恋愛ができるよ、こうすればストーカー化の危険も少ないよ、なんてアドバイスができればいいんだけど……。でも、あなたが悩みを持ってしまったこと、葛藤してること自体が、お世辞でもなんでもなく、いいことだと思う。

女性J　なんかいろいろ興味があってやっただけで。チャットレディで生計を立てていたわけでなくバイトなんですけど。

二村　興味を持って、いろんなことに手を出しながら、自分の身の安全を考えながら、いろんなことをやってきて、そこで自分の感情に気がついて葛藤していることには意味がある。1分200円払ってアクセスして、自分の欲望が叶わないと思った瞬間に回線を切る男は、寂しくて、本当は愛されたくてしょうがないのに、そこでスイッチを切ることしかできない。あなたにも、それをどうすることもできない。あなたも傷ついたのかな。「私、何をやってるんだろう」って感じなのかな。日々、葛藤しながらやるしかないし、気が済んだら、また違う好奇心で違う場所に行くのかな。

女性J　なんだか貧しいなみたいな感じがして。

宮台　1993年に上梓した『サブカルチャー神話解体』に書いたことだけど、チャットレディに似た仕事は当時もテレクラやダイヤルQ2のサクラという形で存在しました。彼女らへの取材を広範囲に行い、この種の仕事をするとどうして荒みがちになるのかを突き止めました。

原因は二つあります。偶発性の過剰と、性別非対称な即物性です。偶発性の過剰とは、1秒ズレたら別の人とつながっていたという事実が引き起こす、どうとでもあり得たんだという「思い」です。その思いが互いをガチャ切りに促し、ガチャ切りがさらに「思い」を強めます。

性別非対称な即物性は、ダイヤルQ2の男向け番組と女向け番組を聴き比べて、問題の輪郭を摑みました。男向けは、冒頭から程なく「無理矢理ズッコンバッコン」で即物的な興奮を狙いますが、女向けは、設定・関係・展開が丁寧に描かれ、関係性によって興奮させます。

僕は男向けに全く反応できず、女向けでやっと盛り上がれるのですが、好みを横に置くと、こうしたセクシャリティの性別非対称性が明白なのに、多くの人に気がつく機会がないという事実に愕然としました。でも、あなたのようなチャットレディはそれに気がついてしまう。

男向けは〈フェチ系〉の即物性志向、女向けは〈ダイヴ系〉の関係性志向。関係性志向とはコミュニケーション志向です。男にもコミュニケーション志向がないとは言わないものの、チャットレディとの会話でコミュニケーション志向を満たそうとは思っていません。

かつてのQ2やテレクラのさくら嬢との会話で言えば——素人女が相手でも同じですが——ひたすら「会おう」と焦って女を落胆させる。すると女は性欲処理具として〈物格化〉されていると感じてしまう。落胆を反復した女は期待水準を極端に下げて男を〈物格化〉します。

だからあなたの落胆は、あなたのせいじゃなく、あなたの貧しさの表れでもない。たとえば男には射精で憑き物が落ちる「賢者モード」があり、「俺はなんでここにいるの」と我に返るけれど、性に乗り出したばかりの女はそれが理解できずに困惑します。あなたはその状態です。

女性J　葛藤自体がいいことだと言われて救われました。

宮台　葛藤はしてください。葛藤しないとおかしい。賢者モードに関わる性別非対称性はかなり一般的です。「かなり」というのは僕には賢者モードがないからです。「かなり」一般的だから気に病む必要はないものの、男の一部はそうじゃないから「おかしい」と思ってください。

Q　息子が幸せな恋愛をできるのか心配……

男性K　私は宮台さんと同じ歳です。私には息子がいて、本当にこいつが俺たちが若者のときみたいに女性に対して好奇心を持っていくのか不安になることがあります。宮台さんの本にあるように、「性愛＝この子が幸せな家庭を築くための技」だとすると、教えないといけないないなと。私はエロビデオもそこら辺に転がしていたほうでしたので、子供を管理したり、そういうことを一切していないのですが、子供が本当にそういう相手の立場に立って、相手の幸せが自分の幸せだと思えるような気持ちで、恋愛ができるか親として不安です。

二村　お子さんはおいくつですか？

男性K　22歳です。

二村　僕の息子は18歳で、僕より先に父となられた先輩に申し上げるのは恐縮ですが、自分の子供に関しては信頼というか、この俺がなんとかなったのだから彼も大丈夫、悪いようにはならない、僕はそういうふうに感じながら子供と接しています。

息子がすごく小さいころは、なんだか自分のコピーが生まれてしまったような気がして、それが辛くて〝自分が父親であること〟から逃げていたという実感があります。だけど、ある年齢に達して、彼が僕とは独立した一個の人間だと遅まきながら実感できて、そしたら彼とコミュニケーションをすることが怖くなくなりました。

現代の性愛を取り巻く環境が、僕たちが若者だった時代と違っているのは仕方がないことであって、彼らの時代の性愛の環境の中で彼は生きていかざるを得ないんです。

家父長制度の中で、多くの男性は〝自分の本当の感情（寂しさ）〟を感じることができなくなっていて、その代替行為として「本来は〝他者〟である自分の子供や妻や恋人を支配しようとしたり、自分の子供が何を考えているか分からなくて不安になったりする」のだと僕は考えます。宮台さんがおっしゃっていた「親とは、いい加減なものである」というスタンスを徹底させたほうがいい。親は、自分の子供にヤバいことを教えることはできません。

宮台　最近の映画評論で90年代半ばまであった尾行癖を告白しました。「ナンパ地獄」時代と重なります。「人の手触り」が欲しくて、関係した後の女を尾行し、夕食の買い物をしたり、恋人や旦那と会って仲良く歩いたりするのを見て、そういう女だったんだと感動しました。

僕が欲しかった「人の手触り」とは何だったのか。岸善幸監督『二重生活』を批評したのですが、映画の主題もそこにあった。「人の手触り」は単なる平和な何かではない。それで言えば、幸せな家庭の主婦がナンパに応じるのも、「人の手触り」を求めてのことです。

人は名を持つ存在として扱われたいと思う反面、名を欠いた存在として扱われたいとも思う。記名的存在は、匿名的存在としての自らを体験し、まさに「どうとでもあり得た」「自分の現在は別様であり得た」ことを確認することで、今の「ありそうもなさ」を噛み締める……。

尾行体験の豊富な僕から見れば、映画は不完全で、尾行を始めるとやがて自らの生活が劇的に崩壊する「理由」を描き切れなかった。では「理由」は何か。今言いました。まさに「どうとでもあり得た」から。でもある地点で反転し得る。登場する大学教授の構えがそれです。

そうした反転は少しも珍しくない。ナンパに応じる人妻の一部はそれを経験しています。それが分かっていたから僕は、デパートの地下で「幸せ家族」のために食材を買っている人妻をナンパしたのです。テレクラでも「幸せそうな人妻」をひたすら探していました。

二村 あー、ソフト・オン・デマンドの野本ダイトリ監督も、今は主に経営をやってますが本来は人妻の専門家で、彼も同じように「人妻はデパ地下です」と言ってました。つまり、そこに〈生活〉がある。

宮台 「幸せ家族」の「幸せな人妻」がナンパやセックスに応じる理由は、当時は謎でした。この謎が僕を尾行に向かわせたとも言えます。尾行すると「幸せな生活」が見えてくる。ストーカーじゃないから帰宅場所を突き止めたりはしない。謎に向き合うための尾行でした。

映画評に書いたけど、自分に愛の感情が生じないことに苦しんでいたことも大きかった。ラブホを出て別れた後の女が、ほどなく彼氏や旦那とハグしたりする。僕には作れない関係を生きている女だと羨ましく感じると同時に、女の二重性に僕の知らない真実があると感じました。

思い出したけど、85年にできたテレクラも初期はそんな場所だった。90年代に入るまでは援助交際はなく、出会った人妻たちは、自分がどれだけ幸せな家族を持つかを語りながら「時々こういう振る舞いをすることで、良き妻や良き母であり続けられるの」と語っていたものです。

この科白は何度か聴きました。深いと思いませんか。僕が最初に関わった40分間のテレクラ番組でも偶然この科白を収録できました。二村監督とお話ししてきた「法内のシラフ」と「法外のトランス」の交替。「法内のシラフ」が〈なりすまし〉であること。全て含意されている。

フランス映画みたいになるけど、あるべき夫婦もそうじゃないか。裏でいろんな地獄があったのに、どれだけ真剣に〈なりすまして〉くれたか。相手の地獄を根掘り葉掘りは聞かないけれど、本当に家族なんかに収まらない女や男が、家族に収まってくれているという奇跡。

「幸せな家族がいるけど、時々こういう所に出かけちゃう」と語る女たち。そこにはある普遍が示されている。社会――大規模定住社会――には〈社会の営み〉と〈性愛の営み〉の二重性がある。〈社会の営み〉は元々〈なりすまし〉からなる。では家族はどちらの領域なのだろう？

僕には理想の夫婦のイメージがある。最初の法であるモノガミー婚は〈性愛の営み〉から〈社会の営み〉への移行です。結婚式とは個体発生が系統発生を反復するようにこの移行を再現した移行儀礼です。だから二人は構造的に〈なりすまし〉の前と後を知っているのです。

夫婦とは――夫婦にとっての家族とは――移行のビフォアとアフターの両方を知る二人が、互いが秘密を握りあうようにして敢えて絆を維持する営みです。それを〈なりすまし〉と呼んでもいいが、〈社会の営み〉におけるソレとは違い、〈社会の営み〉以前を〈握りあう〉のです。

二村 まったく、おっしゃる通りだと思います。

宮台　大規模定住社会における夫婦も、元は定住革命直後の夫婦の如く、〈社会の営み〉と〈性愛の営み〉の交点という、〈社会の営み〉から見ても〈性愛の営み〉から見ても特異点であるような時空を、自覚的に生きていたはず。それを反復するのが理想の夫婦のイメージです。〈社会の営み〉から見ても〈性愛の営み〉から見ても特異点であるような、〈なりすまし〉というより〈握りあい〉の時空だからこそ、夫婦が――夫婦から見た家族が――本質的な意味で感情的回復の場であり得るのではないか……。僕が経験と文学と映画から学んできたことです。

こうした抽象的構造から見れば、それが法的夫婦であるか否かは周辺化されます。法的夫婦が単なる〈なりすまし〉の時空に留まり、〈握りあい〉の時空がその外側（婚外交渉）に展開する可能性もあり得ます。その場合、ホームベースは家族の外側に存在することになります。

二村　不倫がもの凄く多い世の中で、結婚生活だけがホームベースとは限らないということですね。「結婚なり離婚なりが、もっと簡単にしやすい社会のほうが、みんな幸せになる」といった単純な話ではありません。

宮台　昔は結婚と恋愛は区別されていました。結婚と恋愛の結合は19世紀半ば以降。当初は恋愛の「真の心」の証が結婚だったのに、ほどなく結婚の条件が恋愛だという話に逆転しました。すると恋愛の情熱が続かないことが夫婦継続の障害になってしまう。実際そうなりました。

二村　いわゆる〝無理ゲー〟になった。

宮台　元来は結婚と恋愛は別物で、結婚に恋愛を持ち込まないことを夫婦が共了解していたから、夫婦が安定していた。夫婦の多くが互いに愛人を持つという僕が若いころまでのフランスの伝統は、恋愛が元で結婚した場合も、この共了解を変形して継続する工夫だったと言えます。
この伝統も過去20年で崩れたほどで、マクロにはやはり無理ゲーでした。でも「結婚の条件は恋愛」という観念の浸透が必然的に生み出した不安定性をどう克服するかと考える際、二重三重のレイヤーからなる、フラットではない構造体を作る戦略は、とても参考になります。

二村 それで築き上げられない、もうダメだと分かったとき、日本でも社会全体で離婚はもっと手軽なものに（フランスのように）なっていくんでしょうか？　将来の日本人の常識は、どう変化していくんでしょう？　結婚や離婚のハードルには、女性の労働の問題や、親権といった、さまざまな政治の問題も関わってきますが……。

宮台 両性の合意に基づいて結婚して離婚するのは当然の権利です。「当然」というのは、さもないと〈社会の営み〉と両立しないという意味です。ただ、望めば離婚できる状況にすることと、「恋愛結婚」を安定した営みとして信頼できるようにすることとは、別のことです。

二村 DVまでいかなくともパートナーに精神的に支配されてオドオドしてしまうと、良くないですよね。

宮台 そう。「1時間毎に写メ送れ」とか「3時間毎に写メ送れ」とかホザくクズ男を相手に「恋愛結婚」を安定した営みとして信頼するのは、土台無理です。過去の性愛体験を語ると動転する男、似合うと言って服や髪型を押しつける男、女に母親役を期待する男も、無理です（笑）。
どんな関係もそうだけど、細かいことを四の五の言わず、どっしり構えていられることが大切な条件です。「損得」と「勝ち負け」よりも「愛」と「正しさ」にこだわる相手であれば、大切な条件は大概満たされます。「愛」と「正しさ」は全ての障害を越えるものだからです。

二村 それは僕の一つのテーマである、罪悪感の問題でもある。恋愛における罪悪感、男性が女性に持つ罪悪感。

女性とは限らないですが、依存するほうが回避するほうに対して持ってしまう被害者意識。回避するほうが依存するほうに対して持つ罪悪感。よくあるケースだと、ヤリチン男性が回避型で、メンヘラ女性が依存型になりますが。結婚する場合だとヤリチンではない「隠れ支配型」の男性、世間から見たら申し分のない夫が、無意識に妻にモラハラをし、依存型の妻から最初は恋されていたのに、次第に憎悪されるようになっていく。

離婚できない。社会的な見栄であるとか、子供がいると「子は、かすがい」とか、情があるとか、はたまた妻の復讐心とか、いろんなことが離婚をさせない。別れてポツンと一人になって孤独を味わうことから見えてくるものもあるけれど、別れないで、とにかく話しあう、家族療法のカウンセラーを入れて話しあうことで見えてくるものもありますよね。

宮台 もちろん。何事も抽象度を上げて考えるのが大切です。今の場合で言えば、本当のことが見えてくるのであれば、一人でポツンと取り残されるのもアリだし、とことん話しあうのもアリです。ただし、本当のことが見えた後、それをどうにかできるか否かは、事情次第です。

二村 別れないほうがいいとか、どんどん離婚するべきだとか、そこは単純なモラルでは決められない。

宮台　今のご指摘は結婚と離婚についての話ですが、実は何事もそう。細かい具体例を横に置き、抽象度を上げ、本当のことへの「気づき」が得られるか否かで、全てを判断するべきです。自由であるがゆえに「気づく」こともあれば、不自由ゆえに「気づく」こともあります。

二村　人間関係は全て、そうですよね。

宮台　日本人が離婚しにくいのは、慰謝料など法律的困難も、離婚後の女の経済的困難もあるけど、それなりに互いの人づきあいがある場合、誰某の面目を潰しちゃうとか誰某にどう説明するかという社会的困難もあります。ベッキー問題で噴き上がるようなクズ女もいるし（笑）。

二村　「あんな盛大に結婚式やったんだから、みっともない。どの面下げて別れるんだ」とか。

宮台　それでも別れりゃいい。闇市を知る僕の両親以上の世代は、法律的困難や経済的困難や社会的困難があっても「なんとかなるさ」と構えられたけど、今は「なんとかなるさ」は死語になりました。沖縄に行くとまだ「なんくるないさー」という科白を頻繁に聴けるけれどね。

死の淵に立つような困難を乗り越えて生きてきた人は、タイムマシンで昔に戻れたとしても、困難を回避した人生をやり直したいとは言いません。困難を乗り越えて今あるのが「自分」であって、困難に出合わなかったとすれば自分は「自分」じゃないからです。

２０１７年の春に話題になった映画『メッセージ』では、「その男と結婚したら不治の病を患った子を授かり、その子が12歳で死ぬと同時に男が自分を捨てる」という未来のビジョンに馴染んだ主人公が、しかし「その男」との結婚を選ぶ、というモチーフが描かれます。

アニメ『君の名は。』で、従来「思いは叶わない」という不可能性を描いてきた新海誠監督が「最後に思いは叶う」という作品を撮ったのは媚態《びたい》じゃないか、と論じたら、憲法学者の木村草太氏が長い反論文を送ってきたけど、彼の反論文と今回僕が言いたいことは重なります。「直面中の困難を回避するべく過去に戻る」タイムトラベルものは、映画やTVに限っても50年以上の歴史があるけど、過去が変わることで生じる「困難を知らない自分」はもはや自分ではない。だから最後に出会ったのは主人公たちではない……これが木村氏の反論内容です。『君の名は。』の見方として適切か否かは留保したいけど、タイムトラベルもの一般が孕む本質的問題が指摘されていて、とても感動しました。その本質的問題は「中動態（受動的能動）から能動態（能動的能動）へ＝覚悟から足掻きへ」という時間観のシフトに直結しています。

キリスト教の原罪は「神の善悪判断と違い、神の似姿に過ぎない人間の善悪判断は出鱈目」という意味ですが、まさに「人間《じんかん》万事塞翁が馬」で、「善が悪の礎になり、悪が善の礎になる」というのが歴史です。ならば賢明な選択かどうか汲々とする足掻きは浅ましい。

映画評で繰り返してきた通り、「誰かが死なないで生きていたら、あなたの両親が出会うことはなく、あなたは存在しない」というのが世の摂理。あなたの存在は数多の死を踏み台にしている。自分の死もまた子々孫々に踏み台を与える。ならばそれを覚悟する義務があります。20歳下の妻と結婚した直後に『14歳からの社会学』で書いた通り、僕が早死にすれば、妻には新しい出会いがあって子供も生まれたりする。悲しいことが悲しいことのまま希望を引き寄せる。それが摂理です。そんな先住民の世界観を取り戻せば、感情の自動機械を止められます。

二村　被害者意識も罪悪感も、ただのパターンです。

宮台　そう。ただし感情の自動機械を止めることと感情を止めることは違う。感情を止めようとしてマジガチで抗うと、無意識の中に反動が形成されて悪さをするけど、感情の自動機械に寄り添うメタポジションの自分を維持すれば、自動機械のクズにならずに済みます。

二村　罪悪感は、悪いことをしたときに生じるのではなく、元々の親子関係などで罪悪感を持たされてしまった人間が、その罪悪感を味わいたくて、あらためて無意識に悪いことをしてしまうという面があると思うんです。被害者意識も同じで、元々親に被害者意識を持たされた人間が、被害者意識を味わいたくて、わざわざ自分を苦しめる人間を見つけ出して、〝恋をして〟、その相手を憎む。

　何かをやったからこの感情が生じるんじゃなくて、そもそも劣化した感情がパターンとして、あらかじめ備わってしまっている。実は多くの〝一目惚れ〟が間違いの始まりであるのと同じで、多くの人が「これは自分の心だ」と思ってるのは、反復的なパターンに過ぎない。

宮台　そう。それを僕は「自己のホメオスタシス（恒常性維持）」と言ったり「心の自動機械」と呼んだりしてきました。それ自体は悪くない。僕も二村監督も同じメカニズムの下にあります。でも、どんな自動機械かを自覚すると、その作動をある程度は括弧《かっこ》に括《くく》れます。

　今日の認知心理学や認知考古学の理解では、自分に生じている反省以前的＝自動機械的な反応に対する反応――再帰的反応――が意識です。意識は、反応に対する反応・に対する反応……と高次化できます。高次化が、自動機械ならぬ主体性を――自由を――引き寄せます。

二村　自分で「これが自分の心だ」と思ってるものが、なんだか知らないけど本人を不幸にすることが多いですよね。だけど「それ」を括弧の中に入れることで、幸せになり他者とも愛しあえるようになるために、それを上手に〝使える〟ようになる。

宮台　1980年ころに受けたアウェアネス・トレーニング（自己改造セミナー）――オウム真理教教団幹部も受けていた――では、自己防衛の作動メカニズムの奴隷にならないよう「自己の縮小」を推奨していた。前線を後退させれば無駄な場所で防衛戦を戦わずに済むからです。

同じことを別角度から推奨します。一次的な「心の自動機械」を自己だと思うな。「心の自動機械」を反省する意識だけを自己だと思え。意識自体も自動機械の側面を持つから、意識を高次化せよ。そうすれば次元の低い意識――低次の反省態度――も自己だと思わなくて済む。

二村　そうしないと、なかなか男性でも女性でも自分が信じてしまっている物語を裏切るのは、社会で生きている以上、難しいですよね。

宮台　そうです。でも訓練すれば簡単に裏切れます。何事もそう。僕ら世代が大学に入った1978年には男子大学生の3分の1にナンパ経験があった。体育会的に強制されたからです（笑）。そうした強制がイケナイことになった現在、ナンパ経験者は男子大学生の1割です。

それがヒント。営業であれナンパであれ、見ず知らずの人に声をかけるのは恐くて当然。泳いだことがない子供が水を恐れるのと同じ。失敗したらどうなるか不安になるのは「心の自動機械」の作動です。強制は「自動機械の作動から距離をとって抗え」という指令です。

だから近くで見て指導してくれる指南役がいれば話が早い。自分一人だと「イヤだからやらない」という低次意識で終わるけど、指南役の強制で「イヤでもヤル他ない」「イヤでもヤルにはどう構えるか」と高次意識に向かえます。そして実際にヤルと、失敗しても傷つかない。なぜなら、意識はまさに自動的に、失敗した自分を責める方向よりも、「なぜ失敗したのか」を分析する方向に向かうからです。最初に泳ぎを覚えたときのことを思い出してみましょう。意識の高次化がどのように作動するのかを自己観察することができるはずです。

Q ダサいヤリチンばかりがモテるのはなぜ？

男性L　ダサいヤリチンって滅びませんよね。ろくでもない男が実際、モテたりするじゃないですか。それって、どうしてかと思うんですよね。

宮台　女にもバカがいるからです。ただし、男も女も最初はバカです。いわば性能の悪い自動機械。失敗を重ねて「性能の悪い自動機械ぶり」を自覚し、改善するしかない。何度失敗しても自分がどんな自動機械なのか自覚できないのが本当のバカ。最近明らかに増えてきました。たとえば、容姿も性格もいいのにクズ男に引っかかりまくる女だらけで、見ていられない。でも彼女らが悪いんじゃない。ディープな性愛話をすると同性仲間からビッチ扱いされかねないと脅えるから、若い女の間で体験がシェアされず、知恵が継承されなくなっているのです。

二村　自分の心は機械だ、自動反復的に生きていたら幸せにはなれないと考えるのが、僕が言う「自分の〈心の穴〉を知りましょう」ってことです。みんなナルシシズムが強くて、恋愛にすごく夢を見ていますが、恋愛そのもので幸せになるということはあり得ません。恋愛が素晴らしいのは、誰か（ろくでもない相手を含みます）を好きになってしまうことで自分の〈心の穴〉を知らざるを得なくなってしまうからです。

恋愛で何度も同じパターンの愚を繰り返す、毎回ダサいヤリチンにやられ続けている女性には、自分の自動機械性に気づきたいという欲望、自動機械である自分から一歩踏み出す「幸せになる勇気」がまだ生じていないだけなんです。ダサいヤリチンがモテてることに嫉妬してしまうとしたら、その感情も自動機械ですから、せめて彼女に説教するのは我慢しましょう。お説教はヤリチンと同じくらいダサいです。

第4章

「性愛不全」から脱却する方法

エロい男は希少資源

宮台　この章では「性愛不全」から脱却して幸せに生きるための実践的な方法とは何かを、探ってみたいと考えています。社会システムの作動から見れば「性的退却」であるものが、パーソンシステムの作動から見れば「性愛不全」に対応していることを、ヒントにします。

二村監督のご指摘通り、変性意識状態に入って時間的統覚を失うようなセックスができるのは女ばかりで、男は極めて少なくなっている。他方「代々木忠の定理」で、変性意識状態に入った女を見て、感染して変性意識状態に入れる男は、まだそれなりにいる。

「性愛不全」を巡る女向けの処方箋として言うなら、女はそういう男――女がトランスに入ることで自分もトランスに入れる男――を探せばいい。そうした男がトランスに入るには女がトランスにならないといけないので、女をトランスに導いてくれるだろうと当てにできます。

二村　女が性的に幸せになるためには、モテる男ではなくエロい男とセックスするべき。

宮台　そう。この出発点では、トランスの感染方向を見ると「女が本体で、男が付属物」です。しかしながら、今この出発点を弁える男は珍しくなりました。同じく、既に統計を紹介したように、男の恋愛稼働率は女の半分で、恋愛する男が珍しくなりました。さてどうするか。

二村　現在は、モテる男だけがモテている。〝村祭りで、あらかじめ集団でトランスしておいてからセックスするような習慣〟が滅び、お見合い制度も廃れ、バブルも消えて景気も悪いわけで、多くの男が下駄を履かせてもらえなくなったのですから、あたりまえの状況なのですが。
宮台 女2・対・男1。男がタコ足化しているとも、女がシェアしているとも見られます。性道徳に厳しい米国で「ポリアモリー（複数愛）」を実践する女が増えた背景の一つは、女をトランスに導く性交や恋愛をする稀少な男をシェアする必要があるからだと睨んでいます。
二村 しかしモテている男が、女とともにトランスに入れるエロいセックスができる男だとは限らない。女たちは今のところ、社会的リソースを多く持っていたり女を支配するのが上手なモテる男を〝やむを得ず〟共有している。それは社会（世間）から見ても女にとって幸せではない、という矛盾もある。けれど、やがては「一人の女がエロい男を独占するのは反公共的である」というのが社会からは隠された常識になっていくかもしれない。
宮台 そう。でも自明ではない。今おっしゃった公共性とは何かが論議になる。あぶれた男から見るとタコ足化＝私的独占。女一般から見るとシェア＝公共的営み。この両義性から、二つの課題が浮かびます。一つはあぶれた男＝モテない男をどうするか。散々語ってきました。
もう一つ、女の間での共同戦線の構築をどうするか。女よりも男の恋愛稼働率が圧倒的に低い。「トランスを望む女」よりも「女のトランスで自分もトランスになる男」が圧倒的に少ない。そうした現実を踏まえた場合、女の間で足の引っ張り合いを続けるのは賢明だろうか。
実は、女が男をシェアする発想は少しも珍しくない。かつての日本で女の若衆宿と男のそれが分かれていた背景には、女が男をシェアし、男が女をシェアするという発想があります。ただし双方向にですがね。因みに、トルコには今でも日本の若衆宿に似た風習が残っています。

双方向性は、稼働率の釣り合いが前提です。でも釣りあいがない場合はどうか。前にも紹介した黒木和雄監督『祭りの準備』は、昭和30年代の四万十川河口の漁村だった中村が舞台ですが、女たちが男を「種馬」的にシェアする様子が描かれます。そこが漁師町だからです。男が海に出る時間が長く、「陸は女のもの」とされます。むろん男の性愛稼働率は低い。思えば柳田國男は、漁師町には「子供は――夫婦の子というより――村の子」という発想がよく見られると述べていました。男の稼働率が下がれば、女による男のシェアが合理的です。

二村　カーシェアリングみたいな感じですかね（笑）。でも劣化したヤリチンなら、いまインターネット上にもハプバーにも、たくさんいる。自称ドS、自称フェミニスト、自称緊縛の名人、自称〝女のオーガズムの仕組み〟を熟知している男、実は支配欲と承認欲求のかたまりみたいなダサい男性。女たちは、そんな男をまさか共有したくないでしょう。

メンヘラとヤリチンの共通点

宮台　大切な論点です。そこを確認しましょう。なぜ女を支配してコントロールすることに達成や男同士の相互承認を見出す男がいるのか。一部の男は、女を支配できない劣等感から、対談している僕らが「支配自慢」をしていると思い込み、浅ましく嫉妬するはずです。

二村　うーん……。

宮台　そんな手合いは所詮は浅ましいクズですが、とはいえ捨て置けない。「彼らがクズなのは彼らが悪いからだ」とも言い切れないからです。僕は学生・院生時代に家庭教師を9年間続けて観察しましたが、決定的なのは親子関係——男の場合は母子関係——だと感じました。親子関係の中でコントロールする・されるというモードしか知らない子は、親のコントロールによって怨念を深めます。援助交際のリサーチで必ず親子関係を尋ねてきたけど、援交女子には厳格過ぎる「道徳親」、特に父親が目立ちます。キーワードは「復讐」「仕返し」です。

内発的な動機がないのに命令に従わされれば、無意識に怨念を溜め込みます。怨念の蓄積は、いずれコントロールし返す「復讐」による享楽を動機づけます。男で言えば、「強い母親」をコントロールし返せない分、母親ではない女に「仕返し」することが享楽になります。

二村　親からコントロールされて苦しんで育った女の子がメンヘラになる。親からコントロールされて苦しんで育った男の子が支配的なダサいヤリチンになる。どちらも一種の依存症です。

第1章の冒頭でも言及しましたが、ある人が恋愛やセックスの場面で、あるいは人生全般において、なぜ、そういうふうに行動したり、そういうふうに考えたりしてしまうのか、つまり心の自動機械性の根っこには、その人が子供のころの親兄弟との関係が埋まっている。

本人の責任ではないし、必ずしも親が悪かったせいだとは限らない。理想的と言われる家庭で育ったとしても、全ての子供の心にはなんらかの穴が開き、その穴によって人間の行動、特に恋愛やセックスに関する感情や行動は方向づけられる。恋愛やセックスを使って、親との関係の再現、あるいは〝やりなおし〟、つまり愛されなおしを無意識にやろうとしている。

コントロールされずに育つと、その人は自分自身を肯定しやすくなる。この肯定というのも、インチキな自己肯定、無理やり自己肯定している状態が多いので注意が必要なんですが、人はインチキではない素直な自己肯定をしていると、あるいは自己否定のこじらせを乗り越えて自己受容ができるようになると、恋愛やセックスが割とうまくいく。もしくは、うまくいかなかったときにも、それほどダメージを受けない。

それは女性でも男性でもそうです。自己受容できない男性たちは現代の男性社会という世の中で、お金を稼いで社会的な地位を得て威張っていたり、稼げなくても酒をたくさん飲んで威張ってみたり、貧乏なのにヤリチンになってみたり、ストーカーや痴漢になったり、それで表面的に自分を肯定しているような気になれているが、あくまでもインチキな自己肯定。女性や弱者を圧迫しているし、本人自身もあまり幸せじゃない。どこかに歪《ひず》みが出る。

「専業主婦廃止論」で言いたかったこと

宮台　心の病の「生物学的遺伝」が疑われてきた中、G・ベイトソンからR・D・レインに引き継がれた流れは、親の歪《ゆが》んだコミュニケーション作法が、自己防衛の必要から子の歪んだコミュニケーション作法をもたらし、それが孫に……という「文化的遺伝」を提唱します。

これが開放病棟や家族療法などの治療策につながりましたが、僕は彼らの枠組を、「親の特異な〈妄想〉に適応する必要から、子が特異な〈妄想〉を抱くようになり、子が親になると同じことが繰り返される」とパラフレーズし、「親から子への〈妄想〉の玉突き」と呼びます。

二村　大人になってからの、異性に対する復讐としての支配や依存。その社会的な要因として、戦後の核家族化がありますか？

宮台　半分イエス、半分ノー。20年前に「専業主婦廃止論」を唱えたけれど、核家族だとしても専業主婦がいなければ、子が母親に抱え込まれる度合が少なくなるからです。人間関係が二者関係で閉じると、相手の〈妄想〉から自己防衛するべき必要が増えてしまいます。

他方、保育所や児童館や放課後保育に通う子は、さまざまな大人たちと接して縦（親子）でも横（友達）でもない「斜めの関係」を築くので、母親が抱え込もうとしても「聞いたふりをすりゃいい」とか「お母さんが言うのはキレイ事さ」と教えられ、受け流せるようになります。

二村　子供というのは、一人の人間の強い愛着で育てられるべきではなく、いろんな人間の手で、もっと雑に育てられるべきだってことでしょうか。

宮台　そう。親が「愛ゆえの熱心さ」と思っていても、抱え込まれた子は、親の〈妄想〉に適応して歪んだ〈妄想〉を抱くよう強いられます。親のコミュニケーション作法への自己防衛で、歪んだコミュニケーション作法を身につけます。親がどんな人間であってもそうです。

二村　社会からの影響、まさに核家族化の結果としてそうなってますよね。正しい社会の外側が、子供たちには見えない。

宮台　そうです。必要なのは、親の〈妄想〉にガチで適応することじゃなく、社会を生きる人々が一般にどんな〈妄想〉を生きているのかを弁えること。いろんな大人と接すれば、親の〈妄想〉を割り引いて、親の〈妄想〉の社会的側面にだけ反応できるようになるわけです。

だから、子がさまざまな大人の正面姿を見ていることを前提に、親は背中を見せればいい。僕は自分の3人の子にいつも「僕はあれこれ言うけど、だいたい間違ってるから、最後は自分で決めろ」と言っています。それが20年前に唱導した「子供の自己決定」のパラフレーズです。

当時は「自己決定が大切だってことは、親は何も言わないほうがいいんですね」とよく言われたので、僕はいつも「あれこれ言うが、間違いだらけだから、最後は自分で決めな」が自己決定だと言ってきました。正しさを独占できないことを確認した上で、あれこれ言えばいい。

人を観察すれば、「いい人」にも悪いところがあり、「悪い人」にもいいところはあります。「正しい人」もよく間違っているし、「間違った人」も結構合っています。だから「親が言う通りにしなさい」と細かいことを言い過ぎるのは間違いで、「大体でいい」が正解なのです。

だから僕は子供にいつも3つのことを言う。第一は「細かい奴は人を不幸にする」。第二は「パパの言うことは大体間違ってる」。第三は「何事もヤリ過ぎはダメ」。すると僕が何か言うと「パパ細かい」「パパの言うこと間違いだらけ」と言い返すようになるけど(笑)、OKです。

相手の性愛願望にいかに応えるか

二村 セックスしている最中に、ある種の「コントロール欲求／被コントロール欲求」は、どうしても働きます。セックスによって「支配したい／されたい」「侮辱したい／されたい」。

宮台 〈性愛の営み〉では〈社会の営み〉よりもずっと過剰にそうなります。

二村　しかしそれは、一概に悪いとは言えない。問題は、セックスの場での「支配／被支配」を、日常の関係に持ち込んで依存やＤＶになっていくこと。

セックスの場だけの祝祭、社会の外にあって、二人で共犯関係を結ぶ。お互いが「やりたい／やられたい」ように存分に侮辱し、支配し、ＳＭめいた不道徳な行為に耽る。ただしこれは、男女の役割、ＳとＭの役割が、リバーシブルであることが望ましい。そのほうが日常の関係に結びつきにくいからです。

つまり役割が交換可能で「固定化＝陳腐化」を避けられるような一種の〝毒〟みたいな祝祭が、変性意識を生んで、そのときだけは思いっきり不健康かつ邪悪であることで、精神が健康になって、また社会に帰ってくる。

宮台　〈社会の営み〉はバランスだけど、〈性愛の営み〉は過剰です。〈社会の営み〉は〈交換〉だけど、〈性愛の営み〉は〈贈与〉――裏から見れば〈剝奪〉――です。〈社会の営み〉はシラフだけど、〈性愛の営み〉はトランスです。しかも、そこに幼児期のトラウマチックな体験が投射されます。

フェミニストに「後ろから獣のように犯されるのがいい」という人が多いのも――個人的経験だけど（笑）忘れてください――不思議じゃない。言語的主題化は地平を伴うので、命令は反対命令を無意識に蓄積します。かくして命令違反やタブー侵犯が享楽になります。

二村　いや、そうやって、むしろ「自分のモラルに最も反すること」でガス抜きをできていないと、健康とは言えないのでは。

宮台 そう。法は〈なりすまし〉で、「法外」が〈元々の姿〉。時々〈元々の姿〉を思い出さないと、〈なりすまし〉を忘れてマジガチになっちゃう。これは神経症的で不健康です。マジガチになる人は大概、二村監督の言う「穴」を神経症的に埋め合わせたいだけの話です。

二村 ガチになって破滅するのも良くないし、かといって心に深く刻みつけられてる欲望を無理やり矯正しようと試みるのもヤバい。

宮台 その意味で性癖は直せません。だからLGBTと同じロジックで、刻印されたものの肯定は大切です。とすると、「コントロールはいけないの知ってるけれど、私はコントロールされるのが性癖」という場合、コントロールによる享楽の〈贈与〉をどう評価するかです。

二村 インターネットや街頭やハプバーで網を張っているナンパ師の、自称サディスト。彼らが「支配しますよ」と言って、支配されたい女性とマッチングするときに、やり捨て目的なのは論外ですが、支配されたがっている女性をコントロールして本当に支配してしまってはダメだということです。それだと共倒れになる。セックスで支配されたがっている自称マゾ女性に対しては、支配する身振りで、実は贈与をしないといけない。

宮台 そうなんです。

二村 であれば、贈与というものは一方的ではなく、必ず循環しますから、セックス中のプレイとしての支配や侮辱の身振りの贈与は、リバーシブルになる。ところが身振りではないガチの支配や侮辱だと、それはセックスという祝祭が終わって社会に戻ったときにも続いてしまう、ありがちな支配関係の、ダサい、メンヘラ的な恋愛になってしまう。

宮台　それを言いたかったのです。

二村　男がダサいかダサくないか。贈与ではなくコントロールしたくて支配したくてセックスする男なのか、贈与ができる男なのか、そこを女性は見極めないといけない。

でも、メンヘラの女性は支配されたい欲求だけでなく無意識の自傷欲求もあるから、惑わされてしまう。自分が傷つくような、ガチの支配をしたがる男性に最初は〝一目惚れ〟で恋してしまい、傷ついたところで相手に失望する。そして憎むようになる。

宮台　そして同じことを永久に繰り返す。

二村　サディストの女性にも、贈与の人と、ガチで男性への憎しみを抱いている人とがいます。

先ほどの宮台さんの体験の告白は忘れろと言われたので忘れることにしましたが（笑）、フェミニストの女性の中にマゾ性癖の人がいたって全然問題ないというか、むしろ自然なことでしょう。しかし、幼少期に男性から受けた性的な虐待や侮辱から、男性への憎しみを根深く持たされてしまったフェミニスト、男性をまったく信頼していないフェミニスト、あらゆるセックスの営みを憎んでいるような印象を受けるフェミニストになる女性もいるでしょう。

男性を憎むフェミニストは、男性との（とは限りませんが）セックスを好むエロいフェミニスト女性や、自分たちの怒りに共感しないフェミニスト女性を「フェミの風上にも置けぬ。あれは〝名誉男性〟だ」と怒って糾弾する傾向がある。セックスでの侮辱の中に、実態は贈与である〝身振りとしての侮辱〟もあるのだとは理解してくれない。理解したくないというのもまたその人の性癖であり感情ですから、その感情を抱いてしまうのは仕方がないことなのですが、しかし本人がその自分の感情の奴隷になってはいけない。逆に、男性とのセックスを好むフェミニストも、男性を憎むフェミニストを、いたずらに感情で糾弾しないほうがいい。フェミニストとフェミニストが分断されるのは、よくない。

宮台　〈性愛の営み〉が〈社会の営み〉の「真逆」になる男女は珍しくない。他方、性愛で被コントロール体験の〈贈与〉に成功した男は、それを〈社会の営み〉にまで持ち出して男尊女卑を強要しがち。女も、被虐がもたらす享楽を〈社会の営み〉に延長して、男のコントロールに甘んじがち。

フェミニズム的には「私的なことは政治的（公的）」だけど、〈性愛の営み〉が「法外」であるがゆえに〈社会の営み〉とは反対向きになりがちという意味でも、〈性愛の営み〉に〈社会の営み〉たる「法」が持ち込まれがちという意味でも、〈性愛の営み〉は〈社会の営み〉の半影としてあります。

他方、性愛の性癖は、ＬＧＢＴと同じで、刻印されたものです。ＬＧＢＴへの差別が許されないなら、イデオロギー闘争を標榜した批判を含め、犯罪でない限り性癖差別は許されません。批判が許されるのは、性癖を半影として生み出す、〈社会の営み〉の不公正さに対してだけです。

ただし、先ほど言ったように、「お前はセックスのときに無理矢理的なシチュエーションが好きなんだから、日ごろから俺の言うことに無理矢理にでも従ってもらうぜ」というのも、性癖を理由に社会での扱いを変える性癖差別です。実際そういうクズ男がいるんだよな。

二村　いますね。最低です。

宮台　クズ男に甘んじるクズ女もたくさんいる。社会的害悪ぶりもさることながら、無教養さや経験値の低さが丸出しです。「性癖による差別」は「ＬＧＢＴ差別解消で権利獲得したら幸せになれるという勘違い」と表裏一体。〈性愛の営み〉を無限定的に社会の法で裁く愚昧です。

むろん強姦癖や痴漢癖は社会の法で裁くしかないが、合意が不在だからじゃない。合意があっても性交可能年齢以下の相手との性交癖は社会の法で裁かれざるを得ない。要は、〈社会の営み〉を掻く〈性愛の営み〉があるのです。社会の法が古来禁じるインセストが典型的な例です。

僕らが人を殺さない理由は、法の罰が恐いからじゃない。感情的に殺せないからです。そうした感情プログラムが働かないのがサイコパス。彼らとの間では、重罰を持ち出して取引するしかない。「人を殺したらこんな目に遭わせるぞ」と。そうやって〈なりすまして〉もらう。

サイコパスが治せないように、性癖も治せないのであれば、〈社会の営み〉を掻く性癖所有者との間で、同種の取引をする他ありません。〈社会の営み〉をダラしなく〈性愛の営み〉に持ち込んじゃいけないように、〈性愛の営み〉をダラしなく〈社会の営み〉に持ち込んじゃダメです。

二村　ちゃんと生きながら、でも「自分の生きてる本質は〝政治的に正しく生きること〟などではなくて、もっとドロドロしたものである」と知りながら、社会ではちゃんと、他者と自分の尊厳を守ってまともに生きる。祝祭のときだけ社会の外にひょいっと出て、またひょいっと戻ってくることが、できなくてはいけない。

僕は自著でもインタビューでも「モテるために、まず自分の本当の欲望を知ろう」と言い続けています。たとえばネトウヨの馬鹿はヘイト発言をすること、被害者意識から誰かを攻撃すること、〝正義〟を守ることが自分の情熱だと勘違いしているわけですが、あんなものは情熱でも本当の欲望でもなんでもなくて、くだらない物語を信じてしまっているだけです。それによって彼らは、ますます生きにくくなっている。

自分の欲望が分かると、ちょっとこれはロマンチックな言い方に聞こえるかもしれませんが、他者の欲望が伝わってくるような、そういう想像力が湧いてくる。つまり、相手に対して素直になれる。

宮台　相手の苦しみを自分の苦しみだと感じ、相手の幸いを自分の幸いだと感じる同感能力。でもヘーゲルが言うように同感能力があるからこそ自分が嫌なことを相手に為す。幼子を見れば分かります。ならば自己陶冶が必要で、その出来不出来による差別こそが社会には必要です。

倒錯者というポジションをとろう

宮台　社会が空洞化するとフラット化して包摂性を失い、バンパイアは生きていけなくなります。他方、クソである他ない社会に適応したら、自動機械のクズになります。バンパイア的なものを抑圧せずに、クソ社会を生き延びる方法はあるか。二村監督は「ある」とおっしゃる。

二村　僕は大学とかでちゃんと学問をやっておらず難しい本を読むのが苦手なので、精神分析家であり哲学者であるジャック・ラカンの著作についても研究者や作家の皆さんらが嚙み砕いて書いてくださった解説書などを、あくまでも自己流に読んだだけなのですが。僕の勝手な理解によると、この社会で〝狂わずに〟しかも〝楽しく〟生きていくには、以下のような方法があるのではないかと。

ラカンは、人間を「神経症者・精神病者・倒錯者」の3つのタイプに分けました。喩えるなら神経症者は「毎朝、嫌だなあと思いながらも満員電車に乗って、仕事に行ける人」ですよね。通勤に限らず、この世の中のクソなルールに従ってまともに生活できている我々は、立派ですけれど、みんな神経症的である。ルールを杓子定規に受けとっていること自体、社会が信じさせようとしている物語を信じていること自体が、一種の神経症である。

宮台　要するに、我慢をしなきゃいけないと思って社会を生きている人。その意味で僕らは多少なりとも神経症的です。でも我慢し過ぎると、「仕方なく存在する社会」を「理想ゆえに法外を許さぬ社会」と勘違いするような、ウヨ豚的・クソリベ的な反復強迫者も出てきます。

二村　我慢しているわけだから、我々は徐々に、おかしくなっていく。ここで精神病者が現れる。全裸でオナニーしながら朝の満員電車に乗り込んでくる人がいたら、その人は精神病的ですよね。相当気分はいいだろうけど通報されて、どこかに連れて行かれてしまうでしょう。バンパイアが〝おおっぴらに〟生きようとすると社会から隔離される、あるいは殺される、そういうことを意味しているのかもしれません。全裸にはならなくとも、公共の場で大声で独りごとを言っている人は、しばしば、いますよね。

宮台　神経症者は、理解可能でも過剰な〈妄想〉を生きる。いわば過剰に社会的だ。他方、統合失調症者は、理解不能な〈妄想〉を生きる。いわば社会と両立不能な〈妄想〉だ。因みに、社会を生きるのに必要な〈妄想〉を「欠く」のがサイコパスや自閉症スペクトラムです。

二村　精神病者は神経症者とは違うルールを、違う物語を生きている。でも、こう言ったらなんだけど、捕まって隔離されてしまうようでは〝魅力的なバンパイア〟ではない。

ここでラカンは、神経症にも精神病にも陥らない、第三の道を提示します。それが倒錯者として生きることです。倒錯者とは、社会に適応している〝ふりをしている〟人、スーツを着て満員電車に揺られ、独りごとも言わないけれど、自分が実はバンパイアであることを自覚している人たち。夜になると秘密の部屋にこっそり集まって、同好の士の前では全裸になってオナニーを見せつけあって楽しむのかもしれない。翌朝は、また何食わぬ顔でスーツを着て満員電車に乗れる人たちです。社会のルールを弁えた上で、その裏をかいて、バンパイア的なものを解放できる。彼らは、社会性を身につけた変態です。

ただ、ここで気をつけなくてはいけないのですが、〝適応できるふりをしている人〟と言っても、満員電車の中でこっそりオナニーをしてザーメンを他人にかける者、夜道で全裸になって被害者にだけオナニーを見せるような卑劣な者は、倒錯者ではなく、むしろ極度の神経症者と呼ぶべきなんです。そういう者は「悪い変態」です。倒錯者とは、関係ない人に危害を加えない「良い変態」です。

というのがAV監督である僕のラカン解釈なんですが……、浅かったら、すみません。

宮台　「共同体との関連」を軸にした正しい解釈です。〈なりすまし〉が倒錯者なのも確かです。バンパイア＝過剰存在＝〈贈与〉存在＝トランス存在。それがパンピー＝バランス存在＝〈交換〉存在＝シラフ存在に〈なりすます〉。だから〈なりすませ〉＝「倒錯者として生きよ」。〈なりすまし〉が「どんな存在か」は話したけど、むしろ「どう生きるか」こそが問題です。超能力を持つ直人（豊川悦司）と直也（武田真治）の兄弟が主人公でした。90年代前半に飯田譲治監督の連続テレビドラマ『NIGHT HEAD』が放送されます。超能力を持つ直人（豊川悦司）と直也（武田真治）の兄弟が主人公でした。

蓜島《はいしま》邦明氏の見事な楽曲に彩られたタイトルバックに、人類学的な定住以前的トランスのイメージが描かれます。安藤礼二が『神々の闘争』で描き出した、折口信夫が注目した台湾の蛮族調査報告——定住を知らない先住民の記録——の世界。誰もがバンパイアであった世界です。

社会は超能力者の存在を許しません。超能力をカミングアウトすれば隔離・撲滅されます。なぜかが問題です。いずれにせよ、超能力者同士が社会に気づかれないようこっそり助けあって生きる他ありません。超能力者は「今も秘かにバンパイアであり続ける存在」の喩えです。

二村　社会から見えないように、良い変態たちのコミュニティを形成し、社会生活においては一般人と同化して生きる。まさに宮台さんが繰り返しおっしゃっている、クソ社会への適応を「ほどほどに」するという生き方ですよね。インチキ自己肯定から決別し、性愛不全から脱却するには、倒錯者というポジションは大きなヒントになると思っています。

宮台　賛成です。神経症と統合失調症と倒錯症の区別を再確認すると、神経症とは不安——二村監督がおっしゃる「穴」――を埋め合わせたがる反復強迫。統合失調症は言語プログラムの暴走。ただし社会の標準から見た暴走で、社会で共有可能な〈妄想〉から遠ざかります。

言語プログラムとは、体験を与える枠組です。ユングは神秘体験と神秘現象を区別しました。UFOの目撃体験は、UFOの存在という事実とは直接には関係しないと。僕らが〈世界〉だと思うものは〈世界体験〉に過ぎず、常に言語プログラムに媒介されているわけです。

感情的な喜怒哀楽も〈世界体験〉。観測機器を使った科学的観察も〈世界体験〉。僕らには〈世界〉は与えられない。ラカンは〈世界体験〉を想像界と呼び、〈世界〉を現実界と呼びます。また、〈世界体験〉を操縦するのが言語プログラムですが、ラカンは象徴界と呼びます。

〈世界体験〉を操縦する言語プログラムは、社会システムに準拠しても見出されるし、パーソンの心的システムに準拠しても見出されます。〈世界〉を〈世界体験〉へと媒介する関数的な装置として、社会システム（＝社会）と心的システム（＝心）があるというわけです。

意識と無意識などを内包した人の心は、法や経済や性愛や学問の営みを内包した社会に適応して変わります。同じく、法や経済や性愛や学問の営みを内包した社会は、意識と無意識などを内包した人々の心に適応して変わります。社会学者ルーマンの考え方ですね。

我々の体験は幾重にも媒介されています。媒介するのは装置です。装置は言語プログラムで動きます。正確に言うと、装置の作動は言語プログラムを経由します。装置には心と社会があります。あろうことか、こうした分析も言語プログラムを経由した装置の作動結果なのです。

だから〈世界〉の直接体験はあり得ません。ただしラカンによれば、ゲーデルの不完全性定理やタルスキの意味論的逆説（クレタ島人のパラドクス）の認識（〈世界体験〉）には、象徴界（言語プログラム）に不可避に刻印された性質として、現実界（〈世界〉）が露出しています。ただし書きを踏まえた上で言えば、〈世界〉の直接体験はなく、言語を経由した〈世界体験〉しかない。だから言語が〈世界体験〉を操縦する強力なツールになります。実際、その場で初めて出会った代々木監督に言葉で誘導されれば、触られなくてもオーガズムが得られる。

「良い変態」は社会の抜け道である

二村　日本で最初のAVは代々木さんが作った『ザ・オナニー』であるとされています。あの作品は、女性たちのエロさも凄いのですが、代々木さんの言葉の力、言霊が力強いのです。「俺の見ている前でオナニーしてごらん」と誘導する。

宮台　僕らは『ザ・オナニー』シリーズからすごく影響を受けた世代です。代々木監督の「あなた、本当はそう思ってないよね、正直になってごらん」という言葉。二村監督も僕も男だけどゾクッとします。実際、代々木監督と対談するだけで催眠術にかかった気分になります。

二村　倒錯者のポテンシャルを持っている人は、本来の性愛を謳歌できると思います。先にも例に出した、奥さんとのセックスレス解消とED治療のために僕のAVに出演してくれた47歳の一般の会社員の男性も、服を着ているとちゃんと社会に適応しているように見えたけど、撮影現場で裸になった途端に、女優（大槻ひびきさんでした）や男優（田淵正浩さんでした）のバンパイア性に感染し、突然連続で4発も射精した（笑）。

社会の規範の外に出ることができる倒錯者は、そんなこと黙っています。彼らは毎朝、満員電車に乗ることができて、仕事もきちんとこなしているけれど、同じ性質を持つ相手に対してはバンパイア性を包み隠さず、めちゃくちゃ淫乱になる。つまり、そういう相手、そうなれる相手を探せということです。

普段から自分はナンパ師だとか言って自慢している奴らは、単に自らの承認欲求を満たしたいだけの重度の神経症者であって、実は社会の規範の中に生きているだけ、全然エロくないんです。

それこそ目と目を見ただけで、相手が同類であることに気がつき、ノンバーバルでとんでもなく淫乱なセックスをする人が真の変態です。このような、いわゆる倒錯者は、社会から処刑されずに生き延びるバンパイアですよね。

僕が皆さんに伝えたいのは、こっそり、ひっそりと変態になってみてください、ということです。勇気を出して社会の外に飛び出してみて、現実を忘れさせてくれるようなセックスを体験することで、私たちが社会を営む中で忘れてしまった感覚を取り戻し、また、しれっと日常に戻って来ればいいのです。

特に、女性たちに気がついてほしいです。「恥ずかしくて目を開けてしたことがない」女性の方がいらしたら、騙されたと思って一度、相手の目を見つめたまま、お相手の心の中にダイヴするセックスをしてみてください。それは社会の外側にある性愛を体感する、一つの方法だと思います。

「委ね」「明け渡し」とヒモの資格

二村　結局のところ、ほとんどの男性は女性よりも性愛のポテンシャルが低い。だから男は「イカせた」とか「潮を吹かせた」とか言って満足している。

そうじゃなくて、代々木さんの作品において女性たちが神秘的な眩暈に満ちた性愛に到達したような、あんなオーガズムを男性こそ知るべき。

宮台　大賛成です。いま二村監督は男にとっての性愛は〈達成〉ではなく〈感染〉だとおっしゃった。バンパイア化した女からの〈感染〉としてだけ、法ならぬ「法外」、シラフならぬトランス、バランスならぬ過剰としての性愛を、体験できます。そう。行為ではなく体験なのです。

その意味で、能動態ならぬ中動態、能動的能動ならぬ受動的能動、足掻きならぬ覚悟の構えです。代々木監督は、女なら性愛行為で号泣したり失神したりするのは珍しくないのに、男だと加藤鷹のようなAV男優の頂点でさえ難しいのは、この構えの違いのせいだとおっしゃる。

では、「イカせた」「潮を吹かせた」ではないとして、男は具体的にどんなイメージを目標にすればいいか。それを考えていたら、かつてある女が、僕に「二人で一つのアメーバになればいい」と告げたのを思い出しました。それで性愛ワークショップ等ではそう伝えてきました。

二村　とろける、ということですね。

宮台　そう。以前、変性意識状態の度合は、時間の見当識の狂いが目印だと言ったけど、同様に、とろけること＝自他境界のフュージョン（融解）も目印になります。具体的には、相互の感染が昂じて、自分が感じているのか相手が感じているのか分からなくなった状態です。

そうした状態を英語で「フュージョン・セックス」と言いますが、男がこの状態に入ると「射精でおしまい」「射精後は賢者モード」というふうにならずに、何時間でも持続でき、何回でも射精できます。ひょんな偶然でこうした体験をすると、男の構えは激変してしまいます。

二村　男もとろけようっていう話ですよね。「イカせよう」とか「潮を吹かせよう」とか、そんな努力はまったく意味ないですからね。セックスにおいて、男がペニスを使って女をコントロールしようとする、そのような態度では女は絶対にイカないよ、そこには良質のオーガズムはないよってことです。だから、まずは女が何を言っても受け入れてみる。

宮台　僕のキーワードでは「委ね」です。代々木監督だと「明け渡し」です。今は珍しくなったけど、僕が20歳代だった80年代や30歳代だった90年代には、僕の同世代や前後の世代に「ヒモ」として生計を立てる男が珍しくなかったでしょう。「委ね」ができたからだと思います。

実際、そのころまでの日本映画には「ヒモ」が描かれました。藤田敏八監督『エロスは甘き香り』や近藤幸彦監督『㊙海女レポート淫絶』が思い出されます。外国映画だと『真夜中のカーボーイ』や『アメリカン・ジゴロ』ですね。

映画ですと、「ヒモ」を囲う女は「社会的成功者だけど神経症的」というタイプに描かれます。神経症は不安から生じ、不安は抑圧から生じるけど、「ヒモ」といる時は抑圧によって成り立つゲームに参加しなくていい。だから「ヒモ」は女をリセットする力を持つのですね。

かつてゼミ生にも「ヒモ」になった男がいました。詮索を好まず、嫉妬しない。良く言えば細かくなく、悪く言えばルーズ。人畜無害のユルイ奴だが、たまに高尚なことを言う（笑）。「よく分からんが、時々凄い」という感じが女を癒し、現実に向かう力を与えるのですね。

大学生時代を振り返ると、ステディの彼女が金持ちだったので、僕はご飯代やホテル代を出してもらっていました。ところが最近の大学生女子に「恋人づきあい」を避ける理由を尋ねると、「つきあうと男にお金を出させちゃうから」などと答える。僕には信じられません。

二村　男が手放す、委ねる、そこに一つの男の幸せがある。幸せというか、女性（同性愛者であれば男性のパートナー）と一緒に生きていける道がある。孤独にマッチョ化してても仕方がない。

コントロールというのは、セックスにおいてだけでなく相手の存在自体を物格化して侮辱していることだから。どんなにお前のことを愛している、お前はこうしたほうがいい、って言っても、それはもうモノ扱い。「お前のため」という言葉を口にした時点で、そいつは相手をモノ扱いしている。その相手がパートナーであれ、実の子であれ。

男と女はリバーシブルの関係に

宮台 コントロールしようと思うことと、いいセックスをしようと思うこととの間には、両立可能性がありません。代々木監督の命題です。いいセックスとは想定外の事態を呼び寄せることなのに、コントロールしようと思うと想定外の事態に脅えて身構えてしまうからです。

二村 繰り返しますが、リバーシブルってことに可能性がある。男だけが主体性を持つのじゃなくて、女も攻める。これはセックスのことだけに留まらない。社会の中で「女は受動的であるべき」「男は能動的であるべき」っていう価値観から自由になることで、被害者意識や、背負わされている重荷から少し解放される。

AVの中で、奔放なセックスを見せてくれる女性も、性が逆転して女になった男も、美しいですよ。生まれて初めて女装させられた男の子たちは、みんな何かから解放されたような晴れ晴れとした表情を浮かべるんです。

日本人男性全員に女装しろとまでは言いませんが、自分自身でもまだ気づいていないバンパイア性が、皆さんの奥底にはきっと潜んでいる。そして、人を幸せにする性愛は社会の外側にある。

宮台 女装と言えば僕は過去に神藏美子氏の女装写真集『たまゆら』に登場しています。女子高生と人妻に扮しました。そのとき自分自身の倒錯性を自覚できました。撮影スタジオの大きな鏡に写った女子高生や人妻の格好をした自分の姿を見て、欲情したからです（笑）。奇妙です。僕は「性欲ってのはこんなにデタラメなのか」と感じ、〈性愛の営み〉が〈社会の営み〉からハミ出していることを実感しました。その後あれこれ調べて、とりわけ定住革命以降に〈性愛の営み〉と〈社会の営み〉の二重性がクリティカルになったことを知りました。

誰もが〈社会の営み〉からハミ出した〈性愛の営み〉を志向しています。その意味で誰もが倒錯者です。それを弁えないで生きると多かれ少なかれ［抑圧⇓不安⇓補償⇓神経症］の自動機械になります。それを避けるには〈社会の営み〉を仮の姿で〈なりすます〉必要があります。

女は詐欺師だから男よりも自由

二村　どうすれば女性も男性も解放されるのか。女装子ビデオにもヒントがありますが、拙著『すべてはモテるためである』の中で「モテる男になるためには、自分の中の〝女〟と対話しろ」と書きました。

この対談でも既に話した通り、それは女の気持ちを分かろうとするとか、相手の身になろうという意味もありますが、本質的には男性であるあなたの中にも実は女性性がある、そのことを知りましょうということです。あなた（男）がもしも女だったら、今の（男である）あなたに惚れるか。自分の中の女が濡れるような言動が、あなたにはできているか。

人は万人に好かれるはずはない、万人から恋をされるはずはないのです。だったら、自分の中のアニマ（女性であれば、内なる男性性〈アニムス〉）が恋するような人間に、せめて、なればいい。

この人と私は〝話〟が通じる。そんな異性と出会うことは、自分の中の異性性と仲良くできていないと難しいのです。

女性の中には、心にちんこが生えていることに自覚的な人が少なくない。同性愛とかバイセクシャルということではなく、自分の中に異性がいる、人間は本来〝精神的な両性具有〟であることに気づいている。ただし、それに気づかないふりをしていたほうが社会的に有利だから、心のちんこを隠している場合がある（だとすれば、それはバンパイア的ですね）。心のちんこをうまく使いこなしている女性は、自立しているし、エロい。

自分の中の女性性が意識できていない男性は、男性性の自家中毒を起こしていてキモい。

宮台　昨今の男が言葉に支配されがちだからです。以前紹介した通り、僕らが言葉を喋るようになって4万年。マックス・プランク進化人類学研究所がサピエンス種とネアンデルタール種のゲノム比較で明らかにしました。それ以前は、共通して「うた」を歌っていました。

悲しい「うた」を聴くと悲しくなる。でも、悲しみという言葉を聴いても悲しくならない。つまり「うた」の真髄は感染です。初期の言葉は、韻律と舞踊を伴った朗唱で、隠喩と換喩に満ちていた。そうした神話的言語によって「ロゴスの暴走」を防げなかった集団は滅びました。

ヒト（ホモ属）がチンパンジーと分かれて500万年。ヒトになってからほとんどの期間は言葉を使わないで暮らしてきました。しかも言葉を使って4万年と言っても、書き言葉が神官の手から離れてたった３０００年。韻律と舞踊、隠喩と換喩から言葉が解き放たれました。言葉以前や古い言葉はミラーニューロン的です。話が飛ぶけど、高偏差値系の女は昔からエッチだとされ、高偏差値系専門ナンパ師もいますが、概念言語に長けるからだと思います。概念言語がフレーム（法）を与える分、フレームから外れると変性意識状態に入れるのです。だから、またもやここだけの話だけれど、僕の体験から言うとフェミニストにはエッチが多い。20年以上前にそう発言してフェミニストから総スカン（笑）。でも自然でしょう。言語フレームが豊富な分、「こんな男に感じちゃイケナイ」とか。喩えが古くてすみません（笑）。

この話をするのは、女が男よりも言語能力に長ける傾きと、女が男よりも言葉に縛られない傾きが、矛盾すると見えるからです。でも矛盾はない。「言葉への自由」と「言葉からの自由」は表裏一体だからです。女は「言葉」と「言葉以前」の間のパイプが目詰まりしにくい。

今までも書いてきたけど、僕の言葉は〈なりすまし〉です。「だから」言葉を自由に使えます。僕は「詐欺師の定理」と呼びます（笑）。それで言えば、均してみると女は男より「詐欺師」に近い。だから〈なりすまし〉の勧めとは、女性性の勧めであり、詐欺師の勧めなのです。

「変性意識状態」を目指す

二村　僕自身はエロを商売にしているので、変性意識状態がなぜ「良い」のかって考えてると「エロいから」としか言いようがなかったんですけど。

なぜ変性意識状態はエロいのか。言い方を変えると「自分をなくして、自意識が薄まった状態」だと、なぜ深い愛を感じられるのか。相手を支配しようとする、自分のフェチを押しつけようとするエロさには、なぜ愛を感じられないのか。宮台さんとの対話で僕は納得がいったのですが、でも「それは性愛を楽しもうとしている二村や宮台の自己弁護だ」といった批判、あるいは「性愛を深く知らない俺たちは、じゃあ具体的にどうすればいいのか」といった質問があるかもしれない。

宮台さんのおっしゃっていることは、それを経験した人間にしか分からない、ある種の秘儀的、秘教的なことを言っているんじゃないかと言われたら、宮台さんはどう答えますか？

宮台 それを二村監督に聞きたかったけれど、振られたので僕から話します。実際その質問をよく受けます。「経験した人にしか分からない」という言明の意味は何か。それが問題になります。二村監督の著書『すべてはモテるためである』文庫版にヒントがあります。

あとがきの後に最終章が登場する不思議な本です。あとがきをめくるとなぜか最終章になる（笑）。いわく、15年前にこの本を書いた。それから自分はだいぶモテるようになった。でもモテるようになってなぜか寂しくなった。そのことを書くための最終章だと。

二村監督はあの本を自分のために書いたと記しています。昔の自分はずっとキモかったともある。なんとか克服してあの本を書いたのだと。凄くたくさん失敗をしてきた記憶の記録になっているのだと。まずそこから分かってくる大切なことが一つあると思います。

二村監督がおっしゃることはよく分かります。それは僕も同じだからです。苦労を重ねて一人前に近づいてきた人には分かります。でも苦労の積み重ねがまだ不十分な人には不可解でしょう。「最初からうまくできる者はいない」という表現が含む深さに関係します。

かつてオウム真理教が薬と電極で深い変性意識状態に入ろうと試みました。昔は厳しい修行の末に得られるのが法悦だったけど、法悦は高濃度のドーパミンに相当するから、薬と電極で修行を短縮できるはずだと。成功したか定かじゃないけど、そもそも成功し得るのか。

薬と電極を使って同等なドーパミン濃度を達成できるたりはするでしょう。でもそれは本当に「同じ体験」か。宗教者や宗教学者の一部が「違うはずだ」と述べたけど、僕はそれに賛成します。薬と電極によるトランスには「艱難辛苦の乗り越え」という時間感覚がありません。

荒行苦行を乗り越えてやっと強度のトランスに到達するのと、ドーパミン吸収体ブロック系薬物などで強度のトランスに到達するのとでは、時間感覚の違いがあって「体験の意味が違う」。だからなんらかの尺度で同等なトランスだと言えても、それは法悦じゃありません。

恋愛講座で教えるたびに感じたのは、男の胸に着けられたカメラとマイクからサーバーにデータが送られ、ビッグデータ処理による指南がサーバーから男のイヤホンに逐一届く状況があったとして、ナンパの成功は「その男のナンパの成功なのか」という疑問でした。

そう言うと多くの人は主体性の在り処の問題だと受け取るけど、僕が問題にしたいのはそこじゃなく、体験の質の違いです。教えられた通りやってうまく行くのは当たり前というのもあるけど、艱難辛苦抜きに深い同感能力が獲得できるのかという疑問のほうが大きい。

たとえば、過去の失敗は「あの女にこんな思いをさせてしまった、その思いに同感すると忍びない」というリグレットを伴い、それゆえに「こう振る舞わないと、別の女に同じ思いをさせてしまう、それは死んでも避けなければ」という強い気持ちを抱かせてくれます。

法悦に向けた修行と同じで、道程の時間感覚を伴うことで、成功体験は、数多の失敗体験の記憶とともにしかあり得なくなります。数多の失敗体験の記憶こそが、同感の営みへと向けた「内なる光」を——風化しない動機づけを——与えてくれるのではないでしょうか。

二村　失敗や挫折が伴わないと意味がない。

宮台　はい。思い出すだけで穴があったら入りたくなるほどの失敗を、死ぬほどいっぱい重ねることです。

二村　いまの若い人たちだったら、早くゴールに辿り着きたい、失敗したくないと思いますかね。いや、僕も若いころ、そう思ってました。でも失敗してしまいました。

そういうときに、あらかじめ「失敗しても構わない」という覚悟をして挑め、トライしろ、みたいなことをよく言われがちですけど、そんな覚悟してたってダメ。

宮台　その覚悟がちょっと違う気がする。仏教の日蓮宗系やキリスト教の（かつての）御受難修道会の荒行は、身体的苦痛を伴うけど、単なる身体的苦痛じゃない。キリスト教の牧師になるはずだったキム・ギドク監督の映画に必ず描かれる身体的苦痛が、ヒントです。

キム・ギドク作品にとって痛みは通過儀礼です。通過儀礼は離陸・渾沌・着陸の3面から成ります。離陸面と着陸面の落差が移行の前後を隔てます。彼の作品では、着陸面が離陸面からかけ離れた「社会の外」になります。痛みは離陸面から遠く離れるための儀式です。

彼の作品を最初に観た瞬間からそれが分かりました。自分を振り返ると、80年代半ばからの10年以上の「ナンパ地獄」を振り返ったときの痛みが――僕を鬱で起き上がれなくさせるほどでしたが――僕を遠くに連れて行ってくれた。僕は遠くに連れて行かれたかったのです。

自分が経験している「痛み」の果てに何があるのかは分からなかったけど、自分は元に戻れないだろうという確信、どこか遠い場所に着陸するのだろうという予感がありました。元の場所に戻りたくないと強く思っていたから「痛み」に耐えられたのだと思っています。

非常に苦しい状態に置かれた際、幽体離脱のように自分を上から見る視線を獲得することがあります。柄谷行人氏は「自己疎隔」と呼びますが、その感覚に近い。自分は死ぬかもしれないなと思いながらまったくパニックにならない不思議な感覚。覚えがあるでしょう。

二村　あります。

宮台　その感じがあれば、苦しみから逃げようとは思わないし、苦しさにマゾヒスティックに飲まれない。その意味で、今どこにいるか、どんな苦汁を舐めているか、そこに居続けたいのかを明確にし、どこかに向かうための通過儀礼として苦難を位置づけてほしい。

僕がいろんな本で否定してきた「自己啓発としてのナンパ」とは違う。「自分は意外にOKだ」と思えるようになってそこに停滞するためのチャレンジじゃなく、「自分は意外にNGだ」と（再）確認して終わりのない道程に向かうためのチャレンジだというふうに言えます。

だから正確に言えば「どこかに向かう旅に出るための通過儀礼」です。旅人としてクオリファイされるための通過儀礼。さてどこに向かうのか。それが明確に分からないから旅に出るのだけど、何か方角の匂いのようなものが分からないと動機づけも得られません。

僕は新東宝時代から『ドクター荒井シリーズ』などを観てきた代々木作品の古いファンです。もう素材が残っていませんが、そこには代々木作品の原型があります。妻や恋人を連れてきてドクター荒井に任せると、エク・スタシス（外に立つ）で別次元の存在に昇格する。

それを目撃した夫や恋人も別次元の体験をする。決して嫉妬とか、寝取られたことによる興奮とかじゃない。女の悦びをそのまま悦びに感じる状態です。アダルトビデオが出現する前の80年代前半でしたが、今思えばその時に僕は最終目標をセットされました。

女は誰もがこんなに崇高な存在になれるのか。でも自分がセックスしてきた女はそうなっていない。この違いはなんなんだ。この違いを絶対に埋めるぞ。途中でいったん風化したけれど、そんな決意がありました。その決意を思い出したことで風化から回復できました。

二村　もちろん、人には「セックスをしない自由」もあります。重要なのは性愛ではなく変性意識だとすれば、負け惜しみではなくセックスも恋愛も選ばないで、常識的には性的に見えないような行為で変性意識状態を得るのも、また倒錯です。

僕は、あらゆる倒錯者たちが、こっそり、ひっそりと、共存共栄できる世の中になればいいなと思っているんですが……。

人間の性的エネルギーとＡＩ

宮台　人がシステムに依存するほど「仲間」は不要になり、「仲間」が希薄になるほど人はシステムに依存する他なくなります。かくて共同身体性や共通感覚が失われ、「法」にしがみつくヘタレが量産されて、「法」ならぬ「法外」に位置する〈性愛の営み〉が不可能になります。

月のものの訪れや妊娠・出産など、能動的能動（自律的自立）ならぬ受動的能動（他律的自立）の構えに向けて方向づけられる女と違い、男は「委ね」から見放されがちな分、「法外」への恐れに見舞われる。だから男から性的退却をし、女がそれを追いかけることになります。「だから」性的退却は――〈性愛の営み〉〈感情の劣化〉は――マクロには避けられません。こうした流れに抗うべく、〈見えないコミュニティ〉を支える〈見えないコミュニティ〉を作ることで「社会という荒野を生きる」戦略を推奨してきました。でも推奨が成功したところで、周辺的な動きに留まります。

〈見えないコミュニティ〉戦略は重要でも、「後は野となれ山となれ」ではいけません。〈見えないコミュニティ〉に入れなかった人をどうするか。生身の濃密さが与える享楽から見放された人々が、仮想現実や拡張現実を通じて享楽を体感するのは、悪くないと思っています。

実際スタニスラフ・レムが１９７１年刊『泰平ヨンの未来学会議』で予測したように、人はどうにもならない〈クソ社会〉を拡張現実で彩るようになりつつあります。僕らがどう思おうが、人々が「ポケモンGO」的なもので毎日を付加価値化する流れは止められません。その意味で、映画『her～世界でひとつの彼女』が描き出したようなAI（人工知能）の進歩に期待したいところだけど、「クズ相手よりマシ」という体験レベルはクリアできても、相手（AI）の心に自分（人）の心が映し出されていると人が感じるまでには、かなり時間がかかります。

東京大学名誉教授の西垣通氏が指摘してきたけれど、二村監督や僕が過去につきあった女を思い出しても、AIが彼女らと同等レベルの同感体験や被同感体験を与えるようになるのは途方もない未来の話で、それまでに人間側がそうした期待を持たなくなるでしょう。LINEでスタンプ満載の自動機械的やりとりを交わして「仲良くなれた」と思い込む男女が増えれば、AIが人の代わりをするのは容易になります。人が相手であれAIが相手であれ性愛の関係が「その程度」になるなら、性愛を断念して他に時間を使うのが合理的です。

でもそうした発想は、僕が『サブカルチャー神話解体』などで否定してきた「知らぬが仏」的なものです。知れば現在がクズだと「即分かり」するような過去を、ぜひ知らなければならない。「性愛に期待しなけりゃガッカリもしないぜ」という発想は頽落です。

二村　エロ業者の立場から言うと、たとえばメイド・イン・ジャパンのオナホールは、本当に大したものです。バーチャルリアリティはまだ進化の過程ですが将来的には完全に肉の交わりに取って代わり、ほとんどセックスが消滅する可能性もある。敢えて言うと、宮台さんが性に求めるもの以外の、全てが得られるようになるかもしれない。さっき言った「愛が贈与である」ならば、システムの側からの贈与ならぬ交換は、質はともかく、もの凄い量なわけです。全ての男性が、代価を払うことで愛してもらえる。元AV女優のマンガ家・峰なゆかさんが「女がTENGAに勝てるわけがない！」と怒っておられました。

これは脳科学者の中野信子さんと対談したときにうかがった説ですが、このまま日本人男性の性的退却が進んでいくと、ハーレムとバーチャル逆ハーレムの二極化は避けられないだろうと。たくさんの〝セックスしたくない、できない男たち〟の恋を、アイドル産業とAIとオナホが引き受ける。そして女性たちは、絶滅危惧種である〝エロい男〟を共有するだろうと。もちろんBLや男性アイドルにハマる女性も今以上に増えるでしょう。

性教育とスクールカースト

宮台　僕は大学で戦間期以降の大衆文化史——芸能・漫画・映画・音楽の歴史——を25年前から講義していて、試験は自問自答式（自ら問題を作り答える形）ですが、最近は性愛に関する自問自答、とりわけ「自分たちはなぜ性的に退却しているのか？」というテーマが目立ちます。

直近でも300枚中の答案の約20枚がこの問いでしたが、回答は二つの論点に集約されます。第一は中学・高校の性教育を通じた不安の植えつけ。「妊娠したり、性感染症に罹ったり、大切な時期に勉強しなくなったりして、一生を棒に振るぞ」と性愛から遠ざけられるわけです。

二村　結婚しないで妊娠するとヤバいぞ、セックスするな、しかし適齢期になったらさっさと結婚して子を産め、それ以降は貞淑であれというメッセージが、社会や親から女性に対して押しつけられていますよね。

宮台　性愛のような新しいステージには、インクリメンタルな（徐々の）移行で免疫化される必要がありますが、高校卒業後いきなり性愛のフィールド――今は荒野――に放り出される恰好です。これで性愛の幸いを手にできるとすればむしろ奇蹟でしょう。実に頓馬な性教育です。

妊娠の恐れ云々も頓珍漢。今はネットで月2000円台で第4世代低容量ピルを誰でも入手できます。服用の仕方や種類毎の副作用情報などもネットで数十秒で手に入る。僕らが若いころはピルの入手も副作用への対処も大変でした。それを思うと、時代錯誤ぶりに腰が抜けます。

第二は、こうした性教育を前提としたスクールカーストです。遊びも勉強もできるのがカースト上層なのは昔と同じですが、性愛にハマるとカースト3段落ち。それを恐れて性愛を忌避するようになる。性教育よりもこちらの影響のほうが大きいという答案が多い。

二村　勉強ができる子ほど、まわりの目を気にしてしまうということですか。

宮台　そう。2010年ころから女が性愛にハマると女仲間から「ビッチ」と陰口を叩かれ始め、体験的知恵が伝承されなくなったことを話しましたが、講義でもネット文化の変遷として話しています。それについても今紹介した二つの要因があるだろうというのが学生の分析です。

多数の学生がそう書く現実を見ると、本当は違うと思いつつも仲間のポジション取りを考えて「あいつはDQN」「ビッチだから」と蔑んでいる姿が見えてきます。すると、文明史的性的退却というより、クソ性教育を起点とした因果だと思えて、気が軽くなります（笑）。

二村　日本の公的な性教育で語られるモラルは、非常に政治的ですね。

宮台　日本会議的なジェンダーフリー教育バッシングを背景とした、地方議会の議員らの突き上げを恐れる、教育委員会以下末端教員まで含めた教育行政担当者の「びびり」のなせるワザ、です。でも、官邸や自民党に「びびって」きたマスコミに、批判する資格はありません。

二村　結局のところ、日本会議的な輪の中で、クソなおっさん・おばはんたちの「結婚してない若者にセックスの自由を啓蒙するとは、けしからん」という意向によって、教育カリキュラムが作られている。

宮台　「産めよ増やせよ」的な思考をする連中のやることとなすことが、性的退却による非婚化を通じて人口減を圧倒的な勢いで促進しているわけです（笑）。「下層カーストのＤＱＮが専ら性交する」という偏見が拡がれば性的退却は不可避です。10秒考えれば分かります。

そうした頓馬を横に置くと、あるべき性教育は、「愛と正しさ」を「損得」よりも優先させる構えです。リサーチを紹介したように、それでも若い女は「損得男」よりも「正しさ男」を求めている以上、男が「正しく」なることで「正しい」女が寄ってくるようにするのが大切です。

両親が専ら「損得」で結婚し、「成績の善し悪しに関係なく愛と正しさに生きれば幸せになれる」と子に教えず、「成績が悪けりゃ負け組」と刷り込むことで尊厳を破壊し、それゆえ同調圧力に右顧左眄する「損得人間」を量産する。親の頓馬が子にうつっています。

そのように育てられた子が教員になり、「成績の善し悪しに関係なく愛と正しさに生きれば幸せになれる」と生徒に教えず、「性愛にハマりゃ負け組」と刷り込むことで愛の内発性を挫き、同調圧力に右顧左眄する「損得人間」を量産して性的退却を招く。これが日本です。

そう。性愛だけじゃない。行政官僚どころか政治家や教育者にまで「正しさ人間」ならぬ「損得人間」が溢れ、「正しさのためには脱法も厭《いと》わない」の反対に「合法性を口実に目一杯のズルをしまくる」。今の第三次安倍内閣の周辺を見れば、実に「美しい日本」でしょう（笑）。

そんな〈社会の営み〉にマジガチに適応すれば〈性愛の営み〉は貧弱になります。人の幸いは計算尽くの〈交換〉（を装ったズル）でなく性愛相手を含めた「仲間」の内部での「法外」な〈贈与〉にある。「仲間」に見えてチクリや裏切りだらけの「美しい日本」の対極です。

自称右には、「売国奴」や「保守」という言葉に引きずられる思考停止の「言葉の自動機械」が溢れ、自称左には、「戦争放棄」や「平等」という言葉に引きずられる思考停止の「言葉の自動機械」が溢れる。性的退却の進行とウヨ豚やクソリベの蔓延には、深い関係があります。

同じことですが、一方で「他者の体験しか信じられない」がゆえに他者が敵に見える「被害妄想厨」が蔓延し、他方で「自己の体験を信じられない」がゆえに他者に証拠を見せろと喚く「エビデンス厨」が蔓延する社会では、恋愛の幸いがどんどん稀になる他ありません。

でも逆に考えると、〈性愛の営み〉がどんどん空洞化してきたから、ウヨ豚やクソリベを含めた思考停止の「言葉の自動機械」や、他者が敵に見える「被害妄想厨」や、証拠証拠と喚き上がる「エビデンス厨」が蔓延して、〈社会の営み〉がクズ化してきたのだとも言えるでしょう。

思考停止の「言葉の自動機械」や、他者が敵に見える「被害妄想厨」や、証拠証拠と噴き上がる「エビデンス厨」には、虚数的＝想像的（象徴界未然的）なものに溢れた〈性愛の営み〉は不可能です。実際そうしたクズ相手に恋愛をしたがるまともな人もいない。それも現実です。

そうした現実をトータルに見渡せば、幸せに生きるために必要なことは自明です。〈贈与〉と過剰と眩暈に満ちた「仲間」を回復すること。その果てに〈性愛の営み〉の「法外」が開かれる。それには一定の修行が必要だけど、僕の私塾経験から言えば極度に困難ではありません。

二村　人間の目標は、幸せになること以外にないですからね。

宮台　そう。他人を幸せにする以外、自分は幸せになれない。そして、他人の幸せが自分の幸せであるような心のあり方から見放されれば、性愛の幸いはない。「正しい」生き方と「愛」に満ちた生き方は、そのように結びついている。そこにこそ「幸い」の鍵があります。

Q 自分が女性に何を求めているのか分からなくなる……

男性M セックスした後に、女性がとても粗野に見えて、つまらなく思えることもあるし、とても愛おしくエロチックに思えることもあります。自分は女性に対して何を求めているかが分からなくなることがあります。実際、女性に対して、何をどう思って安心したり、自分の自尊心を満たしたりしているのでしょうか?

宮台 賢者モードの話ですね。セックス後に「自分はなぜこんな女と一緒にいるんだ」と(笑)。ドラッグにアッパー系とダウナー系とエモーション系という分類があるのを使えば、セックス後に女がつまらない存在に見えるのはアッパー系のセックスだからでしょう。

アッパー系の難点は、第一に「刺激の上に刺激を」と昂進して合法枠内では頭打ちになることと、第二に射精した後に途端に気が抜けることがあります。前に、アッパー系のオージー(乱交)とエモーション系のスワッピングの、違いを話したことがヒントになります。

オージーは射精後「俺は一体何を……」という感覚に陥りますが、スワッピングにそれはない。「あのときどう感じた?」と尋ねあうことで体験を反芻しあい、むしろ事後に興奮する。

要は、前者は〈フェチ系〉だから冷めやすく、後者は〈ダイヴ系〉だから持続するのです。〈フェチ系〉には関係性がないので持続せず、〈ダイヴ系〉は関係性があるので持続する。〈フェチ系〉は相手が入替可能な自動機械だから自慰の妄想と同じで「抜いたら終了」ですが、〈ダイヴ系〉は相手が入替不能な自らの一部だから「相手と一緒にいる限り持続する」。

もちろんエモーション系＝〈ダイヴ系〉に分類されるスワッピングにも非日常的刺激があるけど、参加する夫婦やカップルは関係性の維持や向上が目的だから、アッパー系にありがちな刺激昂進による鈍磨を避けるために、続けている人たちも年2〜3回の参加に留めます。

要は祭りの頻度と同じなのです。何回かするうち「同室プレイ⇒別室プレイ⇒貸出プレイ」と推移していくパターンが多いです。その後、やがて参加しなくなるパターンもあります。飽きるというより、二人で思い出しつつセックスするので参加する必要がなくなるのですね。

このパターンでは二人のセックスがスローなものになっていきます。興奮水準が低いのではなく、女の波長に寄り添うからでしょう。そうなると、男にとってその女は艱難辛苦を乗り越えつつ感情をシェアしてきた同志のようになります。単なる女ではなくなるのです。

うまい表現が見つからないけど、普通名詞としての「女」が後景に遠ざかり、入替不能な固有名を持った「その人」が前景にセリ出す。関係の唯一性が実感されて、「その人」がいなくなったとしたら、他のどの女を連れてきても埋め合わせることができないという確信に至ります。

アッパー系＝〈フェチ系〉にとっては、普通名詞としての「男」「女」しか意味を持ちませんが、エモーション系＝〈ダイヴ系〉にとっては、入替不能な「その人」しか意味を持ちません。前にも話した〈祭りのセックス〉と〈愛のセックス〉の違いにも緩やかに対応しています。ただし、エモーション系＝〈ダイヴ系〉＝〈愛のセックス〉が、いわばオカズとして、アッパー系＝〈フェチ系〉＝〈祭りのセックス〉を利用することもできる。何度も書いてきたことだけど、〈愛のセックス〉と〈祭りのセックス〉が重なった領域が最も強度があると思います。

二村　僕はAVを撮れば撮るほど、女とは何か男とは何か、そんなカテゴリー分けには意味ないな、と思えるようになってきました。男と女の違いは、肉体の一部だけ。精神性の違いは、全てが社会的に後づけされたものではないか。

一般的に男のオーガズム＝射精って考えられていて、それは女性のオーガズムに比べたら、ものすごく貧しいものです。だから男は一生懸命、女をイカせようとする。女の人も、男が作った「女は男に愛撫され、ピストンでオーガズムを迎えるもの」なんて物語につきあってくれてる。だけど、たとえば男や女の役割を離れて、お互い見つめあって、挿入せずに30分くらい、唾液が混じりあうようなキスをして興奮を高めてみてください。意識が飛びますよ。

宮台　おっしゃる通り。射精の快感よりも、シンクロの快感のほうが、本当にずっと大きいです。前者は他と比較可能な「快楽」に過ぎませんが、後者は他と比較不能な「享楽」に昇格します。さて、相手と知りあって短時間で「シンクロの享楽」を手にするにはどうするか。

以前ワークショップでは散歩の勧めをしてきたことを話しました（第2章）。本来ならば生活音に満ちた路地のエロスを共体験したいところだけど、別に公園でもいい。10分、15分と時間が経つにつれて徐々に歩幅と息が合い、シンクロ率が高まるのが分かります。

一緒に料理を作ったり、スーパーで一緒に買い物したりするのにも、同じ効果が期待できます。こんなに趣味が合うんだって分かってくるのでもいい。逆に、こんなに違うんだってことでもいい。相手とはこんなふうに違うから惹かれるんだって分かってきたりする。

そんなふうな流れが単にアッパーではないエモーショナルなセックスにつながります。相手との共同身体性や共通感覚や共通の〈妄想〉を摑んでいないと、些細な違いが認められずに自己本位的になるので、二人の幸せにつながるセックスは難しいだろうと思います。

二村　セックスだけしていてもダメだということですね。

Q　女性が本当に性で解放されるにはどうすれば……

女性N　大学でジェンダーの研究をしています。性の問題について、女性の立場からも、「もっと女性が性に関して、解放的になるべきなのではないか」と思っています。それは別に「ビッチになる」ということではなくて、相手との関係の構築や自分の人生の中の一部として性を解放すべきなのかなと思っています。最近は女性向けのAVが流行り始めていたり、女性向けの風俗ができたりとか、社会的にも女性の性が解放される動きはあると思います。

でも、本質的に男性よりも閉ざされている部分があると思います。今後女性がより解放されるには、男性側からどうアプローチすればいいか、女性側からどうアプローチすればいいか、男性側からすべきこと、女性側からすべきことはありますか？

二村　解放されつつあるどころか、多くの女性たちは恋愛やセックスをしながら、性に対しての罪悪感や被害者意識が、むしろ大きくなっているんじゃないかと思っています。素直に性を楽しめなくなっている。

因みに女性向けＡＶも、各社で制作され話題にはなりますが、それで儲かるほど売れてはいません。男優さんに会えてツーショットを撮りハグしてもらえるイベントに一般の女性が多く訪れるようにはなり、またＢＬカルチャーは一大産業になったと言えますが、多くの女性が根本的に持たされてしまっている性に対する罪悪感や、クズな男たちの振る舞いに対する被害者意識は深くなり、男女の意識は分断されているように僕には感じられます。

人が幸せになり、パートナーを愛することができるようになるためには、最終的には自分自身の罪悪感や被害者意識を克服して、それから自由にならなければならない。

モテなくて傷ついている男性はセックスに幻想を持ち過ぎ、オナニーのし過ぎです。一方、セックスする機会はあるのにそのセックスに傷ついている女性は恋愛に幻想を持ち過ぎ、つまらないセックスをし過ぎだと思います。女性はセックスを相手の男性任せにせず、もっとイマジネーションを鍛えるようなオナニーを一杯するといい。

女の人が性に罪悪感を抱いてしまうのは親の影響でしょう。自分の身体を自分のものにするために、女性にはのびのびと自慰をしてほしい。オナニーで「私の身体は、こんな気持よくなれるんだ」と知って、妄想で「私はこういうセックスがしたいんだ」と自分の欲望を明確にする。女性に比べると「こういうセックスが好きだ」「自分はこんな性癖がある」ってことを、ある程度の年齢の男性はわりと分かっているんですよ。我々はAVコーナーの棚の前で小一時間立ち尽くすことによって、自分のフェチや性癖について熟考してきた。

女の子はセックスすると、そこにどうしても恋愛感情が生じたり「しまった、こんな男としちゃった」とか「この人に愛されるにはどうしたらいいのか」とか、セックスそのもの以外のことを考え過ぎてしまう。自分の身体そのものや、自分の欲望に優しくない。

女の人はオナニーの際、クリトリスへのソフトな刺激でイケるようになったら、次は妄想しながら腹筋と膣の括約筋を意識して、触らなくとも子宮だけで気持ち良くなる感覚を探ってみる。セックスのときはガンガン突くだけの無粋なセックスではなく、ゆっくりと膣内を満たして気持ち良くしてくれと交渉してみる。そういうセックスができる相手を見つける。

女性が社会の抑圧から解放されることは非常に大切ですが、残念なことに、それがまたクズ男の反感を買って男女間の対立を生んでしまうこともある。まずは自分の身体を愛することから。どういうオナニーを、どういうセックスをして自分と向かいあうか。性の享楽によって罪悪感や被害者意識から解放されることが大切ではないかと、勝手な意見ですが、そう思います。

宮台　監督のお話を受けます。キレイな女が感じるギャップ感の話をしました。彼女は自分が本当にしたいセックスをあきらめがちです。それは良くない。女は自分がしたいセックスをあきらめてはいけない。それには自分がしたいセックスのイメージを反芻する必要があります。

監督とお話ししてきた通り、今のほうが性解放が進んでいるというのは勘違いです。僕は70年代末に東大に入ったけど、図書館の書架の影、人通りがない非常階段、施錠されていない研究室、安田講堂の柱の影とか、大学構内の至るところで男女がセックスをしていました。

僕は「サークルの順列組合せ的性愛関係」と呼ぶけど、皆で旅行した時に彼氏が離れた一瞬の隙に寝取るなど、村上春樹の聞き書き小説『回転木馬のデッド・ヒート』に描かれているような営みも珍しくなかった。前に話したけど、大学の各所に使用済みコンドームが落ちていた。

二村　落ちてましたね。踏んづけて滑ったりしました。

宮台　街も同じでした。非常階段、屋上、雑居ビルの空きフロアなど、至るところに性交可能な「隙間」があり、ナンパした女と歩いていても女がそれを意識していました。実際、ナンパした女とその日のうちに近くの非常階段でセックスすることも珍しくありませんでした。

若い人は「えーっ」と思うかもしれない。確かに今は物陰に入るとセンサーライトがピカッと光るけど、それでも僕ら世代がその気になればコインパーキングの車の背後とか「隙間」を探せます。90年代前半まで――そのころに30歳代だった世代まで――それが普通でした。

女性N　90年代はそうでもないですが、それ以前の話だと、貞操観念を大切にしないといけないとか。昔は保守的な思想が強かったので……。

宮台　それも勘違い。確かに僕が大学に入った70年代末は「結婚するまでセックスしない」と言う大学生女子が大半でした。でも「そのぶん」公園の立木や建物の物陰で妖しい雰囲気になると一瞬でトランスに入り「なんでもあり」になり易かった。少しも不思議はありません。

ネットがある昨今と違い、性愛情報が乏しかったから男女とも免疫がなく、全て非日常的に感じられてトランスに入りやすかった。加えて「法外の定理」を思い出してほしい。一度トランスに入れれば、規範が強いほど「法外」の眩暈が強くなる。言語的動物の傾きです。

平たく言えば、「やっちゃいけないことを〝私は〟やっている」「こんな場所で〝私は〟やっている」と思った瞬間、頭が真っ白になって前後不覚になりがちでした。今は初体験前に女もAVを観ているぶん妄想レパートリーが豊かに見えるけど、効果は明白に両義的です。

レパートリーに登録されたぶん、あれやこれやが「法内」に登録されています。言語プログラムの内部ということです。だからぶっ飛ぶようなトランスの引金を引きません。自分がしたい性交の明白なイメージを持てと僕が言うのは、その状況を逆手に取った戦略です。

二村　昔の女性は意外と、今の若い人よりもエロかったのでは。

宮台　ここにおられる20歳代の女性のお母さん世代の多くは、僕と同じ50歳代です。皆さんよりもお母さんのほうがよほどエロい性愛体験を積み重ねてきているかもしれません。実際ワークショップに参加していた、成人した娘を持つお母さん世代は、そういう方々でした。

二村　それこそ江戸時代まで遡れば、キリスト教の禁忌が入ってくる以前はフェラチオもアナルセックスも男色も、バンバンやっていたでしょう。今の政府が推奨する性教育はほんとうにダメで、特に女性の罪悪感を強化するばかりですが。ご先祖様の日本人は、もっと自由だった。

Q　恋愛のノウハウ情報が溢れていて正解が分からない

男性O　恋愛ノウハウやテクニックみたいな情報がネット上にはたくさんあって、正解が分かりません……。何を信じればいいのでしょうか？

宮台　プラグマティズムの立場で言うと、言語的認識と動機づけとは別物です。情報を得ても動機づけられるとは限りません。最近「ポスト真実」という言葉が流行ですが、「それが真実や正義なのは知っているが、だからどーなの」という構えが蔓延しているでしょう。

恋愛ノウハウや性愛テクニックみたいなネット情報は、認識は与えても動機づけを与えないので役立ちません。監督と僕の対話も単なる情報提供で終われば同じです。僕らが共に目指しているのは強力な動機づけです。だからこそ僕らの面前で話を聞いてほしいのです。

重要なのは、どうしたら自分の内側から深く関わろうという力が湧いてくるかです。性欲に支えられたこの力は、しかし性欲以上のものです。トラブルが手がかりだと思う。トラブルが起こる。解決するには理解が必要だ。楽しいからではなく必要だから理解する。

二村　トラブルというと、具体的に言えば喧嘩ですかね。

宮台　そう。友人同士でも言えることです。「今回の喧嘩は普通じゃない。ちゃんと理解しよう。腹を割って話そうよ」。それで腹を割って話し、「そういうことだったのか」というふうに互いを理解すると、大きな悦びがあり、トラブル解決以上のステージに移っています。

この場合、当初、相手のことを理解しようと思ったのは、トラブルが嫌だから、つまり「損得」です。けれど、相手のことが深く理解できるようになると、こいつのためなら自分を犠牲にしていいと「内発性」を感じるようになります。恋人でも親友でも同じですね。

抽象的に、「内から湧き上がる力を得よう」とか「絆で結ばれた仲間を相手にした損得なら ぬ正しさへの志向を持とう」と思っても無駄です。「損得から正しさへ」「自発性から内発性へ」をスローガンに掲げてもダメ。具体的プロセスを辿らないとステージアップしません。

具体的プロセスを辿るにつれ、当初は考えもしなかった「損得」を離れた動機づけが次々に生まれ、同時に相手を信頼した「委ね」や「明け渡し」ができるようになります。スローガンではなく、そうした具体的な道筋をみなさんにお示しできればいいと思っています。

僕にとって性愛は入口に過ぎず、政治についても「損得から愛と正しさへ」のステージアップを実現できる具体的プロセスをお示ししたいと考えています。最初は「損得」から目標に到達しようとし、到達してみると「損得」を超えた「愛と正しさ」への感情が生じるという。

二村　セックスする仲になると、どうしても喧嘩になることがありますよね。これは意味がないことではなく、惹かれあうということは、それだけお互いの〈心の穴〉に刺さりあっているわけで。わざとトラブルにしようとしているんじゃなくて、お互いの弱点を刺激するような、やられたら嫌なことを無意識にしてしまうような相手だから、セックスも心のツボに入って気持ちいいということもあり得る。

そこで、人生が利害損得だけであるなら、この女とは喧嘩になるから「もう、つきあってても仕方がない」となるんですけどね。そこで、すぐには別れない。でもストレスフルに我慢するのではない。このトラブルには、何かの意味があると捉え、耐えるのではなく、自分にとってのその意味を考える。考え尽くしてから別れたのであれば、成就しなかった関係にも意味があったのです（ただし、考え尽くすことや腹を割って話すことと、しつこく執着することは違いますよ。ストーカー化するのは、やめてください）。

愛そうとしている相手に対してイラついてしまう、この感情は何だろうって考えることに意味がある。学ぼうとして学べるものではない。何かに導かれてしまうんです。だからこそ恋愛やセックスのトラブルから学ぶことは大きい。

僕も宮台さんもセックスが大好きですが、そこに至る面倒臭さも好きなんでしょう。自傷的に好きなんじゃなくて、それが不可避なものであるっていう自負みたいなものはあります。

おわりに 〈なりすまし〉の勧め

宮台真司

メール履歴から動画閲覧履歴へ

この2年の間に同じ内容の興味深い相談を2度受けた。恋人ないし結婚相手のスマホを覗いてみたら……というものだ。かつてならメール履歴から浮気を知って一悶着という形が普通だったがそれではない。メールならぬ動画の閲覧履歴を見て仰天したという話だ。ただのエロ画像ならどうということもない。相談者らが訴えたのは、履歴から辿って見たら全ての動画がペドファイル(小児性愛者)向けだったということ。一緒に歩いていて、小学生とすれちがって欲情しているかと思うと、気持ち悪くて無理だから別れたい、とも。

私は同じアドバイスをした。内容は大方の想像通り。どんな男も多かれ少なかれ「女が引く」ようなフェチ的な趣味を抱える。今まではスマホがなかったからバレてこなかっただけ。他の男だってスマホを覗いたら似たようなもの。この件は忘れたほうがいい……。15年前、雑誌『ＳＰＡ！』が20歳代の男女に「交際相手のケータイ履歴を覗いたことがあるか？」を尋ねる調査をしたら、男女共6割以上がイエスという結果だった。私が持ちかけた企画でもあり、以下のコメントをした。「これは抜けられない悪循環を指し示している」と。

曰く、履歴を見れば知らない相手とのやりとりが見つかって当たり前。暇潰しに出会い系を使ったりもしよう。大したことではない。でもそれを見つけたら相手はタコ足だと思って自分も保険をかけるためにタコ足化しようとする。それをまた相手が見つけ……。

悪循環の帰結が「退却」。僕は20年前（１９９６年）には相手にコミットしないという意味での性的退却が始まったと認識した。二股三股の疑心暗鬼から自分も「保険をかける」人が周囲に多数いた。この不毛が昨今の「性愛自体からの退却」につながろう。

メール履歴からの浮気疑惑。動画閲覧履歴からのペド疑惑。どちらが深刻かは言うまでもない。性癖ゆえに犯罪（めいたこと）をやらかしていないか？　今後やらかすんじゃないか？　結婚して娘が生まれて成長したら性欲の眼差しで娘を見るんじゃないか？……。

その意味で先のアドバイスは気休めだが、25年間近くエロ本に連載したりＡＶ監督と交流してきた私は、スクールガールフェチの男が膨大にいて「ロリコン」と呼ばれはしても、第二次性徴前の小児を相手にした動画のマニアが実は少ない事実を知っている。

相談者らに聞いても大方の動画は18歳以上の女優が登場する「ロリコン仕立てのＪＳ

ものやＪＣもの」。昔から制服マニアの男は珍しくもない。だから私が火を付けたとされる中高生のブルセラや援助交際があれほど「ブーム」になった。ペド云々の話ではない。だから、気休めに過ぎないというのは「ペドは治せないから」ではない。そもそも男は誰しも多かれ少なかれ〈フェチ系〉だ。だが谷崎潤一郎を思い出してほしい。それと釣りあう（打ち消す）ほど強い〈ダイヴ系〉の実践があれば、女はさして不安に思わない。

男が只の〈フェチ系〉に過ぎない場合に女が感じる不安は思い半ばに過ぎる。「ペドかも」「散歩して小学生とすれ違うたび」というのは不安の代理表現である。真の不安は自分が入替可能な「欲望機械の道具」に過ぎず、程なく使い捨てられるとの予想に由来している。だがこうした私の見立てであれ相談者には伝えられない。伝えたところで相談者の恋人や夫は今さら変えられない。別のパートナーを探そうにも〈ダイヴ系〉を見出すのは今日では至難。それを相談者（を含めた女たち）が知れば、性的退却が更に加速するだろう。

過去4回のイベント記録が本書

本書は過去5年にわたる二村ヒトシ監督と私のトークイベントの記録である。下北沢の世田谷区立男女共同参画センターらぷらすのホールで年に一度ずつ今までに4回開催された。企画者はFrance10の国際ジャーナリスト及川健二氏である。初対面は22年前、氏が高校1年生のときであった。

それは援助交際をテーマにしたイベントだった（何せ1995年）。開催後その男子高校生がやって来た。恋人にしたい女のことで相談したいと言う。「この子です」。携えていたエロ系グラビア誌を見せてくれた。とてつもない美少女だ。「お前、自慢か？　凄くカワイイよ」。

でも、その子は同級生で、告白したら「援交してる」とカミングアウトされたという。「どうすべきでしょう？」「チャンスだよ。彼女は自分を受け止めてもらえるかお前を試している。君が好きだから全て受け容れられると言え」。爾後良い報告があった。「おめでとう」。

世田谷のそのホールには毎回100人前後の客が寿司詰めになった。終われば打ち上げパーティとなり、本文の言葉で言えば「性欲の陽炎《かげろう》がゆらゆら立ち昇った状態」の男女が集まって自分語りを展開した。及川氏がいなければ本書はなかった。

トークイベントの準備はしなかった。その時に考えている性愛関連の事柄を話しあうということで開演5分前に顔をあわせて挨拶した。遅刻して、既に登壇済みの二村監督に合流した回もある。それでも監督は当意即妙な口火を切り、臨機応変に応答していただけた。

監督はAVの撮影を通じて、私はフィールドワークを通じて、性愛が祝祭的に盛り上がっていた時代から今日の冷え切った時代までの歴史をツブサに観察してきた。氏は監督として、私は取材者として、相手（たち）と自分のやりとりをメタレベルから観察してきた。

各々の仕事柄、「相手（たち）の言うことが伝わったり伝わらなかったり」で済ませる訳にいかない。表情や呼吸や姿勢や体温から相手を理解するための仮説を立て、それらへの自分の反応から自分を理解するための仮説を立て、仮説を擦り合わせて前に進んできた。

そうした二人だから語るべき話題は山積みで打ち合わせなど必要なかった。二人は初回に共通認識に至った。私は昨今の性的退却は〈感情の劣化〉に由来すると語った。「愛と正しさ」より「損得勘定」が性愛を含めた全コミュニケーションで優位になることを言う。氏のキーワードを使えば〈心の穴〉に由来する感情の不自由。氏はご自身の著作と同様、昨今は実りある性愛が困難になっていて、問題の在り処をたぐれば「そこ」に辿り着くと語られた。そこから「現状／背景／処方箋」を纏め上げる共同作業が始まった。

共同作業で「性愛が抱える問題」と「社会が抱える問題」の結びつきを明らかにできた。問題の個人的解決が社会的解決を意味しない理由（およびその逆）も分析できた。「社会が抱える問題」とは畢竟《ひっきょう》、3000年来の大規模定住社会が耐用年数を迎えた事実だ。

社会に適応すれば性愛から見放される

本文の校了後に本書の理解に役立つ映画を試写で観た。北欧の被差別民族サーミ人の娘が主人公の、サーミ人を親に持つアマンダ・シェーネル監督『サーミの血』（2016）だ。劇場パンフにコメントを寄せせた。映画を観ないと分からない文言もあるが、紹介しよう。

なぜ定住民は遊動民を差別して来たのか。

遊動民には「使用なき所有」の観念がない。
他人が使っていなければ自分が使うまで。
不意に闖入された定住民は脅かされよう。

他方で遊動民は足掻かぬ覚悟を旨とする。
遊動は自然周期への適応の営みだからだ。
定住民は足掻く営みをこそ誇りがちだが、
遊動民は黙って受け容れる肝っ玉を誇る。

誰でも老いれば自分自身のルーツを顧る。
少ない残り時間ゆえ寛容な赦しに向かう。
数多の事柄を仕方なかったと受け容れる。
自律的自立(能動)から他律的自立(中動)へ。

メトロノームに合わせて体を動かす我々。
主人公の追憶に従って我々の愚昧を知る。
大規模定住社会にはそもそも無理がある…
そんな予感に満ちた先進社会への贈物だ。

ラップランド人とも呼ばれるサーミ人は20世紀に至るまでトナカイを追う狩猟系遊動民だった。今はトナカイ放牧の遊牧民。1万年前に定住が始まるまでヒトは全て遊動民だった。定住者との交易に依存する遊牧民の作法は、元々の遊動民を知る貴重な手掛りになる。

劇場パンフの語りにある通り、シェーネル監督はアイヌに詳しい。アイヌも北海道開拓までは狩猟系遊動民。サーミもアイヌも「定住民に差別される元遊動民」なのだ。本文では1万年前の定住革命以降の最初の法が「使用なき所有」に関わる定めだったと述べた。「使用なき所有」が人に向けられたものがモノガミー婚（一対一婚）。セックスレス夫婦の概念があるのは「使用なき相互所有」があればこそ。そして150年ほど前には、本文で述べた過程を経てモノガミー婚がモノガミー恋愛に拡張された（恋愛結婚の誕生）。

映画は「使用なき所有」に馴染みのない主人公に定住民が戸惑う様子を描く（一度セックスした男の実家に居候など）。主人公にとっては定住社会の作法こそ奇妙。奇妙さを摘抉《てきけつ》した好著がアイヌの血を引く幌村菜生氏の『ザ・サード・サマー・オブ・ラブ』（2017）。

これら映画と書物が共に反復するのが［豊かな身体性が不要にする社会的複雑性／貧しい身体が要求する社会的複雑性］の対立図式だ。映画ではメトロノームに従った集団体操が社会的複雑性の隠喩となり、書物ではバンド活動での奇蹟が豊かな身体性の隠喩になる。

定住民はこの対立図式を知るからこそ、豊かな身体性を体現する非定住民を祝祭時には聖性として愛で、平時に劣性として差別する。その結果、被差別民は［聖なる存在（身体性が豊か）／劣等な存在（複雑な社会を営めない）］という両義性を割り当てられる。

先の対立図式は本文で紹介した［法／「法外」］の対立図式に密接に関連する。被差別民を聖なる存在として迎える祝祭時の「法外」では、定住的な作法が敢えて反転される。「法外」は、定住社会の平時には忌避されても、祝祭時に歓迎される。今日では枯渇した両義性だ。

「法外」が（従って被差別民が）有する両義性の枯渇の流れに、性的退却（を惹起する〈感情の劣化〉）が含まれる。そこでは非合理性の合理性が忘却され、社会は合理性でフラット化する。各国で報告される性的退却の深刻さは、ネットの悪影響問題を超える。

ネットは無関係ではない。性の眩暈を含めた「法外」の両義性を忘却せずに定住社会を続けることが何故できないか。ネットでの性愛的卓越者の扱いを見れば思い半ばに過ぎる。そこでは舞踏や性愛の眩暈に象徴される身体性の豊かさが嫉妬される。被差別民のように。

嫉妬を「飲み下す」共同体への、埋め込みを放免するのがネットだ。民俗学が示す通り、夜這いや無礼講の伝統は、「法外」に出入りする者への嫉妬を、「法外」に出入りできるようになろうとする動機に結びつけてきた。かかる動機づけを支える共同体が失われたのだ。

「ケータイのメール履歴の覗き見から、スマホの動画閲覧履歴の覗き見へ」という冒頭に述べた社会のショボさを思い出せ。『サーミの血』はそんな「ショボい定住社会＝クソ社会」に適応した主人公が、老いて「自らの起源」を想起してリグレットする場面で終わる。

シェリー・ホーマン監督『デザート・フラワー』（２００９）が描いたように、被差別民が差別されない「パンピー」になりたがるのも、パンピーが利用できる「複雑なシステムが与える便益」を享受したがるのも、自然。問題はこの自然さに身を任せて良いかだ。それを問題化したのが宮崎学『近代の奈落』（2002）。この本で自らが部落民だとカミングアウトした宮崎氏は、差別からの解放が、フラットで実りのない社会への同化を意味するなら、幾らかの差別を引き受けることになろうとも同化を回避せよと呼び掛けた。

私が2013年まで2年間続けた「恋愛講座」（『「絶望の時代」の希望の恋愛学』）のスローガンも「社会に適応し過ぎると性愛から見放される」だ。定住社会からの離脱が不可能でも、ガチの適応を回避した〈なりすまし〉の貫徹が「問題への処方箋」になる。

＊

拙著『社会という荒野を生きる。』に続いて鈴木康成さんに編集の労をとっていただいた。おかげでとてもわかりやすい構成になった。鈴木さんにも二村ヒトシ監督にも私の作業が遅れて迷惑をかけたことをお詫び申し上げたい。

たなかみさきさんが素敵なカバーイラストを描いてくださり、内容のヘビーさにもかかわらず手に取りやすい本になった。装丁の鈴木成一さんには今までにも幾度もお世話になっている。厚く御礼申し上げたい。

先ほど述べたが、二村監督とのトーク企画はFrance10の及川健二氏によって立てられた。氏がいなければ本書はなかった。素晴らしい質問をしてくださり（本文に収録）、打ち上げで体験を披露してくださった、イベントの参加者の方々にも、感謝を申し上げたい。

イラストレーション　たなかみさき
構成　大崎量平
協力　仏日友好協会
ソフト・オン・デマンド

宮台真司　みやだい・しんじ

社会学者。映画批評家。首都大学東京教授。1959年宮城県生まれ。東京大学大学院人文科学研究科博士課程修了。社会学博士。権力論、国家論、宗教論、性愛論、犯罪論、教育論、外交論、文化論などで多くの著書を持ち、独自の映画評論でも注目を集める。著書に『私たちはどこから来て、どこへ行くのか』(幻冬舎文庫)、『いま、幸福について語ろう　宮台真司「幸福学」対談集』(コアマガジン)、『社会という荒野を生きる。』(KKベストセラーズ)、『正義から享楽へ　映画は近代の幻を暴く』(blueprint)『反グローバリゼーションとポピュリズム』(共著、光文社)など。

二村ヒトシ　にむら・ひとし

アダルトビデオ監督。1964年東京都生まれ。慶應義塾幼稚舎卒、慶応義塾大学文学部中退。監督作品として「美しい痴女の接吻とセックス」「ふたなりレズビアン」「女装美少年」など、ジェンダーを超える演出を数多く創案。現在は、複数のAVレーベルを主宰するほか、ソフト・オン・デマンド若手監督のエロ教育顧問も務める。著書に『すべてはモテるためである』『なぜあなたは「愛してくれない人」を好きになるのか』(ともにイースト・プレス)、『淑女のはらわた』(洋泉社)、『僕たちは愛されることを教わってきたはずだったのに』(KADOKAWA)など。

どうすれば愛《あい》しあえるの
幸《しあわ》せな性《せい》愛《あい》のヒント

二〇一七年一一月五日　初版第一刷発行
二〇一七年一一月二五日　初版第二刷発行

著者　宮台真司《みやだいしんじ》　二村《にむら》ヒトシ
発行者　栗原武夫
発行所　KKベストセラーズ
〒一七〇-八四五七 東京都豊島区南大塚二-二九-七
電話〇三-五九七六-九一二一
http://www.kk-bestsellers.com/
印刷所　錦明印刷
製本所　積信堂
DTP　オノ・エーワン
ブックデザイン　鈴木成一デザイン室

ISBN 978-4-584-13773-4 C0095